LA MÉTHODE

Chaque volume de la collection Thema propose une approche pluraliste d'une notion susceptible d'être mise au programme des enseignements de philosophie générale. Il consiste dans un ensemble limité de contributions vouées chacune à l'analyse et à l'interprétation d'un moment significatif de l'histoire philosophique de cette notion. Afin d'éviter la dispersion des connaissances et d'ouvrir un accès aux doctrines mêmes, aux questions originales qu'elles soulèvent et aux profondes transformations qu'elles font subir à la notion, chaque volume consacre à ces seuls moments forts de larges exposés rédigés par des historiens de la philosophie spécialisés dans l'étude d'une période ou d'un auteur.

TITRES PARUS :

LA MÉTHODE

sous la direction de
Patrick WOTLING

PARIS
LIBRAIRIE PHILOSOPHIQUE J. VRIN
6 place de la Sorbonne, Vᵉ

2019

© *Librairie Philosophique J. Vrin,* 2019
Imprimé en France
ISSN : 1772-631X
ISBN : 978-2-7116-2777-6
www.vrin.fr

STRATÉGIE ÉPISTÉMOLOGIQUE
OU EXIGENCE ÉTHIQUE ?
LA SIGNIFICATION DE L'IDÉE DE MÉTHODE

« L'on a été loin depuis un siècle dans les arts, et dans les sciences, qui toutes ont été poussées à un grand point de raffinement », affirmait La Bruyère, précisant à l'appui de son jugement : « jusques à celle du salut, que l'on a réduite en règle et en méthode »[1]. Quelque soixante ans plus tôt, Descartes plaçait l'idée de méthode au cœur d'un texte dont le titre projeté, quelles que soient les divergences entre les manuscrits conservés, s'organisait autour d'un invariant : précisément celui que reprend La Bruyère, au singulier et en français, pour l'associer à l'idée de méthode, le terme de *regulae*. Ce lien conceptuel caractérisant la notion de méthode par la formulation de règles ne pouvait du reste être affirmé plus solidement que ne le faisait le contenu du traité dans la définition qu'il énonçait, assez tôt, de la première de ces idées : « Ce que j'entends maintenant par méthode, ce sont des règles certaines et faciles ». Et des règles dont Descartes dégage dans un second temps, après avoir souligné leur accessibilité, trois déterminations spécifiques, dans les termes suivants : « par l'observation exacte desquelles on sera sûr de ne jamais prendre une erreur pour une vérité, et, sans y dépenser inutilement les forces de son esprit, mais en accroissant son savoir par un progrès continu, de parvenir à la connaissance vraie de tout ce dont on

---

1. La Bruyère, *Les caractères ou les mœurs de ce siècle*, « De la mode », § 26.

sera capable »[1]. Pouvoir discriminant, économie de moyens, maximalisation du résultat, à savoir de l'étendue de la conquête du vrai : tels sont les traits qui légitiment la pertinence des procédures prescriptives dont l'ensemble mérite le nom de méthode.

Car le point essentiel est bien que ces bénéfices sont présentés comme exclusivement imputables à la mise en œuvre de certains impératifs. Ainsi, il semble bien qu'un lien étroit unisse l'idée de méthode et la promulgation de « règles », ou selon le terme que privilégiera un peu plus tard le *Discours de la méthode*, de « préceptes »[2]. Il ne manque cependant pas de partisans déclarés de l'idée de méthode qui se dispensent de formuler quelque liste de prescriptions que ce soit – Hume, Reid, Kant, Nietzsche pour n'en citer que quelques-uns ; on en trouvera même bien plus, à l'examen, que de philosophes qui s'y astreignent. Même chez ces derniers, au demeurant, la situation est souvent moins claire que l'on ne s'y attendrait. On a depuis longtemps souligné le caractère très général des règles indiquées par Descartes, par exemple. A la lecture de celles du *Discours de la méthode*, Leibniz s'indignait de l'absence de toute indication relative à leur mode de mise en œuvre effective : en particulier aux critères de l'identification du simple, ou encore aux techniques garantissant concrètement la neutralisation de l'oubli, et donc la complétude des dénombrements[3]. Jugé à cette aune, le contenu réel des prescriptions qui font la méthode semble devenir bien impalpable, pour ne pas dire qu'il s'évapore purement et simplement. Les historiens de la philosophie, et ce jusqu'aux plus

---

1. *Règles pour la direction de l'esprit*, tr. J. Brunschwig, dans Descartes, *Œuvres philosophiques*, Paris, Garnier, 1963, t. 1, règle IV, p. 91 ; *Œuvres complètes*, Ch. Adam et P. Tannery (éd.), Paris, Vrin, 1996 (dorénavant cité AT), X, p. 371-372.

2. *Discours de la méthode*, Seconde partie, dans Descartes, *Œuvres philosophiques, op. cit.*, t. 1, p. 586 ; AT VI, p. 18.

3. Quoi qu'il en soit de la mise en forme spécifique des préceptes dans le *Discours de la méthode*, on sait que Descartes avait anticipé cette objection dès les *Regulae*. Voir en particulier la quatrième règle, *op. cit.*, p. 92, AT X, p. 372 : « La méthode ne peut en effet s'étendre jusqu'à enseigner aussi comment ces opérations elles-mêmes doivent être faites, puisqu'elles sont de toutes les plus simples et les premières... ».

éminents spécialistes de Descartes, n'ont pas toujours démenti le jugement de Leibniz. F. Alquié, notamment, s'est ému à son tour de cet état de choses : « On s'est, en effet, souvent étonné de la différence [...] qu'il y a entre ce qu'annonce Descartes en parlant de sa méthode, et ce qu'il nous offre vraiment. Il est bien évident qu'avec les quatre règles du *Discours*, on ne peut pas aller bien loin. Or, Descartes nous dit que c'est grâce à l'observation de ces règles qu'il a fait ses découvertes; nous ne pourrions pas, nous semble-t-il, en faire beaucoup grâce à elles ! »[1]. Au demeurant, considérée avec une attention aiguisée, la multiplicité des prescriptions risque fort à son tour de n'apparaître que comme un leurre : « Au lieu de juxtaposer sans fin des règles, Descartes en indique quatre, qui, du reste, tendent à se réduire à la seule règle de l'évidence »[2]. Mais souvent, même, comme on vient de l'indiquer, on ne trouvera pas le moindre énoncé de règle chez un philosophe qui n'en revendiquera pas moins pour la méthode une place organisatrice au cœur même de son dispositif – le cas de Kant en témoignerait de façon exemplaire. Que recouvre donc l'idée de méthode dans ces conditions ?

Ce qu'elle évoque de manière immédiate, on le sait, c'est d'abord une image transmise par la langue grecque, celle du cheminement, de la route, à suivre, ou que l'on suit de fait. Mais derrière l'image, depuis longtemps acclimatée, et dont la capacité à stimuler l'étonnement et l'interrogation s'est usée de longue date, qu'est-ce qui est précisément pensé ? En d'autres termes, de quoi exactement est-elle le modèle, et comment ce modèle joue-t-il ? Même cette image, d'ailleurs, si classique et rassurante qu'elle soit, pourrait bien témoigner de la complexité de la notion. Le soupçon se confirmera avec l'étude de la manière dont elle est exploitée selon les cas. « Il faut ouvrir à l'entendement humain une voie entièrement différente de celles que nos prédécesseurs

---

1. F. Alquié, *Leçons sur Descartes*, Paris, La Table Ronde, 2005, p. 45.
2. F. Alquié, *La découverte métaphysique de l'homme chez Descartes*, Paris, P.U.F., 2ᵉ éd., 1966, p. 136.

ont connues »[1] : dans un contexte de rupture, elle est placée au
premier plan, dès les pages d'ouverture du *Novum organum ;* de
fait, elle s'avère très fortement exploitée par Bacon à travers la
forme latine de *via*, parfois précisée par l'expression de *via et
ratio* dont il use périodiquement pour définir son orientation[2] :
« la méthode que nous suivons (*via nostra et ratio*) »[3], c'est-
à-dire encore « une recherche et [...] une invention menées
secundum nostram rationem ac viam » : « conformément à
notre méthode »[4]. Si elle est encore évoquée, plus discrètement
toutefois, par Descartes (« rien ne nous éloigne plus du droit
chemin pour la recherche de la vérité (*a recta quaerendae veritatis
via*) que de... »[5]), l'image s'estompe cependant rapidement et ne
joue plus guère de rôle au siècle suivant, encore moins chez Kant
ou chez les philosophes ultérieurs. L'ambiguïté, ou l'imprécision,
dont elle est porteuse n'y est peut-être pas étrangère : s'agit-il
de frayer une voie ? d'en suivre une ? ou d'en découvrir une qui
existe de toute éternité en vertu de la nature des choses sans avoir
besoin qu'une conscience philosophante vienne pour la tracer et
la baliser ? En outre, si l'image se prête à une exploitation efficace
lorsqu'il s'agit de dire une logique de la linéarité, peut-elle encore
remplir son rôle une fois lorsque ce cadre éclate et cède la place à
une structuration architectonique, ou à un univers de la pluralité
avec sa circulation multidirectionnelle ?

---

1. Bacon, *Novum organum*, trad. fr. M. Malherbe et J.-M. Pousseur, Paris,
P.U.F., coll. « Épiméthée », p. 65. Voir encore la mise en garde suivante : « notre
dessein n'est pas seulement de montrer et d'aménager le chemin, mais encore d'y
pénétrer », p. 81.

2. Sur ce point, sur l'origine antique de la formule, ainsi que sur la valeur des
choix terminologiques baconiens, voir en particulier M. Malherbe, *La philosophie
de Francis Bacon*, Paris, Vrin, p. 35 *sq.*

3. Bacon, *Novum organum*, Livre I, aphorisme 117, *op. cit.*, p. 170.

4. *Ibid.*, Distribution de l'œuvre, p. 85.

5. *Règles pour la direction de l'esprit*, règle I, p. 79, AT X, p. 360. Voir encore,
par exemple la règle II : « nous parvenons par une double voie à la connaissance
des choses (*duplici via nos ad cognitionem rerum devenire*) » (p. 83, AT X, p. 364-
365), ou la règle III, *in fine :* « telles sont les deux voies les plus certaines pour
parvenir à la science (*Atque hae duae viae sunt ad scientiam certissimae*) » (p. 90,
AT X, p. 370). Le titre complet du *Discours de la méthode* file cette image : « pour
bien conduire sa raison... ».

Il n'est donc pas certain que le détour par la suggestion étymologique soit réellement révélateur, encore moins qu'il plaide en faveur de l'unité de la notion. Tous les philosophes qui confèrent à l'idée de méthode un rôle déterminant dans leur questionnement la comprennent-ils bien, en effet, en des termes compatibles ? Ce que vise la notion dans ses mises en jeu nombreuses ne serait-il pas plus fortement travaillé par les tensions qu'on ne s'y attendrait ? Plus subtilement diversifié qu'il n'y paraît à première vue ? L'idée, en d'autres termes, serait-elle moins claire que l'on ne s'y fierait sur la foi de la sûre et sereine présentation cartésienne de « la » méthode ? Le prestige du cartésianisme fait peut-être écran à la perception des tendances conflictuelles qui logent au sein de cette idée. A l'examen, les modes d'investissement de la notion de méthode révèlent en effet que celle-ci recouvre – et peut-être même hésite entre – plusieurs types d'exigence, assez sensiblement différents, que l'on ne trouve jamais rassemblés en un harmonieux ensemble exhaustif, mais qui se montrent presque toujours, en revanche, panachés en des combinaisons qui sont souvent, s'agissant des philosophes qui les défendent, l'occasion de rencontres ou d'alliances inattendues. C'est à travers l'analyse d'une série de cas paradigmatiques de telles distributions que les études rassemblées dans le présent ouvrage se proposent d'interroger l'idée de méthode, pour en clarifier les déterminations. Et d'abord pour cerner le type de difficulté qu'elle entend résoudre.

Qu'apporte donc l'idée de méthode à l'entreprise philosophique ? Quelles sont les raisons qui justifient ces proclamations solennelles, répétées par les penseurs les plus divers, qui affirment, remettant toujours en jeu le même concept, qu'« on ne peut se passer d'une méthode pour se mettre en quête de la vérité des choses »[1], qu'« il vaut […] bien mieux ne jamais songer à chercher la vérité sur quelque objet que ce soit, que le faire sans méthode »[2], que « toute considération sur la méthode

---

1. Descartes, *Règles pour la direction de l'esprit*, règle IV, p. 90, AT X, p. 371.
2. *Ibid.*, p. 91, AT X, p. 371.

est le plus important d'une science »[1], que « les méthodes, on ne le répétera jamais assez, *sont* l'essentiel, et aussi le plus difficile, ce qui se heurte le plus longtemps aux habitudes et à la paresse »[2], bref que « les découvertes les plus précieuses, ce sont les *méthodes* »[3] ? Et si la présence d'injonctions explicitement formulées ne constitue pas un critère satisfaisant, dans quel cas, tout d'abord, est-on en droit de parler, *stricto sensu*, de méthode ? Ou plus exactement, dans quels cas les philosophes s'autorisent-ils à en parler ?

Yvon Belaval a souligné à cet égard l'ambiguïté qui habite la notion[4]. Il notait en effet une tension entre deux directions, l'idée de méthode renvoyant d'une part à un idéal de connaissance ; d'autre part à un ensemble de techniques censées garantir sa réalisation. Il nous semble que la richesse des ambitions recouvertes par l'idée de méthode, et de ce fait son ambiguïté, est même plus importante encore. Les philosophes défendant la nécessité d'ordonner la pensée en fonction d'une méthode se rencontrent, nous semble-t-il, sur tout ou partie de quatre objectifs, en d'autres termes ils défendent cette notion selon quatre types de justification : le besoin d'une politique efficace protégeant du risque de succomber à l'erreur, tout d'abord ; la méthode vise alors la stimulation du pouvoir de discrimination assurant la distinction du vrai et du faux. En second lieu, la nécessité de se mettre en possession d'un art d'inventer : l'apport de la méthode est cette fois fondamentalement heuristique. Selon un troisième mode de légitimation, l'obligation de satisfaire aux nécessités de la construction de la science – demande qui, la scientificité étant souvent pensée comme architectonique, se rencontre tout particulièrement dans les philosophies systématiques. Et parfois enfin, l'exigence de respecter les obligations qu'impose une rigoureuse éthique de la pensée : la méthode est alors pensée

---

1. Kant, Réflexion 5061, in *Kant's Gesammelte Schriften*, Königlich Preußische Akademie der Wissenschaften, Berlin, 1900, t. XVIII, p. 76 *sq*.

2. Nietzsche, *L'antéchrist*, § 59, trad. fr. J.-C. Hémery, Paris, Gallimard, 1974, p. 230.

3. *Ibid.*, p. 170.

4. Y. Belaval *Leibniz critique de Descartes*, Paris, Gallimard, 1960, p. 25.

non plus comme technique épistémique mais bien comme vertu, comme expression d'une « conscience derrière la conscience » contrôlant la réflexion, bref comme droiture intellectuelle.

L'idée de méthode recouvre-t-elle avant tout la visée d'optimisation de la stratégie de conquête de la vérité ? C'est-à-dire, finalement, du perfectionnement de la discrimination du vrai et du faux ? Dans ce cas, elle représente un auxiliaire de l'esprit, une *medicina mentis*, un outil de rectification et d'amélioration des performances du jugement. Une telle compréhension s'enracine dans la conviction de la faiblesse de l'esprit humain. Sa forte présence au XVIIe siècle, associée au sentiment urgent qu'un profond renouvellement des modes d'enquête est nécessaire, en témoigne. Telle est bien par exemple l'opinion foncière de Bacon, ainsi que le rappelle Thierry Gontier dans son étude consacrée à l'auteur du *Novum organum* : « Bacon ne partage pas l'optimisme des Anciens sur la puissance cognitive naturelle de l'homme ». A titre de conséquence, la méthode possède bien un statut d'instrument, et d'instrument perfectionné, dont l'élaboration est poussée au rang d'un art. Contrariant la tendance naturelle de l'esprit, elle est marquée du même coup par un statut d'extériorité : « Bacon la conçoit comme un artifice, un artifice sans doute mis en place par l'homme au moyen de son *ingenium*, mais destiné à venir au secours des facultés cognitives de l'homme et à leur fournir un guide contraignant ». Filant la comparaison du cheminement suggérée par l'étymologie, l'image de la boussole dont use le *Novum organum* synthétise les déterminations essentielles de cette interprétation du sens de la notion de méthode[1].

Sur quel cap ce guide se règle-t-il ? Celui de l'identification efficace de l'erreur, et de sa distinction par rapport au vrai. Un type de compréhension durable de l'idée se fixe ainsi. On le retrouvera jusque dans les réflexions des sciences sur leur méthodologie, comme ce sera le cas chez Claude Bernard lorsqu'il analysera les attendus de la méthode expérimentale : dont la visée est avant toute chose d'identifier les causes d'erreurs, et de protéger le scientifique de leur influence pernicieuse. Règle pour

---

1. Bacon, *Novum organum*, Préface à la *Grande Restauration*, *op. cit.*, p. 71.

dépister à coup sûr le faux et le neutraliser de manière qu'il soit effectivement distingué de la vérité, la méthode conduit de fait à l'optimisation de la connaissance dans les sciences. Telles sont les limites strictes de sa vertu, qui ne saurait nullement prétendre en outre à d'autres bénéfices, par exemple stimuler l'inventivité et suggérer des pistes de recherches originales. Cette efficacité maximalisée dans la construction de la connaissance que procure l'usage d'une méthode tient encore à ce qu'elle permet de renforcer la rigueur des enchaînements, en d'autres termes, non pas seulement de distinguer ponctuellement, dans l'ordre de l'immédiateté, la vérité de l'erreur, mais à partir de là, de construire des successions d'inférences en empêchant que ne s'y glisse la moindre imprécision qui en affecterait la solidité et donc le degré de certitude global. Revenant sur le sens de la méthode chez Descartes, Denis Kambouchner insiste particulièrement sur l'importance de ce point : « La conscience de la pleine nécessité du résultat, impliquant celle du chemin emprunté : tel restera le noyau du concept cartésien de la vraie science, qui de ce fait *implique la méthodicité* ».

Est-ce à dire alors, qu'en fin de compte, c'est l'idée d'ordre qui constitue le cœur du concept de méthode ? L'esprit humain n'est pas spontanément ordonné, du moins pas avec un degré de force et de rigueur suffisamment poussé. Est-ce sous cet angle que se dévoilerait avant tout sa faiblesse ? La cinquième des *Règles pour la direction de l'esprit* invite à le penser quand elle caractérise la méthode comme *ordo et dispositio* : « mise en ordre et disposition des objets vers lesquels il faut tourner le regard de l'esprit »[1]. Et dans le *Discours de la méthode*, fait encore observer Ferdinand Alquié, les règles avancées par le philosophe sont « toutes les quatre, un exposé du rapport entre l'ordre et la pure intuition »[2]. La méthode est alors la victoire sur la confusion, la neutralisation de la désorganisation. Ici se recouvrent sourdement, et peut-être au demeurant de manière problématique, différentes

---

1. Descartes, *Règles pour la direction de l'esprit*, règle V, p. 100, AT X, p. 379.
2. F. Alquié, *Leçons sur Descartes*, *op. cit.*, p. 43.

nuances sémantiques prêtées au terme dans son usage courant. On pourrait sans doute se demander ce qui légitime ce privilège accordé à l'ordre, qu'interrogera exemplairement la réflexion de Diderot en défendant la fécondité philosophique du marginal, de l'irrégulier, ou du déviant (l'infirme, l'aveugle, l'animal, etc.)[1], et dont Nietzsche examinera également les justifications. Toujours est-il que cette valeur négative qui se trouve au fond de la notion, la protection contre la confusion, est susceptible de laisser planer un certain flou sur ce que l'on affirme d'un philosophe en la lui associant : entre la possession de *la* méthode, c'est-à-dire de la vraie et seule procédure d'investigation légitime, d'*une* méthode, en d'autres termes d'un mode d'investigation rigoureux, bien réglé, ou, ce qui est encore autre chose, d'un esprit méthodique, ce qui renvoie à une unité de démarche gouvernant toutes les phases de son enquête en dépit de la diversité des champs qu'il investit, la distinction n'est pas toujours aisée, et la frontière pas toujours nettement délimitée. Ce d'autant moins que la présence d'une ou de la méthode ne se trouve pas nécessairement réfléchie sur le plan théorique. Cette notion renvoie-t-elle au sens de l'organisation, ou à un type spécifique d'organisation ? Aristote, en qui l'on veut fréquemment voir l'initiateur de la théorisation méthodologique, constitue un cas particulièrement révélateur pour qui s'interroge sur le, ou les, sens de la notion de méthode. Car de fait, cette dernière n'est pas nécessairement là où l'on voudrait la trouver, ainsi que le montre Marie-Hélène Gauthier dans l'étude qu'elle consacre au philosophe. Pour situer le problème, il convient de rappeler qu'une certaine image d'Aristote joue le rôle de catalyseur dans la réflexion de l'âge classique sur la méthode. Si Descartes, par exemple, met en garde de manière générale contre l'absence de méthode, tout particulièrement dans les *Règles pour la direction de l'esprit*, il souligne tout autant les dommages entraînés par l'adoption d'une méthodologie inadéquate. La confiance placée, à mauvais escient, dans une méthode qui ne saurait être *la* méthode ruine les efforts de l'esprit : et tel est

---

1. Et ce dès ses premiers textes, tout particulièrement la *Lettre sur les aveugles à l'usage de ceux qui voient*, de 1749.

bien à ses yeux le cas de la démarche aristotélicienne, dont la syllogistique devient le paradigme de l'obstacle à la construction de la science, comme elle l'était également peu auparavant chez Bacon, critique impitoyable de l'*organum* des Anciens. Par-delà les raisons spécifiques soutenant la remise en cause du syllogisme, cette commune insatisfaction révèle quelque chose : elle indique la fixation d'une certaine compréhension de la question méthodologique dans la pensée d'Aristote, et par là même d'un certain contenu de sens prêté à la notion de méthode. Pour Bacon et pour Descartes, comme pour nombre d'autres philosophes, c'est l'*Organon* qui est considéré de manière indiscutable comme la réponse aristotélicienne à la question méthodologique, et tout particulièrement la doctrine du syllogisme scientifique qui s'y trouve élaborée. Mais cette interprétation rend-elle bien justice à Aristote ? La syllogistique serait-elle effectivement sa méthode ? Et du fait de l'hétérogénéité foncière des champs du réel, est-il seulement envisageable qu'elle occupe vraiment dans son entreprise une place équivalente à celle, par exemple, que Descartes assignera à *la* méthode dans sa réflexion ? C'est précisément là une assurance sur laquelle il est nécessaire de revenir. La situation se révèle en effet beaucoup plus complexe, ainsi que l'établit Marie-Hélène Gauthier, qui montre que tout le champ des recherches aristotéliciennes, dans son extraordinaire ampleur, est bel et bien sous-tendu par un « esprit de la méthode » qui ne saurait toutefois s'identifier à la technique démonstrative applicable aux seuls savoirs théorétiques. Une certaine unité de démarche n'informe-t-elle pas de fait l'enquête aristotélicienne, autorisant à poser la question de la méthode de manière transversale ? La prise en compte de la spécificité des champs de l'investigation philosophique invalide l'idée d'une méthodologie de recherche unique et invariante *stricto sensu*. Mais il est légitime de s'interroger, dans le cas d'Aristote, sur une éventuelle « unité questionnante de ses différentes orientations disciplinaires, des différents territoires par lui abordés, et peut-être pas toujours avec le souci du défrichement par délimitation et enclavement », enquête qui conduira bien finalement à « soutenir l'hypothèse d'une méthodologie enveloppante, mais matriciellement appelée à des déclinaisons différenciées selon la diversité des champs qu'un même esprit philosophant s'engagerait à examiner ». En quoi consiste alors cette unité de démarche ? Selon Marie-Hélène Gauthier, en ce qu'« une même logique hiérarchique, une théorie du "plus haut degré", viendrait unifier les différentes caractéristiques doctrinales et structurelles, qui pourraient être rapportées aux sciences dites particulières comme à la science ultimement recherchée, métaphysique, ontologie ou ousiologie, tout en jetant un éclairage plus enveloppant et éclairant sur tout ce que le moment logique a pu mettre en évidence ». En d'autres termes, le « principe du μᾶλλον, μάλιστα, πρῶτον, ou du plus haut degré, tisse une continuité entre ce qu'il différencie dans une continuité qui ne scinde rien dans l'unité soumise à variation et variété ». Si Aristote est un penseur de la diversité du réel, il demeure donc que son souci du respect de la différence, aux yeux de Marie-Hélène Gauthier, « n'interdit pas la formation d'un esprit méthodique qui voudrait unifier l'esprit de la méthode, sans sacrifier les modalités de sa variation et en les intégrant à ses déterminations principielles ».

Mais si l'on en reste au cas des philosophes qui défendent l'idée d'une méthodologie unique, et pour lesquels il devient possible de parler de *la* méthode comme d'une technique d'amélioration de la détection et de l'élimination du faux, d'où vient exactement la puissance garante de l'obtention du vrai propre à cette méthode ? Se trouve-t-elle dans le bon usage de nos représentations, ainsi que le soutient Descartes, et en particulier dans la stricte sélection, à côté de la déduction, de l'« intuition claire et évidente »[1], au détriment de toutes les autres formes de pensée ? Ou plutôt dans un type particulier de rapport à l'expérience, ainsi que le veulent, selon des modalités diverses, aussi bien Bacon que Hume, ou encore Claude Bernard ? Car c'est bien un protocole particulier de traitement de l'expérience qui constitue le nerf de la procédure élaborée par Bacon. Comme le note Thierry Gontier, « la méthode baconienne ne consiste en rien d'autre qu'en une remontée lente et progressive du particulier aux axiomes infimes, des axiomes

---

1. Descartes, *Règles pour la direction de l'esprit*, règle III, p. 85, AT X, p. 366.

infimes aux axiomes moyens jusqu'aux axiomes les plus généraux. Cette induction n'est plus, comme chez Aristote, séparée de la déduction : elle démontre en même temps qu'elle découvre, en rendant raison de ses démarches ». Et ainsi qu'il le précise, « le moteur dynamique de cette induction est ce que Bacon nomme l'exclusion ». Bien qu'il prenne clairement ses distances à l'égard de la méthodologie baconienne, Hume accorde lui aussi le rôle décisif à une certaine stratégie d'exploitation de l'expérience. Rassemblant les déterminations spécifiques qui en caractérisent le concept selon l'auteur du *Traité de la nature humaine*, Claire Etchegaray souligne que « trois traits de la méthode humienne sont particulièrement notables. D'abord elle consiste à trouver une raison de croire à un fait et non plus la raison d'un être ou d'un événement. Ensuite elle ne se réduit pas à recueillir les faits (même avec un certain ordre), mais elle permet plutôt de *mieux les redéfinir*. Enfin, elle n'est qu'une conduite instinctive autocorrective, mais qui peut être rigoureusement dirigée : il faut multiplier les expériences et les faire varier, il faut aller à la rencontre des autres et du monde, et ne pas hésiter à tenir nos jugements eux-mêmes pour des expériences ». L'élucidation de l'idée de méthode à partir d'une nécessaire mise en rapport avec l'expérience est pleinement confirmée dans le champ scientifique, comme en témoignerait de nouveau l'*Introduction à l'étude de la médecine expérimentale* de Claude Bernard. Les divergences sont certes considérables dans le détail des protocoles envisagés. Ces philosophes et scientifiques ne s'en rencontrent pas moins sur une orientation qui caractérise un mode de compréhension de la notion même de méthode.

Cette notion viserait-elle au contraire fondamentalement l'idée d'expansion de la connaissance ? Interprétation certes toute différente, mais non pas nécessairement dénuée de proximité, du sens du concept de méthode, puisque l'optimisation, envisagée jusqu'alors, se traduit d'abord par la mise en route d'un mouvement de progression et d'augmentation du savoir. Selon cette seconde perspective toutefois, la capacité de découverte de vérités nouvelles est le problème qui passe au premier plan. Le bénéfice fondamental de la méthode, qui se révélerait alors en être

la détermination essentielle, serait donc sa puissance heuristique :
la pertinence d'une méthode se juge dans ces conditions à son
aptitude à étendre le savoir. Mais aussi et surtout à éviter de
chercher le vrai au hasard ; et dans ces conditions, la méthode se
rapproche d'une logique de la découverte et de la construction
scientifique. Il n'est guère étonnant que le renouveau spectaculaire
de la réflexion méthodologique au XVIIᵉ siècle aille de pair avec
l'inlassable dénonciation de l'impuissance heuristique de la
syllogistique aristotélicienne. La sagesse empruntée aux Grecs se
montre « immature et impuissante à engendrer », selon le verdict
de Bacon[1]. Or à ses yeux, la méthode est d'abord un art d'inventer,
d'assurer la construction des sciences et le progrès du savoir. Tel
est même, selon Thierry Gontier « l'enjeu fondamental de la
réforme logique baconienne : trouver une méthode qui permette
d'inventer de nouvelles vérités et de conquérir un espace nouveau
pour la science ». De nouveau, le développement des sciences
devenues autonomes retiendra cette idée, et liera fréquemment
méthode et progrès. C'est le cas dans les sciences biologiques
notamment, comme l'indiquent les réflexions de Claude Bernard
dans l'*Introduction à l'étude de la médecine expérimentale*. Mais
bien auparavant, et pas uniquement chez Bacon, la fécondité
heuristique était au centre des préoccupations philosophiques
mobilisées par la notion. Une méthode est d'abord un procédé
pour découvrir. L'idée est notamment déclinée sous de nombreuses
formes à l'âge classique. Ainsi, de l'avis de Descartes, si elle ne
fait pas ses preuves en tant qu'art de stimuler l'acquisition de
vérités jusqu'alors inaperçues, la technique présentée comme
une méthode prête le flanc au danger de verbalisme et doit être
répudiée. Telle la logique de l'École qu'il dénonce jusque dans
les *Principes de la philosophie* : « Après cela, il doit aussi étudier
la logique, non pas celle de l'École, car elle n'est, à proprement
parler, qu'une dialectique qui enseigne les moyens de faire
entendre à autrui les choses qu'on sait, ou même aussi de dire sans
jugement plusieurs paroles touchant celles qu'on ne sait pas, et
ainsi elle corrompt le bon sens plutôt qu'elle ne l'augmente ; mais

---

1. Bacon, *Novum organum*, Préface à la *Grande Restauration*, *op. cit*., p. 66.

celle qui apprend à bien conduire sa raison *pour découvrir les vérités qu'on ignore* »[1] – l'image traditionnelle du cheminement s'associe ici à celle de l'invention. Élaborant le projet de sa caractéristique universelle, Leibniz la pensait également comme « méthode » à la fin des années 1670 ; et la justification en était que cet « organe tout autre que celui d'Aristote ou de Bacon », selon ses propres termes, « est la plus importante chose que les hommes puissent jamais entreprendre pour l'avancement des sciences »[2] : « méthode ou art d'inventer », il y a donc bien équivalence. Car c'est de fait en homme qui a consacré temps et énergie à méditer cet « art d'inventer en général dont les règles [ne] se trouvent nulle part » que se présente ici Leibniz à son interlocuteur[3].

Il n'est pas rare que cet espoir heuristique se lie alors intimement à l'idée de maximalisation du savoir. Il n'est certes pas requis de se conformer à une méthode, moins encore de détecter préalablement *la* méthode, pour rencontrer le vrai. Mais engranger des vérités ponctuelles au hasard n'offre à l'évidence aucune garantie d'accéder finalement au savoir étendu et organisé qu'est la science, et se révèle d'autant moins satisfaisant que le caractère fortuit des acquisitions contrarie l'aptitude de l'esprit à réitérer les découvertes, nous y reviendrons. La visée du recours à une ou à la méthode touche alors à la question de la complétude du savoir. Maîtriser l'invention, c'est se mettre en position d'occuper la totalité du champ ouvert au savoir pour un esprit tel que le nôtre, souci fortement présent en particulier dans la réflexion cartésienne. L'insistance de l'auteur des *Regulae* mérite de fait d'être notée. Dès 1628, il indique que l'objectif de ses réflexions est « diriger l'esprit jusqu'à le rendre capable d'énoncer des

---

1. Descartes *Principes de la philosophie*, Lettre-préface, dans *Œuvres philosophiques, op. cit.*, t. 3, p. 778-779 ; AT IX, p. 13-14. Nous soulignons.

2. Leibniz, *Lettre à Jean Frédéric, février 1679*, dans *Œuvres*, L. Prenant (éd.), Paris, Aubier Montaigne, 1972, p. 133-134. Leibniz emploie ici le terme de méthode avec une fréquence inaccoutumée : « je suis assuré par démonstration que cette méthode ne fera pas moins dans les sciences en général que l'analyse dans les mathématiques. Je crois qu'elle effacera toutes les autres méthodes, que ce sera un ouvrage qui passera jusqu'à la postérité et qui fera même des grands changements dans la manière de raisonner et dans la conduite des hommes ».

3. *Ibid.*

jugements solides et vrais sur *tout ce qui se présente à lui*»[1]. Quelques pages plus loin, au milieu de la seconde règle, il souligne de nouveau l'amplitude de cette visée : « me proposer des règles à moi-même, à l'aide desquelles je puisse atteindre *au faîte de la connaissance humaine* »[2]. Quelques années plus tard, dans le *Discours de la méthode*, cette préoccupation se trouvera encore mise en avant « la vraie méthode pour parvenir à la connaissance de *toutes les choses dont mon esprit serait capable* »[3]. L'ambition de transformation du savoir en véritable science, caractérisée par le passage au premier plan de l'idée de maximalisation, voire de totalité de la connaissance exige le recours à une technique adaptée, et la caractéristique majeure de la véritable méthode est dans ces conditions d'enseigner le dépassement de la collecte dispersée des vérités particulières. Sur la carte des déterminations fixant les grands types de compréhension de l'idée de méthode, nous l'avons indiqué, se dessinent souvent des connivences et des passages. Le traitement cartésien de la notion paraît bien relier les deux déterminations de l'idée de méthode rencontrées jusqu'à présent. C'est ce que met en évidence Denis Kambouchner en récapitulant les caractéristiques que Descartes associe à cette idée : « Par sa méthode, dès ses années de jeunesse, Descartes se proposait en somme (a) de parvenir partout à une pleine certitude des résultats ; (b) d'introduire, avec discrétion (sans excès de formalité), ordre, nombre et mesure dans les opérations de l'esprit ; (c) d'étendre ainsi la véritable science bien au-delà de ce qui avait pu être réalisé avant lui. Il n'y a pas d'apparence qu'un tel dessein l'ait jamais quitté ».

L'introduction de la science comme terme de référence de la démarche méthodique ouvre la voie à la tentation d'élucider cette dernière à partir de l'idée de totalité. C'est là le grand tournant qui s'opère avec le criticisme. Dès lors, le débat se déplace : ce sont moins le contenu prescriptif et les orientations de la méthode que

---

1. Descartes, *Règles pour la direction de l'esprit*, règle I, p. 77, AT X, p. 359. Nous soulignons la formule finale.

2. *Ibid.*, règle II, p. 82, AT X, p. 364. Nous soulignons.

3. Descartes, *Discours de la méthode*, Seconde partie, *op. cit.*, p. 584, AT VI, p. 17. Nous soulignons.

son idée et son adéquation à la rationalité qui mobilisent alors les énergies. « Méthode » est-il alors un concept qui renvoie non pas à une technique particulière, mais au régime de législation qu'exerce la rationalité en elle-même ? Et est-ce là ce que donne à penser la proclamation que la *Critique de la raison pure* « est un traité de la méthode et non un système de la science elle-même »[1] ?

Comme le souligne Yves-Jean Harder, c'est bien une compréhension nouvelle du sens même de l'idée de méthode qui se met en place avec Kant. Il y a deux dimensions en effet dans l'idée de méthode, selon l'explicitation qu'en donne le kantisme : la garantie de la rigueur démonstrative d'une part, que nous avons rencontrée plus haut en abordant la première figure prise par cette idée ; mais elle comporte également une autre détermination, à laquelle les théories de la méthode antérieures, prisonnières du dogmatisme, sont demeurées aveugles : l'organisation systématique. Or la première ne suffit jamais à atteindre la seconde. « Il faut donc distinguer deux niveaux [...] : 1) la méthode interne au système, qui est le mode ordonné et scientifique des contenus propre à ce système [...] 2) la méthode qui fonde la systématicité ou la scientificité de ce système dans les pouvoirs de la raison pure ». Or, comme le précise Yves-Jean Harder, c'est bien « à ce deuxième niveau qu'intervient la critique : elle ne donne pas une méthode à la métaphysique, mais elle lui assure de pouvoir, à certaines conditions et dans certaines limites, mettre en œuvre sa méthode dogmatique ». Et par conséquent, « l'erreur de méthode du dogmatisme ne consiste pas à suivre un ordre logique dans l'élaboration des objets de la raison pure, mais à ne pas suivre l'ordre qui règle les objets sur la connaissance ». Il y a donc nécessité de partir de l'idée du tout, fournie par la raison.

De fait, le sens du débat sur la méthode change donc profondément avec Kant. Nous avons vu pointer auparavant, parfois explicitement, parfois plus clandestinement, le souci de complétude, dessinant l'idéal de « la connaissance de toutes

---

1. Kant, *Critique de la raison pure*, trad. fr. Trémesaygues et Pacaud, Paris, P.U.F., « Préface de la seconde édition », p. 21.

les choses dont mon esprit serait capable ». Il ne s'agit plus désormais d'une totalisation pensée comme conquête progressive de la complétude, mais de systématicité, donc de totalité d'emblée donnée. Le bouleversement entrainé par le kantisme tient au passage au premier plan de l'idée d'architectonique. Désormais, le problème organisateur est celui de l'accord avec la raison. C'est pourquoi, ainsi que le spécifie Yves-Jean Harder, « la méthode, comme art, est la recherche des règles qui permettent de traduire pour l'entendement l'orientation finale de l'idée, de façon à le guider dans sa progression cognitive ». Bref, selon cette compréhension révolutionnaire, la méthode « n'a pas en vue la constitution des objets, mais l'ordre fondé sur des idées ». C'est ce qui permet de comprendre comment se résout, chez Kant, ce paradoxe que signale Yves-Jean Harder : le fait que la reconnaissance de la position centrale de la méthode ne se traduise nullement par l'élaboration de prescriptions techniques auxquelles il serait fait obligation au philosophe critique et conséquent de se soumettre : c'est qu'en effet, à titre de conséquence de la révolution copernicienne, « une définition purement technique de la méthode est insuffisante ». Le lien de la méthode avec l'idée de science est plus fort que jamais. Mais avec la philosophie transcendantale, la compréhension de l'idée de science se déplace. C'est cette fois l'insuffisance foncière du soin apporté à la rigueur des enchaînements – si indispensable qu'il soit cependant –, et donc l'insuffisance d'une caractérisation de la science qui en resterait au travail consistant à épeler les déductions, que dit la notion de la méthode si elle est bien entendue. Et si cette notion confirme l'étroite relation qui l'unit à l'idée d'ordre, laquelle était au cœur du premier type de compréhension que nous avons distingué, l'ordre dont il est question change radicalement de statut. Il est à présent celui des « idées » qui « nous sont prescrites, comme tâches ou comme problèmes » ; et « la méthode consiste à se laisser guider par cette prescription ».

Kant a le premier posé avec rigueur le problème de la relation unissant méthode et système. Et si nous avons souligné que la compréhension de la notion s'infléchit alors profondément, il convient de préciser que c'est pour épouser une logique qui pourrait bien faire du kantisme, paradoxalement, sa première victime. C'est l'interprétation instrumentale de la notion de méthode, celle d'un organon de la science, qui se trouve visée et disqualifiée en effet par le déplacement de sens qu'induit le réglage sur la systématicité. On sait que Hegel la dénonce avec virulence dès l'Introduction à la *Phénoménologie de l'esprit*. Kant, proclamant l'identification de la méthode à l'architectonique tout en maintenant une logique de l'instrument entérine au sein de l'exercice de la pensée un régime de séparation qui contredit à son insu l'exigence même de vérité dans son absoluité. Penser de manière cohérente – réellement rationnelle – la signification dont l'idée de méthode est porteuse conduit à lui conférer une expansion spectaculaire, puisque l'on découvre alors qu'elle s'égale à la philosophie elle-même, à la philosophie dans la nécessité de son déploiement : « la méthode n'est autre chose que la spéculation accédant à la conscience d'elle-même », ainsi que le montre Isabel Weiss en se penchant sur la compréhension hégélienne de la notion et le rôle qui lui est dévolu au sein du système.

Contre Kant, et contre les compréhensions communes de cette idée, il est nécessaire de rappeler que « rien n'est plus étranger à l'idéalisme absolu que l'idée d'une coupure ou même d'une différence entre la méthode et la vérité à laquelle celle-ci est supposée conduire » : « Il faut par conséquent remplacer l'idée (kantienne) d'une théorie de la méthode par l'idée d'une méthode absolue, d'une méthode qui se fait système ». En pensant adéquatement la méthode, c'est ainsi l'absolu que l'on pense, en effet : « La méthode est le mouvement du concept comme totalité et *activité* universelle absolue », indique Isabel Weiss. Ce sont donc deux formes foncières d'extériorité qu'il s'agit de neutraliser pour accéder au sens authentique de la notion : d'une part « Hegel met [...] en cause de manière radicale l'idée que la méthode serait seulement une modalité du connaître qui pourrait demeurer étrangère à l'être » ; d'autre part, « la méthode n'est pas ce dont un sujet se sert pour expliquer ou décrire du dehors un objet mais l'activité immanente de l'objet consciente d'elle-même ». L'*Encyclopédie*, de fait, fait clairement justice de ces interprétations trop immédiates, qui sont les interprétations ayant cours dans la tradition philosophique antérieure. Il ne s'agit plus de partir en quête de vérités, mais de comprendre l'autoprésentation du vrai : « La méthode est de cette manière non pas une forme extérieure mais l'âme et le concept du contenu, dont elle n'est différente que pour autant que les moments du *concept* viennent aussi *en eux-mêmes* dans leur *déterminité* à apparaître comme la totalité du concept »[1].

Il ne saurait donc se rencontrer en philosophie de théorie de la méthode légitimement élaborée par un esprit spécialement perspicace, il y a exclusivement une (ou plutôt la) méthode qui se fait système, identification structurelle que proclame la *Phénoménologie de l'esprit* : « la méthode n'est rien d'autre que la construction du tout, érigée en sa pure essentialité »[2]. En d'autres termes, le système est en quelque sorte la méthode déployée.

Une ultime ligne de compréhension de l'idée semble aux antipodes de l'exigence systématique ainsi que de l'auto-déploiement de l'absolu qui l'exprime. Car curieusement, la référence à la méthode demeure centrale jusque chez des philo-sophes qui défendent un pluralisme antidogmatique, ou qui adoptent une attitude sceptique sur le plan théorique, et même chez ceux qui récusent radicalement la notion de vérité en son sens habituel. Comme le rappelle justement Céline Denat, par exemple, le souci de la méthode est ainsi profondément ancré au cœur de la réflexion nietzschéenne, au point que c'est même lui qui guide son essai de construction d'une interprétation rigoureuse de la réalité, ce que peu de commentateurs ont su voir. Ne serait-ce donc pas lorsqu'est consommée la rupture de l'enquête philosophique et de l'idée d'absolu que la méthode donne toute la mesure de sa nécessité ? Au nom de Nietzsche s'ajoute ici celui de Hume pour qui, souligne Claire

1. Hegel, *Encyclopédie*, I « Science de la logique », § 243, trad. fr. B. Bourgeois, Paris, Vrin, 1979, p. 462-463.

2. Hegel, *Phénoménologie de l'esprit*, Préface, trad. fr. B. Bourgeois, Paris, Vrin, 2006, p. 91.

Etchegaray, « il faut [...] assumer une certaine nescience sur le non-phénoménal », ce qui n'empêche nullement d'accorder simultanément sa confiance à une méthode, laquelle en l'occurrence est empruntée dans son fond « à la philosophie naturelle parce que ses récents succès attestent à [ses] yeux une entreprise méthodologiquement bien conduite » ; mais il conviendrait encore de mentionner celui de Diderot, en ce qu'il est fondamentalement penseur du perspectivisme, et en même temps penseur de la méthode entendue comme souci de faire l'expérience de variations dans les modes d'approche du réel, et de tester sans relâche des hypothèses multiples.

Pourquoi alors le recours à l'idée de méthode chez ces philosophes qui ont tous en commun d'être méfiants à l'égard de la prétention à s'assurer de vérités absolues ? C'est que dans tous ces cas, il s'agit de lutter moins contre l'absence de savoir que contre les déviances engendrées par les excès du désir de savoir et du besoin irrépressible d'expliquer, qui conduit parfois, et peut-être moins rarement qu'on ne le penserait, à « expliquer » : l'« hypothèse » chimérique, dénoncée avec vigueur par la pensée écossaise des Lumières ; « les mots [...] multipliés sans fin »[1] et les « sciences abstraites », contre lesquels met en garde Diderot ; la « frénésie d'interprétation », emportée par « un arbitraire [...] éhonté », et finissant par faire prendre au sérieux une « pitrerie philologique », que détecte Nietzsche[2]. Ce n'est pas donc tant l'aspiration à la vérité que le refus de l'arbitraire qui est en jeu : bref, la méthode n'est pas une logique, elle est une vertu : l'exigence de probité. Cette compréhension n'est pas propre aux seuls philosophes portés à des sympathies sceptiques, elle semble bien être une sourde demande qui anime le concept même de méthode. Yvon Belaval la notait à propos de Descartes : « si la méthode générale consiste "plus en pratique qu'en théorie", cette pratique relève tout autant de la morale que

---

1. Diderot, *Pensées sur l'interprétation de la nature*, § 17, dans *Œuvres*, L. Versini (éd.), Paris, Robert Laffont, 1994, t. 1, p. 567.

2. Nietzsche, *Aurore*, § 84, trad. fr. E. Blondel, Paris, GF-Flammarion, 2012, p. 90.

d'une technique »[1]. On la rencontre sous une forme, il est vrai, particulièrement développée et explicite dans la réflexion de Nietzsche. Pour le penseur de « l'art de bien lire », c'est bien de la discipline propre à l'exercice de la vertu que relève *de facto* l'exigence véhiculée par la méthode, mais de vertu dans l'ordre intellectuel et dans la conduite de l'enquête philosophique ou scientifique, de vertu psychologique si l'on veut. C'est le sens de cette orientation philosophique qu'analyse Céline Denat, en en détaillant les implications : « Nietzsche repense à l'inverse l'esprit de méthode comme consistant, non en un ensemble non de règles logiques, mais de "vertus" : cette "attitude" implique une perpétuelle exigence de sérieux, de rigueur, mais plus précisément alors aussi les vertus d'indépendance ou de liberté, de prudence, de patience, et tout à la fois de courage – autant de "vertus" que Nietzsche rassemble synthétiquement sous le nom de "probité" ou d'"honnêteté", et qui permettront en effet au penseur de faire preuve d'un authentique "esprit de recherche" ». Le concept de méthode désigne une éthique de la pensée, non une technique d'acquisition du vrai, et l'on comprend alors pourquoi – chose à première vue étonnante, puisque l'on attendrait de cette exigence, qu'on lie ordinairement à la volonté de savoir, une attitude normative militante – la revendication de méthode s'accommode aisément de tendances sceptiques. Sans aller, certes, jusqu'à la remise en cause radicale de la notion de vérité sur laquelle se fonde le questionnement nietzschéen[2], Bacon, à certains égards, « se situe [...] du côté des sceptiques, de Montaigne en particulier dont il a été un lecteur assidu », observe Thierry Gontier ; quant à lui, Hume « promeut et applique dans ses enquêtes une méthode sceptique qui n'est pas naïvement *positiviste* », comme le remarque Claire Etchegaray ; et aux yeux de Nietzsche, rappelle Céline Denat, « les penseurs sceptiques sont les seuls qui ont su, dans l'histoire de la philosophie, se montrer authentiquement probes, courageux et simultanément

---

1. Y. Belaval, *Leibniz critique de Descartes*, *op. cit.*, p. 30.
2. Voir C. Denat et P. Wotling, *Dictionnaire Nietzsche*, Paris, Ellipses, 2013, p. 271 *sq.*

méfiants » – ce n'est sans doute pas un hasard si le célèbre jugement qui tient que « les grands esprits sont des sceptiques »[1] apparaît dans l'un des ouvrages où son auteur insiste le plus sur le rôle de la méthode pour le philosophe.

Autant le type précédent offrait une compréhension positive de l'idée de méthode, autant celui-ci lui assigne fondamentalement une orientation négative. Elle prescrit avant tout la retenue, et peut apparaître pour une part semblable au *daïmôn* de Socrate, qui n'intervient que pour empêcher ou suspendre. « La méthode est défiance »[2] déclarait Ferdinand Alquié. La formule vaudrait tout autant pour Hume, pour Reid, pour Diderot, et plus encore pour Nietzsche. Elle caractérise bien, de fait, un type spécifique de compréhension de la notion. Denis Kambouchner confirme cette lecture sur le cas de Descartes en revenant sur les prescriptions du *Discours de la méthode* : « Quant à leur substance, ces quatre préceptes sont présentés de but en blanc, sans aucune forme de déduction. Sans doute s'avancent-ils en atmosphère d'évidence, comme étant assez clairs par eux-mêmes. À la question de savoir d'où cette qualité peut leur venir, il faut sans doute répondre : de ce qu'*ils résultent tous de la démultiplication d'un certain impératif de circonspection – circonspection dans le jugement...* »[3]. La méfiance, en particulier à l'égard du verbalisme, et des problèmes mal posés, caractérise de même la position de Diderot en matière de méthodologie. L'intransigeante demande de droiture intellectuelle, qui conditionne l'accès au savoir, mais dans les cas limites prend le pas sur le souci de comprendre et de savoir, confère à la méthode une fonction fondamentalement prophylactique. L'adversaire le plus dangereux en effet n'est pas l'incomplétude, et d'autre part, ce ne sont pas tant des erreurs ponctuelles que des tendances générales déviantes qu'il s'agit de contrer – des habitudes intellectuelles néfastes qui ont pour source le conformisme et la paresse, la crédulité et l'assoupissement de l'esprit critique,

---

1. Nietzsche, *L'antéchrist, op. cit.*, § 54, p. 219. Voir également le § 12 à ce propos.
2. F. Alquié, *La découverte métaphysique de l'homme chez Descartes*, p. 62.
3. Nous soulignons.

l'absence d'indépendance et la facilité à se satisfaire dénoncées par Nietzsche, la précipitation, relevée par Descartes notamment, la confusion, produit d'un esprit insuffisamment attentif... La méthode est requise afin de lutter contre l'erratique, ou plus précisément contre la part d'instinctif qui, plus souvent qu'on ne le pense, influe souterrainement sur la recherche du savoir, gagnant à peu de frais un sentiment de compréhension en réduisant le nouveau au bien connu ou au sourdement désiré. C'est l'excès qui constitue la principale menace : les extrapolations, les généralisations hâtives diagnostiquées par Bacon, les hypothèses délirantes auxquelles les penseurs écossais des Lumières font une chasse impitoyable, les surinterprétations et les lectures qui ajoutent au texte des séquences étrangères, dépistées par la philologie nietzschéenne. La prescription qu'instaure la méthode vise le penchant à se laisser aller à trop dire, à dire plus qu'on n'a le droit de se le permettre, et à dire trop vite. Ce qui explique le privilège que cette vision éthique de la méthode accorde aux figures de la limitation : la circonspection selon les termes de Descartes, l' « *ephexis* dans l'interprétation »[1] selon les termes de Nietzsche, – exigence qui se traduit encore dans la démarche prescrite par le privilège accordé à l'économie. Ce souci de la parcimonie est à l'œuvre dans la démarche humienne, fait observer Claire Etchegaray : « une multiplication des principes pour chaque fait singulier est contraire à la méthode naturelle ». Chez l'auteur de *Par-delà bien et mal*, l'un des philosophes qui ont porté le plus loin cette exigence, elle définit le concept même de méthode : « la méthode [...] doit être essentiellement économie de principes »[2]. Et c'est bien elle, en effet, qui s'exerce dans la construction d'une hypothèse nouvelle d'interprétation de la réalité qu'élabore le paragraphe 36 de *Par-delà bien et mal*, ainsi que le fait observer Céline Denat. Car un lien essentiel unit économie et probité.

---

1. Nietzsche, *L'antéchrist, op. cit.*, § 52, p. 217.
2. Nietzsche, *Par-delà bien et mal*, § 13, trad. fr. P. Wotling, Paris, GF-Flammarion, 2000, p. 61.

Mettant en place une politique de la pensée qui est aussi bien une « ascèse de l'esprit »[1], l'idée de méthode prescrit un cadrage strictement sélectif des actes intellectuels, en d'autres termes une rigoureuse « direction de l'esprit ». La méthode concernerait donc fondamentalement le rapport de l'esprit à lui-même, et non à des objets. Descartes est une nouvelle fois emblématique de cette tendance foncière. Denis Kambouchner le note : « c'est une certaine relation de l'esprit à lui-même, une forme de contrôle de ses propres actes, qui fera l'universalité de la méthode cartésienne en même temps que sa fécondité ». L'accès au savoir est médiatisé par l'empire exercé sur l'esprit, et Descartes n'est pas le seul à le penser. Pour Hume, ainsi que l'expose Claire Etchegaray, « la méthode dans les questions de fait ne peut plus être ce qu'elle était traditionnellement, à savoir une *mise en ordre* des pensées préexistantes ou des idées claires et distinctes. Elle ne consiste plus seulement dans la *disposition* des pensées, mais plutôt dans la *maîtrise* de l'opération mentale qu'est la croyance dans les questions de fait » ; en l'occurrence, pour l'auteur du *Traité de la nature humaine*, elle doit se comprendre comme « la conduite bien dirigée d'une *attente* psychologique impossible à fonder par une déduction, même à partir de l'expérience. Sans cette attente que l'habitude produit instinctivement, il n'y aurait nul raisonnement sur les questions de fait, et donc nulle méthode expérimentale ». On saisit dans ces conditions pourquoi le respect d'un ensemble de règles formelles, si strictes qu'elles soient, ne suffit pas nécessairement à former une méthode. Il convient de partir de l'analyse du fonctionnement de l'esprit, et de l'identification rigoureuse de ses opérations. Il est frappant de voir à quel point les penseurs des Lumières, en particulier, se rencontrent sur l'exigence de détecter, autant qu'il est possible, les rouages réglant le fonctionnement de la nature humaine, ou de l'esprit humain, selon les cas. Claire Etchegaray parle très opportunément au sujet des penseurs britanniques d'une « discipline de l'esprit » qui « requiert au préalable une connaissance de son fonctionnement ». Agir sur l'esprit : telle est

---

1. Y. Belaval, *Leibniz critique de Descartes*, op. cit., p. 30.

l'orientation impliquée par la soumission à la méthode comprise selon cette quatrième figure : la chose vaut tout autant pour Descartes, Bacon, Hume, Reid, Diderot, Nietzsche. Sur cette question de nouveau, la pensée cartésienne est emblématique. On peut s'émouvoir de la virulence extrême du verdict que prononce la quatrième des *Règles pour la direction de l'esprit* : « Il vaut cependant bien mieux ne jamais songer à chercher la vérité sur quelque objet que ce soit, que le faire sans méthode »[1]. Qu'importe en effet la dispersion de la découverte des vérités pourvu que celles-ci soient bien appréhendées, et finalement rassemblées en un corps exhaustif, pourrait-on objecter ? Il est bien possible que la construction de la science y perde en rapidité, mais elle ne s'en accomplira pas moins au bout du compte. Si ce n'est, comme l'expose Descartes, qu'« il est très certain que ces recherches désordonnées et ces méditations obscures troublent la lumière naturelle et aveuglent l'esprit »[2]. En d'autres termes, les conditions du problème étaient mal posées par l'objection qui vient d'être envisagée : il ne peut y avoir de récapitulation finale compensant le désordre de la recherche parce que la désorganisation de l'enquête empêchera justement la découverte – et ce du fait que le désordre produit des effets sur l'esprit : il n'est pas une manière de procéder certes peu économique, mais au total neutre ; il brouille au contraire à terme la clarté de la capacité de discrimination entre vérité et fausseté, plus encore entre le certain et le douteux, entre la certitude et la non-certitude – on sait que pour le Descartes des *Regulae*, seul le certain est recevable en matière scientifique. L'opposition à la désarticulation de la recherche est donc motivée dans son fond par l'opposition à la confusion intellectuelle qui en est la menaçante retombée. Voilà pourquoi l'ordre se retrouve bien au cœur de l'exigence méthodique cartésienne telle qu'elle est présentée en 1628. Et ultimement, la leçon de cette analyse est ainsi l'union intime de l'application de la méthode et de la formation de l'esprit. L'esprit s'éduque. L'efficacité de la prophylaxie en

---

1. Descartes, *Règles pour la direction de l'esprit*, règle IV, p. 91, AT X, p. 371.
2. *Ibid.*

découle. Dans sa condamnation de la confusion, le cas cartésien est révélateur par le principe qu'il suppose ; mais l'idée se trouve très diversement déclinée à travers le spectre des doctrines philosophiques. L'obsession de l'ordre produit également ses effets, qui à l'observation ne sont peut-être pas moins inquiétants que l'absence d'ordre dénoncée par l'auteur du *Discours de la méthode*. Diderot, Hume, Nietzsche mettent en évidence les déviations engendrées par la confiance dans les vertus de l'ordre, aisément poussée jusqu'à l'idolâtrie de la systématicité : la perte de finesse, le manque de doigté dans l'appréciation des nuances rendant certaines situations particulières, le préjugé formaliste, et ses figures associées (verbalisme, abstraction, etc.). Et il ne sera pas inutile d'évoquer une fois encore Claude Bernard, qui faisait remarquer que le théorique aussi possède ses préjugés : « Cet amour de la théorie est la cause d'un grand nombre d'erreurs ; et en biologie, particulièrement aujourd'hui, elle nous conduit dans une voie aride et nous empêche de faire des découvertes »[1]. Peut-être cette notation, apparemment incidente, est-elle en fin de compte celle qui ouvre la perspective la plus révélatrice sur l'esprit animant profondément la mise en jeu de l'idée de méthode, de cette idée si complexe, qui semble investie dans la réflexion philosophique de manière si multiple. Recouvre-t-elle fondamentalement, en effet, l'idée d'ordre ? Ou vise-t-elle une tout autre préoccupation, la fécondité heuristique ? Ou bien encore qualifie-t-elle la logique propre à la raison, et par là à l'expression de l'absolu ? Ou exprime-t-elle l'exigence de probité comme étant le véritable absolu de la philosophie ? Est-elle une notion positive ou négative ? Ou ne joue-t-elle pas plutôt sans cesse, enregistrant des variations originales d'un philosophe à l'autre, sur la combinaison de plusieurs de ces déterminations ? Or, si Claude Bernard lui découvre notamment pour rôle de protéger l'esprit des séductions dangereuses du théorique, les penseurs qui lui font une place au sein de leur questionnement se rencontrent fréquemment sur un autre jugement : autant est

---

1. C. Bernard, *Principes de médecine expérimentale*, Paris, P.U.F., 1947, p. 221.

vital le recours à une méthode, autant sont dénuées d'intérêt les théories que l'on peut être tenté d'élaborer à son sujet. Qu'elle soit essentiellement formation de l'esprit – à la discrimination, à la probité –, c'est-à-dire procédé d'éducation produisant une transformation de son mode de fonctionnement, ou qu'elle soit au contraire la démarche d'autodéploiement de l'Esprit dans sa nécessité, c'est son exercice qui en révèle le sens, et son sens est d'être exercice. Ce n'est pas la forme docte d'un traité qui pourra jamais en livrer souverainement la vérité : « elle consiste » en effet « plus en pratique qu'en théorie »[1].

Patrick WOTLING

---

1. Descartes, *Lettre à Mersenne*, 27 février 1637 (datation AT : mars 1637), dans *Œuvres philosophiques*, Paris, Garnier, 1963, t. 1, p. 522, AT I, p. 349.

L'ESPRIT DE LA MÉTHODE
CHEZ ARISTOTE

Si Aristote a pu se voir désigner comme le « Shakespeare de la science », ce n'est pas sans un esprit de finesse qui cherche à rendre compte de la spécificité de sa position quant à la science. Car dans l'opposition devenue traditionnelle entre les humanités, qui comprendraient l'art et la littérature, et l'ensemble donné comme homogène des sciences dûment reconnaissables, Iris Murdoch, qui forge l'expression, entend aussi bien rappeler qu'avant que d'être des scientifiques, nous sommes des êtres humains susceptibles d'être encore des agents moraux, et défendre l'idée que, dans l'ordre de cette dernière préoccupation, il revient aux *mots* de nous permettre de débattre de la place de la science dans la vie humaine. Suivant le fil d'un tel rappel, il devient alors nécessaire de dire qu'il sera toujours plus important d'avoir entendu parler de Shakespeare plutôt que de n'importe quel savant, quand il reste qu'un « Shakespeare de la science » a existé, lequel n'est autre que cet Aristote dont la position doit être justement restituée[1]. Aristote n'aurait en effet en rien oublié la particularité de l'agir humain, ni des interrogations qui peuvent lui être liées, mais il aurait néanmoins, dans cette bataille ancrée dans les mots, instauré les règles d'une scientificité éclairée, consciente, raffinée, ajustée

1. Voir, d'une façon générale, I. Murdoch, *L'Attention romanesque*, Paris, La Table Ronde, 1997, et *La souveraineté du bien*, Paris, Éditions de l'éclat, 1994. L'expression visant Aristote se trouve dans la partie I. L'idée de perfection, p. 49.

pourrait-on dire, pour prévenir les risques d'un placage massif et uniformisant des sciences soumises à l'investigation. Face à cela, Platon transmettrait la vertu de l'érotique platonicienne, de la force dialogique de la dialectique, dont l'héritage est assumé par elle comme promesse esthétique d'un « amour ontologique », de celui qui creuserait dans les mots le lieu d'une attention à la particularité du réel, à sa présence ineffable, et que seule la combinaison d'un intérêt soutenu de l'énergie érotique et d'une écriture tendue vers la diversité sensible pourrait se proposer d'approcher. D'une philosophie unitairement surplombée par l'Idée du Bien, le paradigme de la valeur, et la puissance affective de l'*erôs*, elle distingue la philosophie déterminée à ne pas écraser le moiré des discours cognitifs, mais qui serait l'instigatrice d'une réflexivité appliquée au discours de la connaissance, voire de la science elle-même. Platon n'est cependant pas exempt du souci de la recherche bien orientée, et, pour ne prendre que cet exemple de dialogue consacré à la *philia*[1], les tentatives successives de cerner une définition de l'ami se soutiennent d'une légitimation revendiquée des principes qui autorisent chaque partie du discours. C'est ainsi que, inaugurant la première étape détachée de la simple reprise doxique, et se tournant vers la parole des poètes, « pères de la sagesse et guides »[2], Socrate se démarque des errances précédentes, en invoquant la nécessité de changer de route, car c'était une « route » (ὁδός) trop difficile que celle que suivait l'étude jusque-là menée[3]. La préoccupation du cheminement menant à une connaissance effective, à des règles épistémiques et discursives, est déjà pleinement là, règles qu'Aristote aurait exemplairement orchestrées, par la suite, dans des exposés didactiques dont l'*Organon* offrirait la référence primordiale.

Il est à ce titre souvent présenté, après la philosophie peut-être plus unitariste (intellectualiste et métaphysicienne) de Platon ou de l'éthique socratique – sans parler des présocratiques dont

1. Dont on peut se demander s'il peut ou non préfigurer le *Banquet*, et la conception de l'érotique et de la dialectique qui lui est associée.
2. « ὥσπερ πατέρες τῆς σοφίας εἰσὶν καὶ ἡγεμόνες », *Lysis*, 213e.
3. « καὶ γὰρ χαλεπή τίς μοι φαίνεται ὥσπερ ὁδὸς ἡ σκέψις· », *Ibid.*

l'étiologie ou la conception réductrice et mono-principielle, le plus souvent, a pu être l'objet d'incessantes reprises et discussions par Platon et Aristote, conjointement – comme le fondateur de la délimitation des champs disciplinaires, de leurs objets et instruments conceptuels respectifs, d'une méthode adaptée, d'une systématisation des principes et modalités de la connaissance, et d'une épistémologie proprement dite. C'est ainsi que l'on souligne volontiers, comme y invitent d'ailleurs les textes d'Aristote eux-mêmes, la tripartition des sciences en sciences théorétiques, sciences pratiques et sciences poiétiques[1]. Cela tombe sous le coup d'une revendication générale, de l'association d'une discipline déterminée à un objet déterminé, toute science étant dès lors particulière, puisque particularisée par la nature déterminée de cet objet : « Par dans chaque art, j'entends selon les principes de cet art »[2]. La distinction des degrés du savoir, passant de la sensation à la *doxa*, de là à l'*empeiria,* la *tekhnè,* puis à l'*epistèmè*, souligne l'égale reconnaissance d'une forme de vérité de la sensation, dans son rapport originel aux *phainomena* pris pour normes premières et ultimes, à la *doxa* (tout homme ayant un rapport au vrai[3]), à la *paideia,* et cette éducation suffisante en chaque matière, qui permet d'exercer un jugement assuré, doublée d'une instruction encore suffisamment générale pour posséder un pouvoir de discernement avisé sur l'ensemble des discours entendus[4]. La logique constitutive du cheminement conduisant de la sensation à la science couronne l'édifice de cette méthodologie complexe, enveloppante mais également différenciante, comme en témoignent les chapitres si souvent invoqués de la *Métaphysique*, A, 1-2, et des *Seconds Analytiques*, II, 19. Car la logique de reconstitution de l'architecture des différentes formes ou étapes du savoir s'accompagne d'une préoccupation génétique et de détermination des modalités de

---

1. Aristote, *Topiques*, VI, 6, 145a 15, VIII, 1, 157a 10 ; *Éthique à Nicomaque*, VI, 1139a27, *Métaphysique,* E1 et K1.

2. « λέγω δὲ τὸ κατὰ τὴν τέχνην τὸ κατὰ τὰς ἐκείνης ἀρχάς », Aristote, *Réfutations sophistiques*, 9, 170a33-34.

3. Aristote, *Éthique à Eudème*, 1216b30-31.

4. Aristote, *Parties des animaux,* 1, 639a10 ; *Éthique à Nicomaque*, V, 5, 1130b26.

la recherche. On doit veiller à bien passer de ce qui est le plus connu pour nous à ce qui est le plus connaissable en soi, ou intelligible proprement dit, à toujours préserver les phénomènes, σωζεῖν τὰ φαινόμενα, à ne pas trahir la distinction lexicale, terminologique, des mots et concepts que nous employons, ce qui conduirait immanquablement à des raisonnements spécieux. La détermination des différents régimes de significations, des univoques, plurivoques, synonymes, homonymes, la structuration des différentes modalités de signification dans le discours qui nous ouvre au réel, s'offre comme un préalable indispensable à la saisie authentique de ce dernier[1]. On devrait aussi procéder à un classement des opinions, des faits, des traits recensés, que l'on pourra organiser en tableau ou *diagramma,* la technique d'organisation d'éléments en diagraphes préparant la saisie d'une rationalité interne aux matériaux livresques ou factuels rassemblés[2], et l'éventuelle définition de prémisses[3].

Aristote serait ainsi l'inventeur d'une philosophie systématique, de la distinction, de la classification, de la séparation, disciplinaires, instrumentales, épistémologiques, le fondateur de la délimitation des savoirs, qu'il désigne lui-même comme « particuliers », « τῶν ἐν μέρει λεγομένων »[4]. À ce titre, il n'y aurait plus qu'à reprendre tous les axes de lectures répondant aux titres d'ouvrages dont nous disposons, lesquels correspondraient à des notes de cours, mais qu'Aristote aurait présentés comme κατὰ φιλοσοφίαν, et l'esprit sérieux d'une philosophie légitime et dûment constituée. En ce cas, nous aurions, lisiblement, des axes disciplinaires séparés, de logique, de physique, de biologie, de psychologie, de métaphysique, d'éthique, de politique, de poétique, etc., avec, peut-être, dans les traités d'éthique, la dénonciation d'une structure épistémique plus

---

1. Voir l'excellent ouvrage de A. Stevens, *L'ontologie d'Aristote. Au carrefour de la logique et du réel*, Paris, Vrin, 2000.
2. Aristote, *Topiques* I, 14, 105b12-15.
3. Voir M-H. Gauthier-Muzellec, « Aristote et les commencements de la *Métaphysique* (A2) : méthode dialectique et paradigme méthodologique », *Études philosophiques*, 1997.
4. Aristote, *Métaphysique*, Γ, 1, 1003a22-23.

flottante, mais correspondant néanmoins à la seule exigence de rigueur (*akribeia*), qui puisse être revendiquée dans ce domaine des affaires humaines, affublées d'une telle contingence et d'une diversité contextuelle inlassablement renouvelée.

Mais l'on peut cependant choisir de prendre les choses autrement, selon une allure plus dynamique et interrogative de ce que l'on reléguerait alors comme une présentation statique, présumant de l'achèvement d'un système dont la constitution génétique paraît plus problématique, mais aussi beaucoup plus intéressante, innovante et peut-être contemporaine, quand elle est perçue sous ce jour-là. Et l'on peut tenter de se pencher sur des questions fondamentales quant à l'interprétation d'ensemble, de la réflexion d'Aristote, de ses œuvres, et de la tournure et des modalités de sa pensée, en cherchant prioritairement l'unité questionnante de ses différentes orientations disciplinaires, des différents territoires par lui abordés, et peut-être pas toujours avec le souci du défrichement par délimitation et enclavement. Dans cette optique, on pourrait hasarder la nécessité de dépasser la lecture discontinuiste des traités d'Aristote, et des champs disciplinaires qu'il aurait contribué à inaugurer, vers une lecture plus continuiste, qui dynamiserait l'ensemble des écrits, et subordonnerait les frontières, découpages obtenus, à une trame plus unificatrice, dès que soumise à cette progression heuristique. L'on choisirait de porter une attention particulière à l'ancrage matriciel dans l'indistinction des objets, des donations phénoménales et sensibles, à la perméabilité des frontières, et la difficulté à soutenir un tracé étanche, foncièrement, entre les disciplines attestées et leurs objets respectifs, ainsi qu'à la transversalité d'instruments et principes d'analyse qui soutiennent ce point de vue sans doute moins orthodoxe (dont, en particulier, la supériorité, nous y reviendrons, dans cette détermination des principes fondamentaux et communs à tout discours scientifique, du principe du *mallon*[1], pour tous les savoirs génétiquement liés à l'étude de la nature,

---

1. M-H. Gauthier-Muzellec, « Aristote et le principe du μᾶλλον. Une double introduction à la *Métaphysique* : A1-3/Γ », *Aristote, Métaphysique Gamma*, édition, traduction, études par M. Hecquet-Devienne et A. Stevens, Louvain, Peeters, 2008.

ou d'une méthodologie que nous appellerons de l'*oikeion*, pour tous les champs relatifs aux affaires humaines). La transversalité du principe du *mallon* et sa plus haute principialité viendraient ainsi souligner la possibilité d'une continuité dynamique entre les étants, les différents règnes des êtres, la plus grande réflexivité des concepts et de leurs modalités d'évaluation théorique, mais aussi, peut-être, une plus grande proximité des champs disciplinaires, et une plus grande acceptation du voisinage ontologique ou théorique de leurs objets.

Dans cette ligne de réflexion, et dès lors que l'on met en avant la perspective archéologique ou la dimension génétique de la réflexion aristotélicienne, nous trouverions en Aristote un philosophe plus soucieux de continuité, de contiguïté entre les étants et les disciplines chargées de les étudier, que d'établissement de frontières, épistémiquement ou ontiquement, ainsi qu'une plasticité méthodologique, une fluidité de la pensée, qui se substitueraient à l'établissement monumental d'une systématicité scientifique et d'une méthodologie architecturalement destinée à la penser. La méthodologie de l'*oikeion*, requise en premier lieu par la matière mouvante, errante, des affaires humaines, mais aussi plus généralement par l'esprit de la recherche qui suspend ultimement le critère du savoir réellement possédé à l'ajustement de sa forme structurelle à la spécificité de l'objet dont elle est susceptible de s'emparer, offrirait comme la clé de voûte d'un édifice de codification de la réflexivité scientifique (recherche et exposé des résultats connus) d'un spectre plus large que celui des codes simplement logiques, démonstratifs, ou formellement rationnels.

Cela permettrait de déplacer deux conceptions traditionnelles et fortement ancrées de la pensée aristotélicienne, sans passer par un repli de la philosophie sur sa seule dimension théorétique[1], soit de soutenir l'hypothèse d'une méthodologie enveloppante, mais matriciellement appelée à des déclinaisons différenciées selon la diversité des champs qu'un même esprit philosophant s'engagerait

---

1. Ce que paraît soutenir Richard Bodéüs dans *Aristote. Une philosophie en quête de savoir*, Paris, Vrin, 2002, chapitre « La diversité de l'œuvre aristotélicienne ».

à examiner. C'est ainsi qu'il ne faudrait plus s'engager dans la défense d'un Aristote inaugurant la première encyclopédie du savoir, qui aurait fondé, organisé, fait progresser tous les domaines disciplinaires représentés par les ouvrages susceptibles de lui être attribués. Car l'idée préconçue selon laquelle ces œuvres formeraient un tout, où des angles et parties coordonnées pourraient être distingués, n'offrirait qu'une « fantaisie commode, parce qu'elle permet de donne une vue relativement simple de l'œuvre aristotélicienne »[1]. Cette fantaisie masquerait en revanche la diversité irréductible de l'œuvre abordée à partir de ce prisme organisateur mais trompeur, qui ne se soumettrait pas davantage à d'autres modèles antiques de l'unité fortement structurée par l'ambition d'une fin intentionnelle commune à tous les axes compris comme autant de moyens constitutifs, comme chez les stoïciens, où la logique, la physique et l'éthique, devaient contribuer à la recherche du bonheur, humain, dans ce monde-ci, par une philosophie tout entière ordonnée à ce but saisi comme critère unificateur de ses parties instrumentales. Chez Aristote, l'hétérogénéité des prémisses (*protaseis*), qu'il revendique explicitement, fussent-elles rationnelles (*logikai*), naturelles (*phusikai*) ou morales (*èthikai*)[2], engagerait la diversité des problèmes, *problèmata*, des recherches, mais aussi celle des propos et des axes de la pensée destinés à les encadrer.

Contre cela, R. Bodéüs rappelle à juste titre que la philosophie est normalement, selon Aristote, limitée au théorétique, que la logique constituerait un axe à part, une forme de propédeutique, ou de méthodologie méta-inductive, -démonstrative, ou serait appelée à recouvrir la diversité profonde des modes rationnels du langage ou discours connaissant, en induction, déduction syllogistique, dialectique. La logique devrait en ce sens être extraite de l'organisation fondamentale de la pensée aristotélicienne, dont elle n'offrirait qu'une étape préparatoire, laissant celle-ci se déployer en l'hétérogénéité principielle de deux domaines, théorique, des savoirs méditatifs ayant pour objets les choses

---

1. Richard Bodéüs, *Aristote, op.cit.* p. 16, *sq.*
2. Aristote, *Topiques,* I, 14, 105b19.

disposant en elles-mêmes de leur propre cause, soit la philosophie proprement dite, dispersée traditionnellement dans les trois parties ou sciences physique, mathématiques et théologique, et pratique, qui recouvrirait l'ensemble des choses tenant leur causes externes de l'agent, pratiquement ou poiétiquement : et il ne saurait alors être question de philosophie, qui a pour seul objectif l'obtention et la constitution des savoirs à seule fin de savoir, à moins de reconnaître la concession manifestée dans la formule conclusive de l'*Éthique à Nicomaque*, relative à ἡ περὶ τὰ ἀνθρώπεία φιλοσοφία[1], qui devrait regrouper tous les savoir-faire mais aussi ce qui sert à l'obtention du Souverain Bien, qui serait, selon R. Bodéüs, l'objet de la démarche politique. A partir de la logique reléguée comme propédeutique externe à la pensée authentiquement aristotélicienne, une deuxième scission viendrait compléter la première pour réduire encore la portée du philosophique, dont le noyau dur coïnciderait avec les modalités de l'articulation des trois sciences théorétiques, de la science naturelle, ou seconde, à la science théologique, ou première, les mathématiques étant par ailleurs maintenues en marge de cette linéarité matricielle parce qu'elles se limiteraient au nombre et à la grandeur, soit à des attributs des étants naturels, obtenus par abstraction (ce qui rendrait les mathématiques génétiquement dépendantes de la philosophie naturelle), et qu'elles ne feraient que faiblement l'objet de traitements authentiquement repérables comme tels, ou traités mathématiques avérés. Tout se ramènerait alors au balancement de la philosophie seconde et de la philosophie première, qui devrait porter sur les présupposés de la science naturelle ou sur les affaires divines, qui dépasseraient la réalité sensible naturelle, dont l'étude offrirait le centre architectonique des lignes de force de la pensée aristotélicienne, l'éthico-politique étant à son tour marginalisé comme analyse de ce qui resterait extérieur à la science naturelle, le domaine des affaires simplement humaines. Le champ des *ta èthika*, se trouverait ainsi mis au jour par la construction de la catégorie de l'humain, *anthrôpinos*, par opposition au naturel (*phusikos*) :

---

1. Aristote, *Éthique à Nicomaque*, X, 10, 1181b 15.

l'humain, par opposition au physique, ce serait précisément ce qui relèverait de l'éthique. Tel serait ainsi l'éclatement des objets et des discours, qui viendrait tenir en échec toute prétention au systématique, à l'encyclopédique, à l'unité d'une philosophie aristotélicienne, dont la progression par défrichement des champs de savoir répondrait à des déterminations satellitaires de la logique, de la théologie ou métaphysique et de l'éthico-politique. A ce stade, aucune méthodologie globale ne peut plus être pensée, et la logique ne pourrait offrir l'exposé didactique des règles de la scientificité rigoureuse.

Il est possible, cependant, que le refus ainsi manifesté d'une fausse unité systématique du savoir et de sa méthode ne passe pas nécessairement par un discontinuisme désossant et que l'adoption d'un point de vue génétique, mais autrement situé, puisse réconcilier l'unité d'un esprit méthodologique avec la pensée de ses déclinaisons variées et de ses modalités ajustées.

LE MOMENT LOGIQUE

Il importe, en suivant cette même ligne de pensée, de souligner que la logique peut, au mieux, servir à regrouper tous les traités portant sur les discours et les sciences du langage rationnel, qu'Aristote étudie pour eux-mêmes parce que la philosophie doit interroger aussi bien les formes de la démonstration scientifique que les règles de la discussion dialectique, mais que, dans son acception la plus étroite, elle ne constitue qu'un objet particulier d'étude, réduit à un champ spécifique, qui ne peut avoir pour vocation de gouverner l'ensemble de tous les autres champs d'investigation envisageables, et qui commandent l'adoption de modalités propres. Le terme de « logique » n'apparaît pas d'ailleurs sous une forme substantive et vient simplement qualifier des questions, des formes de raisonnement, des problèmes, *logikè, logikôs*. C'est encore depuis la philosophie stoïcienne que l'on a pu désigner sous ce vocable réunificateur un groupe de traités dont la place n'est ni forcément préparatoire au tout, ni fondatrice d'un tout qui serait par là même unifié. Prétendre à autre chose, souligne R. Bodéüs, ce serait condamner l'approche à l'examen d'une classe d'objets vides, la philosophie n'ayant pas pour vocation cette analyse particulière[1]. La logique doit ainsi se prendre au sens le plus restreint, dans son noyau dur, comme théorie du syllogisme et de la démonstration scientifique, préparée par une théorie de la proposition (*De Interpretatione*), elle-même précédée d'une théorie des termes (*Catégories*), et augmentée d'une investigation élargie par la prise en compte d'un inévitable défaut de science, lequel, privant de la scientificité la plus exigeante, ne prive cependant pas la rationalité de certaines modalités de déploiement qui peuvent être respectées, d'autant plus qu'elles interviennent aussi génétiquement dans le domaine des questions rationnelles qui sont communes à toutes les sciences, et relèvent encore de la philosophie. Un fonds commun aux sciences particulières et qui serait statutairement ignoré d'elles, un fond préalable à leur établissement, telles seraient les justifications de l'annexion de la Topique à la logique dûment délimitée (*Topiques*). Ce faisant, Aristote s'oppose à la réunification platonicienne des sciences par la méthode dialectique, ici reléguée dans un usage spécifique, même si d'une importance cruciale, et consacre la pluralité irréductible des volets méthodologiques, qui condamne toute tentative de se saisir chez lui d'une méthode unique, fondatrice, originellement constitutive, et respecte cette volonté d'adéquation à l'objet dont on parle. En un sens, c'est d'une façon parfaitement conséquente avec sa critique de la théorie platonicienne des Idées, qui suspend aux Formes aussi bien les objets de la connaissance véritable que les degrés de réalité des étants qui en relèvent, offrant une source synthétique unique du savoir et du réel accordé, qu'Aristote entérine, avec l'éclatement de la diversité irréductible du réel, les modalités cognitives de son approche, dès lors dépourvues de toute subordination à une rationalité surplombante. L'esprit de la méthode doit enregistrer cela, et ne pas tendre à une homogénéisation contraignante des discours susceptibles d'être tenus dès lors qu'une ossature épistémique, suspendue à une assignation ontique supérieure, n'est plus défendable. Ce qui veut dire aussi que la différenciation

---

1. R. Bodéüs, *Aristote, op. cit.*, p. 21.

méthodique inévitable, engagée le long d'enquêtes variées dans leurs objets, n'est pas censée entraîner un déficit de validité pour certaines d'entre elles, et si tout exposé méthodologique se doit de commencer par l'examen de la logique aristotélicienne, ce n'est pas pour la placer en position de rigueur scientifique exemplaire, en regard de quoi tout ce qui suivrait devrait être pris comme forme de discours amoindri. L'impossibilité du tout démonstratif n'est donc pas interdiction du scientifique, dès lors que la philosophie révèle la variation formelle de ce dernier. Ou alors faudrait-il admettre, si un pur formalisme logique était envisagé, indépendamment du rapport au réel qui lui donnerait son sens mais aussi sa pertinence et sa valeur de vérité, qu'il ne peut relever de la philosophie, n'apportant la connaissance de rien qui soit étant. Nous n'aurions alors affaire, avec la logique retenue, qu'à l'examen de structures de raisonnement, qui ne nous diraient rien du réel, seraient par là même exclues du champ de la philosophie, et ne pourraient y être que propédeutiquement ou didactiquement réinsérées dans des axes philosophiques dûment constitués, et indépendamment d'elles. On pourrait alors choisir de procéder à un examen méthodique chronologiquement inverse, et passer de l'émancipation de la physique hors de l'étude originelle du réel sensible des premiers physiologues, au détachement problématique de l'ontologie hors de cette gangue matricielle commune, à la question du domaine des affaires humaines, et revenir de là à l'interrogation ouverte sur les modalités méthodologiques rencontrées lors de cette enquête multi-directionnelle, pour ne trouver dans la logique attestée que l'exposé reconstitué de la scientificité la plus armée, relativement à un objet qui s'y prêterait. Mais il faudrait concéder une place périphérique à une forme de raisonnement, certes scientifique, mais intégrée à l'analyse du raisonnement en général, laquelle ne pourrait faire l'économie de la reconnaissance de ses déclinaisons nécessaires. A la variation éidétique et ontique des objets viendrait répondre la variation des modalités discursives, des critères épistémiques et méthodologiques. Plus brièvement, l'analyse des techniques du discours étudiées par les écrits rassemblés comme traités de logique, parce qu'elles n'auraient pas d'objets propres, ne pourrait être insérée dans la philosophie d'Aristote comme analyse de formes de connaissance. Ce serait une rationalité à vide, en manque de sens remplissant, dont l'apport permettrait seul de parler ensuite d'une méthodologie philosophique, dès lors que l'on concéderait à la méthode sa signification heuristique : la recherche, l'enquête partant de sources différentes, à chaque fois modifiées selon l'objet abordé, ou l'étape du discours observée. On comprendrait alors, ce que P. Hadot rappelle, pourquoi Aristote désignait lui-même ses cours comme des *méthodoi*[1]. On pourrait être conduit, dans cette lecture à rebours, à définir tous les éléments constitutifs de la logique proprement dite, les termes, les jugements ou propositions formulables à partir d'eux, ainsi que les argumentations liant les propositions, pour indexer la validité formelle à une origine proto-fondatrice, qui serait toujours reconduite au sensible phénoménal, ce dont la méthodologie des principes, gouvernée par la théorie générale de l'induction, peut reconnaître la pertinence indéniable, et garantir la protection de la logique aristotélicienne du danger d'un pur formalisme qui sied peu à un esprit philosophique constamment soucieux de préserver les phénomènes. Et cela reste fidèle à l'esprit de la décomposition analytique du discours connaissant en ses éléments constitutifs.

C'est ainsi que les *Catégories* distinguent les choses qui se disent selon une liaison de celles qui se disent sans liaison[2], ce qui introduit la différenciation fondamentale des étants qui sont dits καθ' ὑποκειμένου τινος, de ceux qui sont ἐν ὑποκειμένῳ (1a20-21), et avec elle, la possibilité de définir un régime de la prédication et un régime de l'attribution. Ce faisant, Aristote établit simultanément l'existence d'une composition dans le discours, à partir de la référence à des éléments simples, et la question de la nature ontique ou simplement logique de cette référence. C'est ainsi que « homme », « est vainqueur », désignent des éléments simples, dont la composition forge l'expression : « l'homme est vainqueur ». La répartition des termes pourrait ne

---

1. P. Hadot, *Exercices spirituels et philosophie antique*, Paris, Albin Michel, p. 68, 2002.

2. « τῶν λεγομένων τὰ μὲν κατὰ συμπλοκὴν λέγεται, τὰ δ' ἄνευ συμπλοκῆς », 1a16-17.

répondre qu'à des préoccupations discursives et grammaticales si la distinction annoncée n'était suivie de celle, effectuée parmi les étants (τῶν ὄντων), du mode d'existence des éléments entrant dans la composition, qui correspond à la différence de l'universel, prédiqué, et de la modalité accidentelle, particulière ou universelle, attribuée, la donnée résistant à la distinction libérant la place de la substance individuelle, laquelle n'existe ni comme prédiquée d'un sujet, ni dans un sujet, et se trouve désignée ici comme l'indivisible par excellence (τὰ ἄτομα, 1b6). Mais les éléments dits sans liaison se déclinent également selon ce qu'ils peuvent signifier, l'*ousia* elle-même, cette substance indivisible placée en position de sujet dont les prédicats sont affirmés, et les prédicats eux-mêmes différenciés (ainsi que les prédicats des prédicats). La priorité ontique offre la condition d'existence des qualités, mais aussi de tout ce qui peut être dit, et décline alors autant de modalités de signification référencées, que de modalités d'être : la quantité, la qualité, la relation, le lieu, le temps, la position, etc. On trouve la doctrine bien connue des catégories. Ce qui est intéressant dès lors, c'est qu'Aristote ouvre les conditions d'appréhension de toute la doctrine exposée dans les traités logiques. Le rattachement des catégories à l'*ousia* prise comme principe d'unité focale de signification, selon l'expression bien connue de Pierre Aubenque[1], la simplicité et les modes de composition toujours sémantiquement dépassés par l'horizon ontique qui dicte les conditions de leur pertinence, puisqu'aucun de ces termes, pris en lui-même et par lui-même, ne dit rien, tandis que l'affirmation et la négation ne surgissent qu'avec l'introduction de la liaison, ouvrant droit à la possibilité inconcevable avant ce moment-là, d'une vérité ou d'une fausseté indexées à la proposition engendrée (2a4-10). Le décrochement consécutif de la substance seconde relativement à la substance prise au sens le plus fondamental, premier et de plus haut degré[2], et qui désigne tel homme ou tel cheval, double le dispositif catégoriel, et la structure prédicative

---

1. P. Aubenque, *Le problème de l'être chez Aristote,* Paris, P.U.F., 1963.

2. « Οὐσία δέ ἐστιν ἡ κυριώτατά τε καὶ πρώτως καὶ μάλιστα λεγομένη », 5, 2a11-12.

formellement définie et ontiquement fondée, de la possibilité d'un encadrement de la visée du sensible particulier, par un point de vue universalisant, à partir duquel quelque chose qui ne serait plus seulement descriptif, mais se hausserait à l'exigence d'un discours cognitif, pourrait être envisagé. C'est ainsi que l'« homme », substance seconde, et qui désigne ici le détachement spécifique, eidétique, d'avec la substance singulière, peut offrir la source de l'acte de dénomination, et l'assignation de l'essence, qui engagent la puissance d'un langage comme celle de la connaissance de ce qui est dit. A partir de ce moment simplement fondateur, ce qui est prédiqué (κατηγορούμενον) se démarque de ce qui n'est que dit (λεγόμενον), et l'on peut introduire une différenciation plus raffinée des différentes formes de combinaisons ainsi que de leur principe d'analyse. On pourra chercher à savoir ce que le nom désigne, de même que ce que la notion (*logos*) définitionnelle donne à entendre du sujet concerné. A partir de ces éléments structurellement primitifs, une combinatoire est permise, comprenant des médiations diverses, susceptibles d'enrichir les deux régimes de la prédication et de l'attribution, du discours tenu et de la connaissance obtenue, le but étant toujours à terme, via le passage restrictif par le prédicat universel ou spécifique, de parvenir à déterminer les qualités essentielles, propres ou simplement accidentelles, d'un référent dont la donation phénoménale et sensible le confine à la particularité. La reconduction logique, du point de vue de la vérité, de tout discours à l'antériorité de sa condition ontique de validité, peut être clairement affirmée : la proposition vraie n'est en aucune manière cause de l'existence de la chose, c'est au contraire la chose (*to pragma*) qui semble d'une certaine façon cause de la vérité de la proposition (*logos*), car c'est de l'existence de la chose ou de sa non-existence que dépend la vérité ou la fausseté de la proposition (12, 14b18-22). Le *De Interpretatione* ne dément pas, qui fait apparaître le vrai et le faux avec la constitution du langage et reconduit son unité élémentaire, celle du nom (*onoma*), à la condition de sa structuration symbolique, soit le renvoi à une réalité antérieurement donnée, dont il serait la contrepartie linguistique, le témoin discursif. Mais la différence ici, qui augmente la structure, c'est que les médiations sont plus riches. Le mot écrit lui-même n'est que la trace symbolique du mot prononcé et ce dernier, à son tour, le symbole phonique d'un état de l'âme qui serait l'image des choses signifiées par la linéarité ainsi dessinée. Le mot est un signe conventionnellement associé à la réalité, mais par la fonction transitive de l'âme, dont les puissances sont engagées dans l'interprétation de ce qui accompagne la constellation liée à la profération du signe (1, 16a3-9; 2, 16a27-29), ce qui engage, de façon déterminante, la méthodologie de tout le discours cognitif le long d'un rapport fondateur au réel et le dégage de tout risque de réduction à une pure logique formelle. La conséquence de cela, aussi bien pour l'établissement de la vérité que pour la réfutation des raisonnements qui n'en auraient que l'apparence, c'est l'arrière-plan ontique toujours supposé, même quand il n'est pas immédiatement donné. On suppose toujours, et alors même que la discussion ne porte que sur les noms (en nombre réduit relativement aux choses, et donc nécessairement plurivoques[1]), que ce qui se donne dans les noms se passe semblablement dans les choses, et c'est ainsi que la puissance du sage consiste à s'interdire le mensonge à propos de ce qu'il sait, et à s'obliger de le débusquer dans le discours de l'autre. Tous les types d'arguments susceptibles d'être inventoriés, et qui rendent raison de l'organisation architecturale de l'*Organon*, didactiques (pour les *Analytiques*), dialectiques et critiques (*Topiques*), éristiques (*Réfutations sophistiques*), sont toujours adossés à cette condition proto-fondatrice, qui justifie l'insertion de toute étude méthodique d'un discours dans le spectre de l'investigation philosophique, et la détermination des questions ou problèmes qui en relèvent, même si les champs disciplinaires que la philosophie est susceptible d'édifier ne comprend pas la logique et la méthodologie de la raison discursive comme l'un de ses champs privilégiés[2].

---

1. Ce qui a une importance de premier ordre pour l'examen à visée réfutative de propositions dont le pouvoir assertif peut tenir à une restriction de signification. C'est ainsi, dit Aristote, qu'il faut porter attention à l'ambiguïté des termes et discours, et dire pourquoi en un sens il peut en être ainsi, tandis qu'en un autre non. Comme par exemple, que dire que des choses silencieuses est bien possible en un sens, tandis que ce serait impossible en un autre. *Réfutations sophistiques*, 19.

2. Aristote, *Réfutations sophistiques*, 1 et 2.

Dans ces textes initiateurs, Aristote engage donc aussi bien
une réflexion générale sur la nature du langage, que sur celle du
savoir, qui doit être produite, mais dans un lien de dépendance
évident à l'arrière-plan ontique. C'est ainsi que, pour les termes
minimalement constitutifs, les noms, certains peuvent n'avoir de
portée que nominale (dès lors que rien d'étant ne correspond à la
prononciation du nom, et alors même que nous en comprenons
toute la signification : tel est le cas du « bouc-cerf »), et ne pas
entrer dans la perspective d'un discours cognitif, qui suppose la
composition prédicative[1]. La possibilité de la science est ainsi
subordonnée à l'antériorité de son objet, comme l'existence du
sensible précède logiquement la production de l'opération de la
sensation, la disparition de la sensation comme celle de la science
étant immédiatement consécutives à l'évanouissement de cette
extériorité antérieurement nécessaire[2].

La conception du savoir issu des possibilités combinatoires
envisageables à partir des éléments structurels fondamentaux
qui viennent d'être examinés, peut être mise en place. Elle se
décline essentiellement, suivant en cela le déploiement des
Premiers et Seconds Analytiques, en théorie du syllogisme,
théorie de la démonstration, théorie de la cause et de la définition.
La syllogistique déploie différentes modalités de combinaison
offertes par la structure propositionnelle de base, mais en partant
d'une forme de rapport déterminante entre les termes unis par
la prédication : un terme peut être attribué à un autre terme pris
universellement à la condition de se trouver dans la totalité de ce
terme pris pour sujet. C'est dire que la possibilité de la prédication
est liée à une compréhension extensive, laquelle peut s'ouvrir
non pas indéfiniment, mais progressivement, selon les degrés
d'emboîtement des genres ou des espèces qui viendront déterminer
le terme pris pour sujet. C'est dire, par là même, qu'aucune
réalité accessible par la vérité supposée des discours engendrés
ne pourra être perçue autrement qu'à travers le prisme d'une
universalité minimale. Aristote le dit très clairement : l'individuel
et le sensible ne pouvant jamais être affirmés universellement

---

1. Aristote, *De Interpretatione*, 1, 16a15 *sq.*
2. Aristote, *Catégories*, 7b25 *sq.*

des choses qui existent, on sera nécessairement conduit, dans la sélection des prémisses, des définitions, des propriétés (qui entrent dans l'essence de la chose, en sont affirmés à titre de propriétés, ou de simples accidents), à choisir non les conséquents d'une chose particulière (tel homme pris individuellement), mais ceux de cette chose prise universellement[1]. Cela veut dire aussi que la science embryonnaire du langage (dont nous avons vu qu'elle était intimement liée à la possibilité qu'a l'âme de produire la médiation constitutive du mot-symbole, entre la réalité sensible, la forme eidétique de sa modalité saisissable par les puissances de l'âme, et le mot institué), dépend de ce décrochement nécessaire du spécifique relativement au sensible, lequel, parce qu'il constitue l'élément de base de la pensée discursive (*dianoia*), situera à ce niveau d'universalité minimale, le début de scientificité et la méthode qui lui est associée. La constitution des trois propositions dont l'enchaînement constitue la trame commune des syllogismes repose sur la détermination de deux prémisses initiales, dont la troisième est déductivement issue des deux premières[2]. Ces prémisses sont essentiellement constituées de trois termes, le majeur, le mineur et le moyen terme, qui disparaît dans la conclusion, offre le moteur de la production de la proposition finale à partir des deux premières et fait varier les formes du raisonnement selon les différentes places qu'il est susceptible d'y occuper. C'est ce qui détermine la différence des trois figures, la première seule étant réellement parfaite, où le moyen est alternativement attribut et sujet[3], puis la seconde, où le moyen est attribut aussi bien dans la majeure que dans la mineure, et la troisième où il est sujet dans les deux cas. Et si l'on augmente cela de la distinction de l'universalité, de la particularité (selon qu'elles visent l'intégralité ou pas de la classe considérée), de la valeur affirmative ou négative des propositions, qui peuvent être

---

1. Aristote, *Premiers Analytiques*, I, 27.

2. Aristote donne une définition générique du syllogisme comme « discours dans lequel, certaines choses étant posées, quelque chose d'autre que ces choses posées résulte nécessairement de la position de celles-ci », *Premiers Analytiques*, I, 1, 24b18-22.

3. « Tout vivant est mortel / Tout homme est vivant / Tout homme est mortel », où « vivant » désigne le moyen, « homme » le mineur et « mortel » le majeur.

comprises comme modes, on obtient une combinatoire beaucoup plus ample de syllogismes. Et selon encore la nature et la fonction des prémisses, Aristote distinguera trois formes de syllogismes, démonstratif, dialectique, réfutatif.

Le syllogisme de la première figure est celui qui est parfait[1] et essentiellement démonstratif et pourvoyeur de scientificité, parce que ses trois propositions sont universelles, et que le moyen terme, qui est la cheville de l'enchaînement déductif des propositions de départ, désigne en même temps la forme-espèce du sujet et la cause de l'attribution finalement obtenue. Le connecteur logique est donc physiquement et ontique fondé, et c'est en cela qu'il ouvre une connaissance qui n'est pas simplement celle de la vérité rationnelle (qu'elle soit celle de la déduction à partir de prémisses vraies ou d'un enchaînement vrai à partir de prémisses non évaluées). C'est dire que l'expérience est requise, aussi bien pour la découverte du moyen que pour celle des autres termes, le mineur et le majeur, dont tous les attributs et accidents doivent faire l'objet de la recollection la plus ample possible. À ce titre, Aristote proclame l'unicité de la méthode à suivre : l'*hodos* est la même partout, que ce soit pour la philosophie, pour toute *tekhnè* ou pour toute étude en cours (*mathèma*)[2]. Mais cette provision et sa disposition dans les prémisses formulées donnera lieu à des raisonnements ayant pour objet la vérité, si elles sont conformes au vrai, ou à des syllogismes dialectiques si elles sont simplement conformes à l'opinion.

La conséquence est de taille, l'expérience est requise, mais la connaissance n'est instaurée qu'à partir de l'exhaussement au niveau de la première forme d'universalité qui puisse satisfaire aux critères de la scientificité, soit la nécessité, l'universalité,

---

1. Le syllogisme parfait est celui qui n'a besoin de rien d'autre que ce qui est posé dans les prémisses pour que la conclusion puisse apparaître en toute évidence comme nécessaire, et il coïncide avec celui de la première figure. Les autres doivent leur relative imperfection à la nécessité de données supplémentaires qui ne sont pas énoncées avec les prémisses initialement formulées. *Premiers Analytiques*, I, 1, 24b 22 *sq.*

2. Ce sont là les premières lignes du chapitre 30, des *Premiers Analytiques*, I, 30, qui importe dans son intégralité.

l'essentialité, la causalité. Le moyen terme satisfait à ces conditions, mais il faut définir les voies de sa reconnaissance ainsi que de tous les attributs ou propriétés susceptibles de figurer dans les prémisses. Cela suffit cependant, pour Aristote, à réfuter la théorie platonicienne de la réminiscence, évoquée, dans le *Ménon*, par exemple. La réminiscence répondait au besoin d'une disponibilité préalable de la connaissance du particulier requise pour l'établissement d'un savoir. Ce qui vient prendre fondamentalement la place de cela pour Aristote, c'est la présence phénoménale antérieure du sensible, et le procédé inductif qui s'élève du particulier et permet la saisie de niveaux de généralité qui donnent une prise cognitive sur lui. Nous ne connaîtrions le sensible individuel que génétiquement, à partir de lui, mais médiatement, au moyen de formes universelles que l'induction en extrait. C'est ainsi que nous connaissons les choses particulières par le biais du général, et non pas par une modalité de connaissance qui leur serait appropriée : « Τῇ μὲν οὖν καθόλου θεωροῦμεν τὰ ἐν μέρει, τῇ δ'οἰκείᾳ οὐκ ἴσμεν »[1].

On en arrive au point crucial, qui forge la théorie de la démonstration, la méthode qui peut lui être liée et qui suppose toujours deux prérequis : l'existence de la chose et la signification du terme employé, et la situation de la connaissance à ce niveau d'universalité minimale, qui répond au *Ménon*, dont le chapitre inaugural des *Seconds Analytiques* reprend la référence[2]. Car on ne connaît jamais les choses particulières que par le truchement d'une notion universelle qui n'est pas la somme des cas particuliers, mais un niveau de trait commun abstraitement saisi, qui les contient tous en puissance, mais ne peut les viser un à un en acte[3]. Aucune connaissance ne peut viser à l'absoluité d'une connaissance d'un tout particulier, mais on atteint méthodiquement la manière d'une connaissance absolue quand on connaît la cause par laquelle la chose est, et que l'on sait l'impossibilité pour la chose d'être autrement qu'elle n'est (I, 2). La nature de la connaissance scientifique se

---

1. Aristote, *Premiers Analytiques*, II, 21, 67a 27-28.

2. Aristote, *Seconds Analytiques*, I, 1

3. Voir un argument parallèle invoqué en *Métaphysique* A2, dans l'énoncé et la confirmation des opinions et traits de la *sophia*.

définit donc à partir de cette causalité universalisante, que l'on obtient à partir du singulier et qui nous permet de fondre sur lui épistémiquement, mais sous la réserve d'un arrêt au niveau de la forme universelle qui offre le prisme de sa saisie. C'est dans cette tension entre le tout singulier sensible, qui s'offre comme ce qui est le plus immédiatement connaissable pour nous, mais qui ne l'est pas encore selon la science et les différents niveaux d'universalité qui peuvent en être inductivement dégagés, qui sont plus connaissables en soi, que se joue l'intelligibilité du réel, qui est le réel objet de la science et de la démonstration qui la déroule. C'est dire encore que la connaissance du fait n'est pas celle du pourquoi, et que la science commence avec cette dernière dont les conditions d'appréhension doivent être définies. Pour les sciences mathématiques, dont l'objet coïncide avec des formes déjà abstraites, la tension n'est pas parlante et la rationalité méthodique signe l'adéquation pure de la structure du raisonnement et de l'objet approché. Pour les sciences qui supposent ce détachement objectal de formes dianoétiquement saisissables hors de la singularité sensible originelle, se pose la double question de la donation de l'universel inaugural et du degré de scientificité d'un discours pris dans un tel écart (I, 13). Mais c'est dire aussi qu'aucune science ne serait envisageable sans la donation sensible qui est la condition de l'abstraction formelle (I, 18). Ce qui ne fait pas de la sensation la condition suffisante. Il faut donc, si l'on veut comprendre comment s'atteignent ces différents degrés emboîtés d'universalité qui font la possibilité mais aussi l'objet des démonstrations comme des définitions, comprendre quels sont les moyens d'abstraction, hors du sensible premier, de ce qui permettra ensuite d'en donner la définition, la cause, la nature, et de procéder à des démonstrations établissant la réalité de ces pourquoi formels, et pourtant ontiquement, physiquement ancrés.

Dans cet ultime chapitre, Aristote rappelle qu'il a mis au jour la nature du syllogisme et de la démonstration (*apodeixis*), ainsi que leur mode de production, ce qui s'est fait d'un seul mouvement pour la science démonstrative qui n'est autre que la démonstration même[1]. Mais les principes de ces raisonnements, lesquels doivent

---

1. « περὶ ἐπιστήμης ἀποδεικτικῆς », II, 19, 99b16-17.

être donnés préalablement (comme prémisses vraies ou simplement probables), doivent être autrement expliqués, puisqu'ils ne sont pas les fruits de ces démonstrations qu'ils conditionnent. C'est une *hexis*, autrement dit une disposition qui s'en charge génétiquement, ce qu'il convient de justifier. Ces principes ne peuvent en effet être possédés sans que nous le sachions, ni même être acquis à partir de ce qui pourrait alors tenir lieu de nouveaux principes de la connaissance, dans un cercle jamais refermé, et ce risque de régression à l'infini qui suffit, chez Aristote, à réfuter une hypothèse. Il faut donc bien qu'ils nous viennent par une *hexis*, une puissance d'acquisition, rendue légitime et nécessaire par la nécessité même de rendre raison de la constitution du savoir. C'est donc à titre de condition principielle de la méthode même du savoir rationnel que cette puissance va être définie. Et c'est dans la sensation même, ou la puissance psychique originelle, qu'Aristote va trouver sa première forme matricielle, comme première « δύναμιν σύμφυτον κριτικήν » (99b35-36), commune à tous les animaux. Chez certains d'entre eux l'impression sensible demeure, dont la trace est retenue « ἐν τῇ ψυχῇ » (100a1), et d'où provient la mémoire. Mais lorsqu'un souvenir de la même chose se répète, la reproduction engendre l'expérience, qui proviendrait de l'unité synthétique de la multiplicité numérique des souvenirs d'une même réalité (« αἱ γὰρ πολλαὶ μνῆμαι τῷ ἀριθμῷ ἐμπειρία μία ἐστίν », 100a5-6), et c'est de l'expérience à son tour que viennent les principes de l'art et de la science, l'art pour ce qui regarde le devenir, la science pour ce qui regarde l'être. Ce qui est intéressant, c'est la justification apportée à l'ancrage génétique commun dans l'*empeiria* : « ἐκ παντὸς ἠρεμήσαντος τοῦ καθόλου ἐν τῇ ψυχῇ, τοῦ ἑνὸς παρὰ τὰ πολλά, ὃ ἂν ἐν ἅπασιν ἓν ἐνῇ ἐκείνοις τὸ αὐτό ». La notion de l'expérience résiderait potentiellement dans les cas particuliers pour être extraite par cette puissance-*hexis* de l'âme qui la possèderait indépendamment de son ancrage extérieur originel. Comme si se trouvait là ce symbole déjà rencontré, qui unirait au niveau de la première abstraction formelle, la chose, la représentation psychique, le mot, et ouvrirait à tous les degrés de complexification du savoir, qui peuvent être élaborés à partir de cette simplicité primitive. Cela est ensuite redoublé d'une nouvelle coupure qui distingue deux arrêts dans l'âme, la sensation ayant pour objet le sensible propre (la couleur) mais aussi le sensible par accident, qui l'enveloppe, l'individu singulier, Callias, puis cet universel qui y est contenu et que la répétition des mêmes souvenirs permet de dégager, l'humanité qui est en lui, premier universel issu de cette répétition des perceptions, et premier terme d'une série causale formelle qui s'élève depuis ce fait d'être homme, vers l'animalité, puis le vivant. Ces notions impartageables (τὰ ἀμερῆ), constituent autant de degrés d'universalité (καθόλου), qui sont autant d'étapes d'élévation vers des notions encore plus hautes. C'est donc bien l'induction (ἐπαγωγή) qui, par le biais de la sensation, produit en nous l'universel, « καὶ γὰρ ἡ αἴσθησις οὕτω τὸ καθόλου ἐμποιεῖ » (100b4), ce qui ne donne que les sources objectales de la connaissance, mais pas la puissance qui conduit l'opération permettant de passer du sensible aux différents degrés d'universel de la connaissance. Pour cela, Aristote lie entre elles deux puissances de l'âme, celle de la *dianoia* (elle-même lieu d'une pluralité d'*hexeis*), et le nous, l'intellect, auquel il confie la tâche de l'intuition ultime, sans doute, dans la remontée vers les principes qui sont autant de formes d'universalité. A la capacité noétique doit correspondre la saisie intuitive de l'universel suprême, auquel la pensée dianoétique doit pouvoir attacher tous les degrés inférieurs, dans l'exactitude de leur enchaînement et de leurs liens réciproques. C'est ainsi que la méthode est achevée, lorsque l'on peut conclure que « si donc nous ne possédons en dehors de la science aucun autre genre de connaissance vraie, il reste que c'est l'intuition qui sera principe de la science. Et l'intuition est principe du principe lui-même, et la science tout entière se comporte à l'égard de l'ensemble des choses comme l'intuition à l'égard du principe » (100b14 *sq.*)

Comparativement, le texte de *Métaphysique* A1 est plus progressif, et souligne peut-être davantage les déclinaisons des puissances de l'âme nécessaires à l'extirpation des différents degrés de l'universalité, puisque l'expérience, issue de la même répétition de souvenirs identiques d'une même chose, ne permet pas encore de dégager un universel, si ce n'est sous la forme d'une adaptation pratique et comportementale à une situation semblable. Pourtant, Aristote mentionne « ἐκ πολλῶν τῆς ἐμπειρίας ἐννοημάτων » (981a5-6), notions de l'expérience qui permettent la formation d'un jugement vrai, celui qui guidera la réaction pratique mais n'emporte encore aucune connaissance affirmée. Sans doute cela vise-t-il une unité sous-jacente, intimement présente dans les cas singuliers regroupés, une affinité tacitement perçue, suffisante pour dicter la conduite, mais qui ne fait pas l'objet d'une perception pour elle-même et donc réellement cognitive. De cela Aristote sépare, dès lors qu'il passe au niveau de la *tekhnè*, le premier universel, qui semble aussi ontologiquement rattaché, mais logiquement séparable (et qui mettrait alors en jeu la première puissance dianoétique mentionnée par les *Seconds Analytiques*), et qui est du niveau de la forme spécifique « κατ' εἶδος ἕν » (981a10), et qu'Aristote associe au pourquoi (*dioti*), à la cause, au logos et au *katholou*, ce qui libère alors la connaissance authentique de la sensation qui, demeurant au niveau du singulier, ne donne jamais le pourquoi de rien (981b12), mais aussi de l'expérience qui est bien une forme de *gnôsis*, encore rivée au « καθ' ἕκαστον » (981a16).

Le moment physico-ontologique

Et c'est comme cela, dans cette tension entre tous les temps forts de la logique, que couronne en un sens la dialectique[1], (au plus près du contact non médiatisé avec le réel, que ce soit par le biais des opinions, de l'expertise acquise, ou des traits phénoménaux, le tout regroupé sous le terme d'*endoxa*), que se tisse la trame dianoétique, noétiquement achevée, du rapport de l'âme à ses objets de vérité possible, selon une affinité dont Aristote affirme l'apparentement naturel[2]. La donation sensible, toujours première, engage les différentes puissances de l'âme à détecter une série hiérarchisée de formes graduellement emboîtées, qui signe l'élévation dans l'ordre de la connaissance du réel par le biais de ses niveaux de causalité – lesquels souscrivent à toutes

---

1. Voir, notamment, l'élégant article de E. Weil, « La place de la logique dans la pensée d'Aristote », *Essais et conférences,* tome I, Paris, Vrin, 1991.
2. Aristote, *Éthique à Eudème*, I, 6, 1216b30-31.

les conditions du savoir authentique – comme elle permet la constitution des éléments fondamentaux du discours ainsi que de toutes les propositions susceptibles d'en être issues. Par là même, la pensée discursive désarticule le réel, qu'elle pense selon une articulation ajustée aux formes de l'appréhension épistémiquement valide. C'est dire que la méthode discursive n'est jamais indépendante d'un apport sensible originel, d'une intuition noétique ultime, et entre les deux, de l'ancrage ontique de tout ce qui peut être dit, su, pensé dans le cadre des trames toujours plus complexes que la *dianoia* est capable de produire. Et cela n'est pas réductible à la seule connaissance logique des raisonnements rationnels ou démonstratifs, et peut également s'appliquer à l'élaboration comme à la constitution des autres sciences qui font l'ossature de la pensée d'Aristote.

À ce titre, nous pourrions défendre l'idée que, par-delà les exigences de la rationalité la plus stricte, l'examen génétique de l'émancipation des sciences reconnues comme telles, à partir des sens d'une part, mais aussi de la physique embryonnaire des premiers *phusiologoi*, pourrait être souterrainement tendu par un principe beaucoup plus subtil que tous ceux qui règlent la rigueur de l'esprit démonstratif. Et enchaînant aussi bien les différentes étapes de l'ascension, ancrée dans l'*ousia* première, des degrés du devenir de l'homme et de ses facultés, des étapes historiques de l'humanité agissante, produisante et connaissante, des moments logiquement développés, un principe moins visible et plus fondateur pourrait garantir la légitimité des exigences de primauté ou de supériorité adressées à la philosophie par ce triple cheminement ascensionnel. Une même logique hiérarchique, une théorie du « plus haut degré », viendrait unifier les différentes caractéristiques doctrinales et structurelles, qui pourraient être rapportées aux sciences dites particulières comme à la science ultimement recherchée, métaphysique, ontologie ou ousiologie, tout en jetant un éclairage plus enveloppant et éclairant sur tout ce que le moment logique a pu mettre en évidence.

Ce principe du μᾶλλον, μάλιστα, πρῶτον, ou du plus haut degré, tisse une continuité entre ce qu'il différencie dans une continuité qui ne scinde rien dans l'unité soumise à variation et variété[1]. Le μᾶλλον…. ἤ enchaîne comme il distingue, place au-dessus sans évincer ce qui est relégué au-dessous, et intègre à la continuité génétique tous les éléments logiques spécifiés puis différenciés par cette logique du plus haut degré[2]. Le gain est d'importance, qu'on l'applique à l'anthropologie introductive de *Métaphysique* A1-2, comme à celle, déjà vue dans son aspect épistémologiquement décisif, des *Seconds Analytiques*, II, 19, ou à la hiérarchisation des causes dont la connaissance regroupée (mais sous quelle forme d'unité ?) soutient la revendication d'une connaissance véritable, en physique, comme dans la science qui peut couronner l'édifice de tous les savoirs, mais se trouve néanmoins liée à la même étiologie des quatre causes aristotéliciennes, matérielle, formelle, efficiente, finale.

Ainsi, en A3, où un exposé d'un rare laconisme rappelle les définitions de ces quatre causes, la priorité est accordée à la cause formelle, désignée par les termes d'οὐσία et de τὸ τί ἦν εἶναι, ce qui est justifié par le fait que le διὰ τί se ramène au λόγος, et que le διὰ τί πρῶτον est une cause et un principe. Le livre Delta, 8, consacré à l'*ousia*, permet de préciser, car si cette dernière voit ses significations scindées en deux orientations principales, celle du sujet ultime, et celle du τόδε τι ὄν, l'individu, déterminé, singulier et du séparable, χωριστόν, l'on doit comprendre que le sens éminent du terme (son plus degré de réalisation et de signification) se trouve dans la configuration (μορφή) et la forme (εἶδος) pour chaque chose. En *Physique*, II, 1, Aristote cherche à déterminer le meilleur candidat au titre de nature (φύσις), et il privilégie la forme, séparable selon le λόγος, mais qui est ce qui donne à une chose sa nature propre (τὴν ἑαυτοῦ φύσιν) et qui paraît μᾶλλον φύσις que le composé en acte et que la matière qui n'est que selon la puissance. La forme est alors aussi bien principe d'identité, pouvoir causal de

---

1. Nous nous permettons de renvoyer, pour une analyse plus détaillée à M-H. Gauthier-Muzellec, « Aristote et le principe du μᾶλλον : une double introduction à la *Métaphysique* : A1-3/Γ », art. cit.

2. Principe qui fait l'objet d'un traitement spécifique en *Topiques*, V, 8, 137b14 *sq.*

la nature (qui marque l'appartenance à celle-ci mais la dote aussi d'une nature singulière), principe définitionnel (la forme séparée, logique, objet de la structure définitionnelle, 193a31-b1, 193b 4-5), principe efficient, et dotée de causalité finale. En II, 2, la dualité de la nature, comme forme ou comme matière, conduit à s'interroger sur l'objet propre du physicien. Mais parce qu'il y a corrélation ontologique de la forme et de la matière, bien que les termes soient séparables, l'objet de la physique se définit par la corrélation, du point de vue cognitif, du composé, et il aura aussi à étudier la forme, mais jusqu'à un certain point seulement, celui du point de vue de la génération, précisément (194b21-22). Quant au mode d'existence du séparable, soit du χωριστόν, il incombe à la philosophie première (b14-15) de l'étudier, de sorte que l'on peut se demander s'il appartient à cette science d'étudier la forme prise séparément de la matière, et donc, hors du point de vue de la génération, ou bien les formes qui existent indépendamment de toute matière. La métaphysique aurait à effectuer pour son propre compte le trajet, du point de vue de la philosophie première, alors qu'elle part des mêmes déterminations que la physique, et l'on a à se demander comment cela se traduit dans la logique de la différenciation des degrés. C'est cette émancipation, que le texte de la *Métaphysique* doit reprendre à son compte, qui s'appuierait sur le glissement de l'étiologie vers les trois axes de l'ontologie, de l'ousiologie ou de la théologie.

Le livre Gamma répond par une assignation directive, d'une ἐπιστήμη τις, qui étudierait l'ὂν ᾗ ὄν et les attributs qui lui appartiennent essentiellement. Cela suffit à démarquer la science introduite des sciences particulières, qui ne sont pas en mesure de considérer l'être καθόλου, universellement, de porter περὶ τοῦ ὄντος ᾗ ὄν, sur l'être comme tel, mais découpant une partie de lui, n'en étudieraient que l'accident, τὸ συμβεβηκός. Les *Seconds Analytiques*, I, 7-11, expliquent bien que si les sciences démontrent l'attribution par soi d'un attribut au genre, l'accident étant ce dont il n'y a pas démonstration, celui dont il est ici question pourrait être un des attributs essentiels relativement au genre circonscrit, mais devenu accidentel dès lors que rapporté au point de vue de l'être généralement considéré. Mais avec l'élévation hors du genre, nous perdons aussi, suivant toujours en cela la logique démonstrative, les conditions de tout discours scientifique. C'est alors qu'Aristote introduit, dans la seconde partie de Γ1, la référence à une *phusis*, qui semble renouer avec l'étiologie introductive qu'on pensait perdue de vue. Puisque nous cherchons les causes et les principes les plus élevés, écrit Aristote, δῆλον ὡς φύσεώς τινος αὐτὰς ἀναγκαῖον εἶναι καθ' αὐτήν. C'est l'appartenance par soi de ces principes à une certaine *phusis* qui semble offrir le prolongement nécessaire de l'étiologie, mais reporte la question sur l'identité de cette nature dont l'étude des causes par soi ne doit pas contrevenir à l'exigence de généralité, et alors même que nous avons dépassé le niveau du genre scientifiquement étudiable. Néanmoins, et selon le sens qui sera donné à cette *phusis*, la référence qui lui est faite pourrait marquer la conversion réussie de la physique originelle dans la métaphysique, dont il fallait souligner l'émancipation. Il n'est d'ailleurs pas innocent à cet égard que les premiers *phusiologoi*, qui étudiaient la nature intégrale qu'ils assimilaient à la réalité tout entière, aient pu observer le point de vue ontologique dans leur étude, malgré une délimitation erronée de son champ d'application. La réduction du point de vue de l'être comme tel, à une *phusis* déterminée, ne semble pas interdire la recherche d'une forme substitutive d'unité suffisante pour la vérification de la scientificité. L'étiologie initiale de A et l'ontologie nouvellement introduite pourraient se trouver articulées, par le biais de la substitution d'une conception de la *phusis* à une autre, et l'émancipation hors de la physique originelle.

B2 (996b13-18) avait offert une solution préfigurative de cela, qui repose tout entière sur cet argument du *mallon,* et offre un tour argumentatif inédit. Aristote y introduisait, dans la pluralité des modes de connaissance, le privilège de la cause formelle, associée, dans une autre hiérarchie des degrés, à une pluralité qui n'est pas sans évoquer la pluralité catégoriale, et serait applicable aussi bien aux réalités substantielles qu'aux réalités qui ne le seraient pas. On obtiendrait une organisation architectonique des quatre causes autour de la cause formelle, puis une connexion de celle-ci à la substance formelle (*ousia, ti esti,* instance première des catégories), qui accompagne l'utilisation du plus haut degré, lequel distingue la connaissance d'une chose par ce qu'elle

est (τῷ εἶναι) plutôt que par ce qu'elle n'est pas (τῷ μὴ εἶναι),
puis l'*ousia* relativement aux autres catégories, selon le même
argument du *mallon*, qui dessine un ordre de priorité à la fois
ontique et épistémologique. Cela légitimerait un regroupement
autour d'une unité qui ne soit pas nécessairement générique, mais
toujours liée au réel (primat ontologique de la cause sur le statut
logique du principe), soit des causes autour de la cause formelle,
soit des catégories de l'être entre elles (le πρὸς ἕν de Γ2), ce qui
éclaire la référence à l'entité indéterminée à la *phusis*, que la
Physique donnait comme ce que la forme octroie à la chose. Au
sein de la pluralité catégoriale, la référence à la *phusis*, également
mentionnée en Γ2, lors de la présentation thématiquement
officielle de l'être qui est πολλαχῶς λεγόμενον, offrirait un mode
de réunification des différentes significations ou modalités de
l'être (πρὸς μίαν ἀρχήν, 1003b 6, est employé parallèlement à
πρὸς μίαν φύσιν, b 14), qui autoriserait une conception élargie de
la scientificité : les choses dites πολλαχῶς, mais d'une pluralité
structurée selon le πρὸς ἕν λέγεσθαι, sont dites ainsi τρόπον τινὰ
καθ' ἕν, forme concédée de vérification de l'exigence d'unité
nécessaire pour la scientificité. Et comme -ce que la deuxième
partie, cruciale, du chapitre, consacrée à l'hénologie, démontre-
l'Un se décline comme cela, s'il y a un privilège de l'Etre qui offre
le premier modèle de cette plurivocité structurelle, c'est parce que
l'Un se dit aussi comme cela que nous sommes assurés que tout ce
qui se dit selon cette forme de pluralité peut être véritablement un.
La *phusis* peut coïncider avec l'instance première des catégories,
aussi bien substance première[1], que forme de celle-ci, cause
première.

Le projet peut paraître achevé, de sa formulation et de la
détermination de ses conditions. Il appartient à une seule science
de procéder à l'étude de l'être comme tel et des attributs qui lui
appartiennent en vertu de ce qu'il est par soi, ce qui se traduit,
dans l'expression légitimement recentrée : des substances et de
leurs attributs (τῶν οὐσιῶν ἀλλὰ καὶ τῶν ὑπαρχόντων), ainsi

---

1. Comme en témoignent les présentations, en Γ2 comme en Z1, de la
pluralité catégorielle dont le dépassement sémantique est soutenu par l'ensemble
des modalités ontiques de référence à la catégorie de référence.

que toutes les espèces de l'antérieur, postérieur, etc., gain de la constitution réciproque de l'ousiologie et de l'hénologie, unies dans le plus haut degré de fondation d'une ontologie authentique, que nous ne pouvons détailler ici.

Mais Γ3 assure aussi la focalisation des principes de la démonstration et des principes communs (ce par quoi nous retrouvons les considérations des *Analytiques*) autour du principe de non-contradiction, dont le rattachement à la philosophie est justifié par une double universalité, de la portée des axiomes qui concernent tous les êtres, et de la transversalité de l'usage méthodique de ces axiomes (qui traversent toutes les sciences particulières), confirmant l'articulation à la généralité du point de vue du ὄν ᾗ ὄν. C'est d'ailleurs un nouveau recours au principe du *mallon* qui justifie cela, car de même que celui qui a la connaissance la plus élevée de chaque genre est celui qui dit les principes les plus fermes de cette chose, de même celui qui a pour objet les étants comme tels doit énoncer les principes les plus certains de tous, et ce principe le plus ferme, c'est celui qui doit vérifier les critères de la plus grande connaissabilité : l'anhypothétique, l'inconditionné (1005b8 *sq.*). Tel est le cas : la simple prise de parole, la plus petite unité de discours (on retrouve les données élémentaires des *Catégories* et du *De Interpretatione*), y compris celle du négateur du principe de non-contradiction, supposent un enchaînement d'exigences qui permettent d'associer à un nom (ὄνομα) une définition de sa notion (λόγος), une désignation de sens (σημαίνει), laquelle suppose quelque chose d'un et de déterminé, une unité essentielle (ἕν) qui puisse être distinguée de tout ce qui est accidentel ou simplement καθ᾽ ἑνός. C'est ce qui est visé par la définition de la signification, « l'être auquel le discours conduit », soit l'οὐσία et le τὸ τί ἦν εἶναι, qui sont introduits sur le plan du discours. Signifier la substance d'une chose, ce que fait le nom et qu'énonce le *logos*, c'est signifier que la quiddité de cette chose n'est rien d'autre (1007a25-27) et ne peut être autrement (1006b31-33). Et cela s'adosse à la reconnaissance d'un ὑποκείμενον, qui garantisse qu'on ne bascule pas dans la logique accidentelle, laquelle anéantirait tout discours possible. Cet ὑποκείμενον, s'il est un point de résistance à la logique accidentelle, est aussi requis pour fonder la différence du ἕν, sujet, et de ce qui est καθ' ἑνός, lequel regroupe les attributs du sujet, différence qui est au principe de l'unité focale de signification, de la distinction centrée sur l'*ousia* et de ce qui, étant πρὸς ἕν, dépend d'elle pour être dit, logiquement ou ontiquement.

C'est dire la nécessité de fonder l'irréductibilité de la référence qui lui est faite, ce à quoi s'attaquent les chapitres Γ5-6, qui ont à cet égard la plus grande force de probation, en réfutant la physique héraclitéenne et le relativisme de Protagoras, lesquels menacent aussi bien la possibilité logique du discours, que celle de la connaissance, dans sa portée ontologique mais aussi épistémique. Nous ne retiendrons que le moment décisif, et qui dépasse le seul principe de non-contradiction, de la dénonciation de l'égale vérité des impressions sensibles, différentes ou contraires, pour deux individus distincts ou un même individu pris en des temps différents. On assiste à la confrontation des conditions principielles de deux systèmes incompatibles, car si Aristote concède la vérité égale des impressions, c'est relativement aux seuls sensibles en acte, qui sont les corrélats objectifs de la sensation et ne peuvent être confondus avec les sensibles en puissance, lesquels, comme tels, doivent pouvoir être pensés dans l'inscription immanente à un substrat externe. Or si les impressions sensibles sont indifféremment équivalentes, chez Protagoras, s'il n'y a donation que dans l'apparaître, c'est parce qu'il n'y a pas d'être unique relativement auquel une hiérarchie des impressions pourrait être effectuée, qui puisse servir d'outil de discrimination, et fonder une éventuelle contradiction de ce qui est et de ce qui apparaît. Si Aristote devait se trouver dans l'incapacité de contraindre à la reconnaissance de l'*hupokeimenon*, l'ontologie serait recevable, et ce seraient alors toutes les étapes antérieures de la *Métaphysique*, mais aussi on le comprend bien, tous les déterminants logiques de sa méthode de connaissance, qui pourraient cesser de l'être. Mais s'il parvient à confiner le relativisme aux seuls sensibles en acte, il délimiterait une vérité partielle de Protagoras, qui se retournerait en revanche contre la portée ontologique de sa doctrine. Car, en l'absence de tout substrat, la validité théorique du relativisme s'accompagne d'une contradiction bien plus fondamentale, la validité reconnue de l'acte de sensation impliquant un objet qui n'est pas, le mécanisme même de la sensation demeurant inexplicable, puisqu'aucun sujet sentant ni aucun substrat support des sensibles ne peuvent être assignés. Sans substrat, la juridiction de la sensation ne pose aucun problème, il n'y a pas d'être relativement auquel l'opposition des apparaître puisse surgir comme telle, mais c'est la sensation qui constitue le problème. Si, en revanche, et dans le souci de rendre raison d'une telle opération, ils accordent l'antériorité d'une extériorité substantielle, ils suppriment la contradiction qui menaçait le fondement de leur doctrine, mais importent corrélativement la distinction de la puissance et de l'acte qui permet à Aristote d'annuler la cohérence logique de leur pensée. C'est en raison de sa propre explication du mécanisme de la sensation qu'Aristote réfute toute thèse qui ferait l'économie de la référence au substrat : le recours à l'*hupokeimenon* et à l'*ousia* est fondé en son point le plus irréductible, son point de plus haute validité logique et ontique. En Γ5-6 on atteint ainsi le plus haut point stratégique de l'opposition à ce qui anéantirait toutes les étapes de construction de l'édifice observées jusqu'à présent, si le plus haut degré ne trouvait pas à se convertir en acquis ou principe incontesté, car il n'y a qu'à ce stade, dans cette position suprême de la conquête philosophique, que sont définitivement acquis les ancrages incontestables de l'*ousia* et de l'*hupokeimenon*, sans lesquels l'unité discursive, la structure propositionnelle, l'argumentation rationnelle, le privilège du principe de non-contradiction, et l'élévation dans la distinction des champs disciplinaires ne peuvent trouver leur fondement. C'est aussi ce qui légitimerait la pertinence éminente du principe du *mallon*, par lequel l'*ousia* est d'abord ce qui est le plus connaissable pour nous (substance sensible) avant que d'être ce qu'il y a de plus connaissable en soi (cause formelle), l'inversion des ordres de priorité se faisant aussi par leur enchaînement, qui permettrait de retrouver sous la triple dimension rencontrée, génétique, des activités et puissances de l'âme humaine, historique, des systèmes de pensée, et argumentative, du plus haut degré, un principe méthodique encore plus proprement aristotélicien. On pourrait, à rebours, partir de cet acquis de la réfutation de Protagoras et valider rétrospectivement toutes les affirmations antérieures dont le passage en revue constituait la description génétique de la méthodologie aristotélicienne dont nous mesurons ici qu'elle ne peut se limiter au moment logique, lequel demande à être fondé en raison par le moment physico-ontologique, ce que le principe du *mallon*, argumentativement plus décisif, vient signifier.

Le moment éthico-politique

De la constitution des sciences particulières à l'émancipation de la science la plus générale qui soit, c'est donc une même ascension linéaire, de l'*ousia* – substance individuelle à l'*ousia* – cause formelle, qui porte le mouvement méthodique, augmenté de la substitution de la structure profilée en B2 (union de la structure catégoriale focalisée sur une instance première qui est aussi identifiée à la forme causale) à la séquence logiquement abstraite par la physique et les sciences soumises à l'exigence d'unité générique (l'emboîtement des degrés d'universalité formelle comprises dans cette unité). Cependant, c'est une référence similaire, à une instance ou *phusis* héritière de la double dimension (sensible puis formelle), qui intervient dans la restriction du tout des étants selon un mode d'unité compatible avec la conception d'une scientificité élargie, et la reconstitution du spectre total annexé à cette *phusis* ou principe référentiel, que vient garantir l'usage souterrain, dispersé, mais constant, du principe du *mallon*, du *malista*, ou du plus haut degré. On observe le déploiement d'une méthode ajustée, qui respecte l'ancrage phénoménal, et y puise les voies de sa discursivité rationnelle. Ne manque plus, dans l'éclairage ainsi projeté, que la situation épistémique du discours éthico-politique, celui qui est relatif à la philosophie des affaires humaines, qui peut aussi bien trouver à s'intégrer à l'esprit méthodique soucieux des conditions de son adaptation, qu'être sanctionné par sa marginalisation hors des frontières de toute méthodicité possible. Aristote serait alors ce philosophe qui aurait fondé la généralité de l'ontologie dans la particularité de ses questions (généralité de son point de vue et de son objet face à ceux des sciences dites particulières, rivées au genre et à la structure formellement scientifiques qui leur correspond, l'exigence transgénérique de l'être, réduite par la mise en place de la structure *pros hen*, soutenue d'un élargissement des conditions de la connaissance scientifique), mais aussi peut-être celui qui aurait aussi pensé la spécificité d'un domaine où rien de scientifique ne semble pouvoir être saisi, connu.

Et si les passages de réflexivité méthodologique ne sont pas si courants, ils sont néanmoins fortement représentés dans les traités d'éthique. C'est ainsi que, dès le chapitre introductif de l'*Éthique à Nicomaque*, Aristote souligne le caractère multiple, varié, variable, de la matière même de l'éthique et du politique (expressément nommé), qui se donne comme errante : les choses belles et justes, dont s'occupe précisément la politique, comportent « πολλὴν διαφορὰν καὶ πλάνην », à tel point qu'on a pu croire qu'elles existaient par convention, νόμῳ, et non pas φύσει. En ce sens, elles auraient pu échapper à toute la logique progressive de l'esprit méthodique observé jusque-là. Mais Aristote ouvre une nouvelle perspective, comme il l'avait fait pour l'ontologie, ou philosophie recherchée, de telle sorte que rien ne soit condamné à rester hors d'une unité méthodique déterminée par sa plasticité. On aura parlé, suffisamment, peut-il dire dans la totalité de ce passage (I, 1, 1094b11 *sq.*), si on montre les choses dans une clarté qui corresponde à la matière sous-jacente au discours (on retrouve le souci de l'ancrage dans le substrat proto-fondateur de ce qui est dit), « κατὰ τὴν ὑποκειμένην ὕλην ». Et il ne convient pas alors de plaquer une forme unique de rigueur pour prôner l'exactitude, mais d'adapter les degrés de la rigueur à ce dont la matière elle-même est susceptible. La méthode (« μέθοδος », b11) ne se donnera pas alors indépendamment de la temporalité de sa progression. Commençant par une description esquissée à gros traits et provisoires (« παχυλῶς καὶ τύπῳ », b20), qui permet une première forme de saisie de ce qui ne vérifie pas le critère de la nécessité, mais au mieux celui de ce qui se produit ὡς ἐπὶ τὸ πολύ, on complétera par traits successivement ajoutés, la dimension diachronique du discours devenant indissociable d'une approche de plus en plus resserrée de l'objet qui lui est donné. Cela n'est pas sans évoquer la méthode du diagramme, et prend acte de l'impossibilité (à moins que de forcer aussi bien le discours que le connaissable lui-même) de chercher pareille rigueur (*akribeia*) en tous les cas. En I, 7, Aristote est encore plus explicite. La méthodologie la plus communément définissable (et qui prendrait alors la totalité des objets possibles dans la définition de sa visée), tient à l'observation de deux critères, l'adaptation du discours à la matière présente en chaque chose (« ἐν ἑκάστοις κατὰ τὴν ὑποκειμένην ὕλην »), et le respect du degré approprié à la méthode (« καὶ ἐπὶ τοσοῦτον ἐφ' ὅσον οἰκεῖον τῇ μεθόδῳ », 1098a27-28). Or, précisément, en matière d'éthique, il ne s'agit guère de contemplation, mais d'un devenir, et la connaissance théorique par les causes n'est plus de mise : la matière dont on parle ne relève pas du savoir théorique, comme c'était peut-être le cas dans les autres études (« Ἐπεὶ οὖν ἡ παροῦσα πραγματεία οὐ θεωρίας ἕνεκά ἐστιν ὥσπερ αἱ ἄλλαι », II, 2, 1103b26-27). On n'est donc pas ici dans un ouvrage de philosophie pure (et donc pas dans le cadre des formes entrevues de scientificité), il ne s'agit pas de s'interroger sur l'être de la vertu (la connaissance de son essence, selon la méthode socratique de définition), mais de chercher les moyens du devenir vertueux[1]. Toute autre détermination s'avérerait inutile, les finalités n'étant plus les mêmes. Le souci de l'*oikeion*, de l'appropriation de la forme du discours à la matière sous-jacente de ce dernier, l'emporte méthodiquement, et fait disparaître l'exigence de connaissance essentielle, vers la concession d'un *tupos*, subordonné au souci de déterminer les causes productives d'un devenir, ce qui n'engage ni les mêmes opérations, ni les mêmes critères de satisfaction applicables au *logos*. Là où rien de déterminé ne peut être clairement assigné, un champ de réhabilitation est cependant définissable. Si « κατὰ τὴν ὕλην » (1104a3, l'expression est reprise), les règles de la nécessité et de l'universalité ne sont plus applicables, parce que la finalité n'est plus celle du savoir, et que l'objet n'est plus invariant, lorsque le *logos* porte sur les actions (« περὶ τῶν πρακτῶν », a1) et le domaine de l'utile, où il n'y a rien de fixe (« οὐδὲν ἑστηκὸς ἔχει ») ni rien qui puisse être

---

1. C'est ainsi que Socrate a pu se fourvoyer en s'interrogeant sur l'essence, la nature de la vertu, alors qu'il s'agit de connaître les moyens de l'acquérir et d'emporter en tout cela la conviction par de simples arguments, voir *Éthique à Eudème*, 1216b 10-11.

soumis à une théorisation structurellement déterminée, il reste la possibilité d'une ébauche et d'un remplissement progressif du dessin en mouvement.

L'élargissement de la scientificité, déjà acquis dans la *Métaphysique*, en tolérance d'une unité simplement *pros hen*, en lieu et place de la généralité stricte du *kath'hen*, qui a soldé le dépassement des sciences particulières par l'ontologie ou science recherchée, est ici renforcé, comme en écho, par le relâchement de la rigueur théorique en description typologique légitimée par son adaptation formelle à la fluidité matérielle qu'elle retient, ainsi qu'à la temporalité d'un devenir qu'elle épouse discursivement, en précisant pas à pas le portrait initialement brossé. Cette exigence de l'*oikeion,* de l'apparentement du discours à son objet, que l'on retrouve à maintes reprises dans les textes d'Aristote, délimiterait ainsi la rigueur concédée aux discours pratiques, en marge des discours poiétiques (qui peuvent assigner la cause en regard d'une matière également malléable) et théoriques (marqués par l'universalité, la nécessité, et la causalité autorisées par la restriction à l'unité d'un genre soustrait à la diversité objectale et temporelle). On peut cependant aller plus loin, jusqu'à dire que l'exigence de l'*oikeion* coiffe tous les discours méthodiquement adaptés aux champs qui les soutiennent. C'est ainsi que le chapitre introductif de l'*Éthique à Eudème* comporte un moment intéressant de réflexivité méthodologique (1214a8 *sq.*). Pour chaque chose (*pragma*) et chaque nature (*phusis*)[1], il y a de nombreux objets d'études possibles (« πολλῶν δ' ὄντων θεωρημάτων »), qui comportent une difficulté et nécessitent un examen. Dans certains cas, l'enjeu est limité à la connaissance seule (« τὸ γνῶναι μόνον ») et dans d'autres, il porte aussi sur l'acquisition et la pratique exercée de la chose (« περὶ τὰς κτήσεις καὶ περὶ τὰς πράξεις τοῦ πράγματος »). En ce qui concerne les premiers cas, nous avons vu comment Aristote envisageait les conditions d'une étude

---

1. On conserve la formulation générique qui traverse tous les axes de la pensée aristotélicienne, de la logique à la physique et de là à la métaphysique ou ontologie.

rigoureuse, par soumission aux critères de la démonstration ou des différentes formes syllogistiques. Et pourtant, cette relative uniformité méthodique est enveloppée dans le critère qui semble tous les englober, celui de l'appropriation, de l'affinité avec l'objet, dont nous savons l'ancrage potentiellement inscrit dans les puissances de l'âme humaine. Pour « ὅσα μὲν οὖν ἔχει φιλοσοφίαν μόνον θεωρητικήν », les questions qui relèvent de la philosophie à visée purement théorétique, il conviendra de dire, quand le moment opportun se présentera, ce qui s'avérera précisément approprié à l'enquête et au cheminement, « ὅ τι περ οἰκεῖον ἦν τῇ μεθόδῳ » (a14). Le critère de l'*oikeion* ne démarque donc pas la sphère du discours éthico-politique, mais inscrit ce dernier dans une conception plus large de la connaissance dont les déclinaisons, suivant la particularité des objets examinés, souscrivent toujours à cette exigence dominante, sans laquelle, de rigueur et de discours connaissant, il ne saurait être question. Et la considération qui suit, qui revient à la thématique principale du traité, l'accès au Bien Vivre, Souverain Bien, bonheur, dont on ne sait si on n'y parvient par nature, enseignement, entraînement, inspiration démonique ou hasard, ne doit pas effacer l'importance de la notation.

Un peu plus loin, dans un chapitre plus ouvertement méthodologique, I, 6, Aristote suggère qu'il faille viser, sur toutes ces questions pratiques, la forme d'un accord plus ou moins unanime, qui puisse servir de norme provisoire, à partir des faits qui sont perçus comme preuves ou comme modèles (« μαρτυρίοις καὶ παραδείγμασι χρώμενον τοῖς φαινομένοις », 1216b27-28). On doit chercher une convenance des subjectivités sollicitées par le discours déployé, et qui se renforcera dans le temps du fait de ses déterminations successives. Chaque homme, Aristote le redit, dispose de quelque chose qui est apparenté, affilié au vrai (b30-31), ne serait-ce que partiellement[1], et en acceptant de partir de toutes ces potentialités, partielles et momentanées, de cette esquisse simplement partagée, et renforcée par la double

---

1. Ce qui n'est pas sans évoquer l'*hexis* dont il a été question dans le moment logique.

convenance à la matière dont il a été question, et, entre elles, des opinions soutenues à son sujet, on devrait pouvoir progresser d'une forme de vérité dite mais sans clarté, vers une vérité plus évidemment révélée (« οὐ σαφῶς δέ, προϊοῦσιν ἔσται καὶ τὸ σαφῶς », 32-35), si on substitue, à chaque étape, des thèses plus connues aux thèses communément défendues.

Il faut comprendre dès lors, d'une façon générale, que la conformité à la méthode, requise, prise sous le recours au vocable de l'*oikeion*, départage aussi bien les discours philosophiques de ceux qui ne le sont pas, et que c'est encore faire preuve de philosophie que de forger son discours sur ce souci précis de la convenance, que l'on s'extirpe ontologiquement de la réduction au générique des sciences particulières, elles-mêmes confrontées à la nécessaire assignation de la cause, ou des voies théorétiques, et par là même aussi philosophiques, du discours tenu sur le réel, pour s'engager ensuite dans celle de la délibération pratique. Là encore, de même que pour le regard qui parcourt l'infinie diversité du réel sensible et des modalités de l'étant, la matière à dire et à façonner éclate en pluralité d'intentionnalités complexes et de contextes singuliers multi-paramétrés. Une forme d'harmonie et de convenance est à trouver, par le rassemblement des esprits soucieux de l'établir dans sa spécificité, de causalité normative de ce qui doit justifier l'action et le choix qui en est fait. Et c'est encore faire preuve d'esprit philosophique, précisément, que de procéder ainsi, en chacune des questions (1216b35-40), car si les modalités discursives varient en chaque voie de recherche, et qu'en chacune on trouve celles qui relèvent de la philosophie et celles qui n'en relèvent pas (« διαφέρουσι δ' οἱ λόγοι περὶ ἑκάστην μέθοδον, οἵ τε φιλοσόφως λεγόμενοι καὶ μὴ φιλοσόφως »), il ne faut jamais croire superflue une étude (θεωρία), qui rendra manifeste non seulement le ce qu'est (« τὸ τί ») d'une chose, mais encore le pourquoi (« τὸ διὰ τί »). On se méfiera simplement du tout philosophique, de ne pas confondre les deux démarches et de respecter le fait qu'ici, tout ne peut se résoudre par l'argumentation (« διὰ τῶν λόγων »), et qu'il vaut mieux parfois se fier aux choses de l'expérience, faits et opinions spontanées (« μᾶλλον τοῖς φαινομένοις »). L'*oikeion* et le philosophique peuvent ainsi s'envelopper réciproquement, dans une implication qui maintient la recherche causale dans un domaine qui semble lui échapper et ne s'y soumettrait que sous une forme nécessairement adaptée, mais qui reste à inventer, et d'une priorité ontique (l'argument du préférable et du *mallon*) du sensible qui peut démultiplier les voies d'accès à la causalité, cognitive, productive, pratique, dans l'ordre de l'être ou celui du devenir. Il reviendrait à l'esprit philosophique supérieur (et non pas à celui qui coïnciderait avec la rationalité spécifique des sciences particulières ou de l'ontologie émancipée de la physique originelle) de vérifier l'adéquation du type de discours à son objet, ou champ requis par l'investigation, de l'adaptation de ce que l'on est en droit d'y interroger, le fait, l'essence, la cause (finale, efficiente, formelle), et de légitimer le respect de l'exigence générale de cet *oikeion* coiffant toute variabilité méthodologique, toute ouverture du questionnement.

L'élargissement des conditions de la rigueur, toujours reconduit au souci philosophique et néanmoins toujours articulé à la particularité des objets et de leurs différents modes d'approche, témoigne, dans sa position architectonique finale, d'une méthodologie complexe, jamais explicitement professée, jamais uniformément exposée dans un traité ou un passage condensé, mais qui peut néanmoins être le fruit d'une reconstitution conjecturale. L'enregistrement de la variété des champs d'investigation, de leur hétérogénéité fondamentale et irréductible, n'interdit pas la formation d'un esprit méthodique qui voudrait unifier l'esprit de la méthode, sans sacrifier les modalités de sa variation et en les intégrant à ses déterminations principielles. Du phénomène aux plus hautes formes connaissables : une même plasticité des puissances hiérarchisées de l'âme, laquelle combine l'élévation nécessaire le long de la série formelle, qui fonde les différents niveaux du savoir, avec une déclinaison de leurs usages dans des domaines où la rigueur se conçoit autrement. De la démonstration au *mallon*, du *mallon* au souci de l'*oikeion,* et de la corrélation de ce dernier avec l'acuité de l'interrogation philosophique, qui détermine le plus haut degré des activités humaines, cet enveloppement réciproque de la recherche philosophique et du critère de l'apparentement, qui retrouve au sommet de l'attitude philosophante ce qui était déjà l'objet d'une disposition naturellement héritée, telle est l'extrême cohérence d'un esprit méthodique qui ne force jamais les conditions de sa légitimation.

Marie-Hélène GAUTHIER

BACON ET LA MÉTHODE

.

RÉFORME DE LA MÉTHODE
ET RÉFORME DES SCIENCES [1]

On ne saurait dissocier la réforme entreprise par Bacon du « *veterum organum* » (entendons la logique aristotélico-scolastique) de son projet plus global de réforme des sciences, dont l'enjeu porte en dernier recours sur la signification même de l'entreprise scientifique. Pour résumer les choses, disons que du point de vue de Bacon, la science des Anciens vise non l'acquisition de connaissances, mais l'exploitation d'un capital de connaissances déjà acquises : « Les sciences qui sont les nôtres aujourd'hui ne sont rien d'autre que certaines

---

1. Toutes nos citations sont faites à partir de l'édition de Spedding et Ellis (J. Spedding, R. L. Ellis et D. D. Heath, *The Works of Francis Bacon*, London, 1858-1874, rééditée en reproduction anastatique à Stuttgart en 1963), que nous abrégeons en « Sp. », suivi du numéro du volume et de la page. Nous abrégeons chaque œuvre de la façon suivante : *Of Dignity and Advancement of learning*, 1605 = AL ; *Novum organum* = NO, *De dignitate et augmentis scientarum* (1623, traduction latine augmentée et modifiée de l'ouvrage de 1605) = DA. Nous utilisons en général les traductions françaises existantes, dont nous indiquons la pagination après l'indication « trad. fr. », notamment pour les deux ouvrages suivants : *Novum Organum*, trad. fr. M. Malherbe et J.-M. Pousseur, Paris, P.U.F., 1986 ; et *Du Progrès et de la promotion des savoirs*, trad. fr. M. Le Dœuff, Paris, Gallimard, 1991.

combinaisons (*concinnationes*) de découvertes antérieures, et non des moyens d'invention ou des indications pour de nouvelles œuvres »[1]. A cette science correspond un *organum* déterminé : « De même que les sciences actuellement en usage sont inutiles à l'invention des œuvres, la logique actuellement en usage est inutile à l'invention des sciences »[2]. À l'inverse, la science consiste pour Bacon avant tout dans la recherche, l'acquisition, l'accroissement de la connaissance. Cette ouverture à la dimension du progrès et de la croissance est symbolisée dans le frontispice du *Novum Organum* par l'image du navire au-delà les colonnes d'Hercule, représentant la science pénétrant au-delà des limites assignées à la connaissance humaine, et par l'usage qui est fait de la prophétie de Daniel qui accompagne l'image : « *multi pertransibunt et augebitur scientia* » – beaucoup voyageront au-delà, et la science sera augmentée[3]. En ce sens, Bacon marque incontestablement une étape décisive de notre compréhension de la science : un « grand scientifique » est moins pour nous celui qui exploite un capital de connaissances acquises une fois pour toutes dans sa période d'apprentissage que celui qui, par ses recherches et ses expériences, étend le champ du savoir. C'est là l'enjeu fondamental de la réforme logique baconienne : trouver une méthode qui permette d'inventer de nouvelles vérités et de conquérir un espace nouveau pour la science. S'il y a un renversement de perspective entre l'épistémologie des Anciens et celle des Modernes, ce serait à cet endroit qu'il faudrait en situer le point d'articulation, non dans l'opposition par trop simpliste entre une science purement spéculative finalisée par la seule *théôria* et une science pratique visant la seule utilité : ces oppositions tranchées ne font pas sens dans l'épistémologie

1. NO, I, 8, Sp., I, p. 158, trad. fr., p. 102.

2. NO, I, 11, Sp. I, 158, trad. fr. p. 103.

3. Sur cette image, *Cf.* NO, I, 84, ainsi que NO, I, 93, qui donne la citation exacte de la Vulgate : « *pertransibunt plurimi et multiplex erit scientia* » (Daniel, 12, 4).

de Bacon, pour qui une science n'est de nulle utilité si elle ne remonte aux vrais principes de la nature[1].

Une méthode pour inventer : l'idée pourra paraître étrange à ceux qui pensent que la découverte scientifique est toujours le fruit d'un coup de chance. Ainsi pour Joseph de Maistre, qui répond à Bacon que « jamais une vérité n'a été découverte en vertu d'une méthode »[2]. Pour Bacon à l'inverse, une découverte faite au hasard, ou, comme il le dit, par un « heureux tâtonnement » (Bacon cite en général l'imprimerie, la poudre, la boussole et la soie[3]), aussi utile soit-elle, aussi prometteuse même quant aux capacités humaines d'invention, est dépourvue de valeur scientifique, précisément parce qu'elle n'est pas le fruit d'une méthode réfléchie[4]. Le projet baconien est bien de rendre l'invention humaine prévisible et planifiable au moyen d'un « art d'inventer et de découvrir »[5], par lequel les secrets cachés de la nature : « peuvent être présentés et anticipés, rapidement, immédiatement et simultanément »[6]. La méthode est ainsi cette invention qui, « grâce à une certaine puissance, contient en elle-même toutes les autres inventions particulières et ouvre à l'esprit humain les voies lui permettant

---

1. C'est là le sens de l'aphorisme 4 du premier livre du *Novum organum* : « On ne triomphe de la nature qu'en lui obéissant : et ce qui dans la spéculation vaut comme cause, vaut comme règle dans l'opération » (NO, I, 4, Sp., I, p. 157, trad. fr. p. 102). Ce qui doit être compris non dans le sens où la science devrait se régler sur l'utilité et le succès technique, mais bien, à l'inverse, que ne vaut comme règle dans l'opération que ce qui, dans la spéculation, vaut comme cause. *Cf.* la mise au point très claire de M. Malherbe, « Bacon et la réduction ad praxin », dans P. Caye et Th. Gontier, « Francis Bacon et l'invention », *Revue philosophique de la France et de l'étranger*, n° 1 (2003).

2. J. de Maistre, *Examen de la philosophie de Bacon, où l'on traite de différentes questions de philosophie rationnelle*, Paris, Poussielgue-Rusand, 1836, p. 258.

3. *Cf.* NO, I, 109-110 et 129.

4. Descartes critiquera de la même façon dans sa *Dioptrique* ceux qui ont découvert la lunette astronomique par hasard et pour la « grande honte de nos sciences » (*Dioptrique*, AT, VI, 81).

5. AL, Sp. III, p. 384 ; trad. fr., p. 161.

6. NO, I, 109, Sp., I, p. 208 ; trad. fr. p. 109.

d'accéder à toutes les nouveautés que nous réserve l'avenir, en le guidant de façon précise et correcte »[1].

Aussi la logique baconienne ne constitue-t-elle pas un simple appendice à la science. Il est vrai que dans le vaste tableau que Bacon trace des sciences dans son ouvrage de 1605, *Du Progrès et de l'avancement des sciences*, il fait de la logique une sous-branche de la philosophie humaine (par opposition à la philosophie de la nature), celle qui touche les sciences de l'esprit (par opposition aux sciences de la nature et aux sciences divines) dans le domaine de l'invention dans les arts et les sciences (par opposition à la découverte topique, qui est une forme d'invention dans les discours et arguments)[2]. La séparation entre la philosophie humaine et la philosophie naturelle se heurte cependant ici à la fonction que Bacon assigne à la logique : opérer le « mariage sacré, chaste et légitime » entre l'esprit et la nature[3]. Dès lors, la logique peut-elle encore apparaître comme une science « régionale » parmi d'autres ? Bacon lui-même amorce une rectification dans le même ouvrage en ajoutant aux trois grandes sciences (divine, naturelle, humaine) une *philosophia prima sive de fontibus scientiarum* (philosophie première, ou source des sciences) qui est à ces trois branches de la science comme le tronc de l'arbre, « *a parent or common ancester of all knowledge* »[4]. C'est bien à cette *philosophia prima* que correspond la logique dans le *Novum organum* de 1620. Dans ce dernier texte, la logique tend à revendiquer le statut d'une science universelle, embrassant la totalité des êtres, abolissant la partition aristotélicienne des sciences cloisonnées selon leurs domaines, leurs principes et leurs méthodes spécifiques : « *logica nostra, quae procedit per inductionem, omnia complectitur* »[5] – notre logique, qui procède par induction, embrasse tout.

---

1. *Cogitata et visa*, *op. cit*, Sp., III, p. 610 ; trad. fr., p. 191.
2. Voir en particulier AL, Sp. III, p. 384, trad. fr., p. 89, p. 160-161.
3. Voir par exemple *Temporis partus masculus*, Sp. III, p. 538-539 ; trad. fr. p. 75 et *Redargutio philosophorum*, Sp. III, p. 583 ; trad. fr., p. 139.
4. AL, Sp., III, p. 353 ; trad. fr., p. 120.
5. NO, I, 127, Sp. I, 220 ; trad. fr., p. 179.

Cette méthode, Bacon la conçoit comme un artifice, un artifice sans doute mis en place par l'homme au moyen de son *ingenium*, mais destiné à venir au secours des facultés cognitives de l'homme et à leur fournir un guide contraignant. Bacon ne partage pas l'optimisme des Anciens sur la puissance cognitive naturelle de l'homme : il se situe ici du côté des sceptiques, de Montaigne en particulier dont il a été un lecteur assidu[1]. Les sceptiques ont eu raison de mettre l'accent sur la faiblesse des moyens humains : « la méthode qui nous a frayé la voie n'a été autre que l'humiliation vraie et légitime de l'esprit humain »[2]. Tout en s'apparentant à bien des égards au grand courant de pensée de la Renaissance, Bacon se méfie des éloges complaisants de la *dignitas hominis* : « Ni la main nue, ni l'esprit laissé à lui-même n'ont beaucoup de force »[3]. Ce scepticisme ne conduit cependant pas au désespoir : ce que les sceptiques n'ont pas voulu voir, c'est que la science repose non sur les moyens naturels de l'homme, mais sur la puissance de l'outil : l'*eucatalepsia* baconienne est une *acatalepsia* surmontée par cette puissance de l'outil. Il en va de l'outil logique, destiné à remédier aux faiblesses de l'entendement de l'homme, comme des outils techniques, destinés à suppléer à sa faiblesse physique : que vaut, explique Bacon dès la préface de son *Novum Organum*[4], s'il s'agit de transporter un obélisque, la force d'un homme, aussi exercée soit-elle, comparée à celle d'une grue ? De la même façon, le compas ou la règle compensent la maladresse naturelle de la main, rendant inutile l'acquisition d'une meilleure dextérité[5]. Ce qui vaut pour la force physique vaut aussi pour la force cognitive de l'esprit humain. L'outil, répète Bacon, nivelle les talents[6] : l'*ingenium* humain laissé à sa liberté ne vaut pas plus que l'instinct des bêtes brutes, qui, dit-il, « a produit plus d'inventions

---

1. Rappelons que Bacon a lui-même écrit des *Essays*, dont la première édition date de 1597, qui sont le premier ouvrage portant ce titre en langue anglaise, précédant de quelques années la traduction des *Essais* de Montaigne par John Florio (première édition en 1603).

2. *Intauratio Magna*, Préface, Sp., I, p. 130 ; trad. fr. [NO], p. 71.

3. NO, I, 2, Sp., p. 157 ; trad. fr., p. 101.

4. NO, Préface, Sp., I, p. 152 ; trad. fr. p. 94-95.

5. AL, Sp. III, p. 389 ; trad. fr., p. 166. *Cf.* aussi NO, I, 61 et 122.

6. *Cf.* NO, I, 61 et 122.

que le bavardage des hommes savants »[1]. Il faut donc faire de
sorte que l'esprit « ne soit d'aucune façon laissé à lui-même (*sibi
permittatur*), mais constamment gouverné (*perpetuo regatur*);
et que l'entreprise soit menée comme avec des machines (*res
veluti per machinas conficiatur*) »[2]. Bacon ne manquera point de
détracteurs, de Joseph de Maistre à Horkheimer et Adorno, unis
ici par une curieuse parenté, qui verront dans ce projet la mise
en place d'un dispositif d'anéantissement de l'humain. En tout
cas, on ne saurait nier qu'il a posé clairement le problème de la
rationalité moderne, y compris dans la violence de ses apories.

LA LOGIQUE PROSPECTIVE ET SES MODÈLES

Les nombreuses critiques que Bacon adresse à l'*organon*
aristotélicien peuvent se résumer à celle-ci : la logique
aristotélicienne fonctionne en système fermé, et en particulier
fermé au progrès et à l'invention. La méthode scientifique,
pour Aristote, c'est avant tout le syllogisme. En effet, la science
(*épistémè*) est une « disposition capable de démontrer (*héxis
apodéitikè*) », et, écrit Aristote, « par la démonstration, j'entends
le syllogisme scientifique », c'est-à-dire le syllogisme « dont
la possession constitue pour nous la science ». Bacon n'innove
guère dans la critique du syllogisme aristotélicien. Il reprend en
particulier des critiques d'inspiration sceptique : la conclusion
n'ajoute rien aux prémisses, puisqu'elle est déjà contenue en
puissance en elles. Aristote écrit lui-même que ces prémisses sont
« vraies, premières, immédiates, plus connues que la conclusion,
antérieures à elle, dont elles sont les causes »[3]. Lorsque nous
disons « Tout homme est mortel », nous présupposons déjà connu
que « Socrate est mortel » : la science est donc déjà acquise en
puissance (au sens de l'*hexis*) avant la démonstration, qui n'est
que l'exercice de cette puissance. Mais si les premiers principes

---

1. *La récusation des doctrines philosophiques*, Sp. III, p. 578 ; trad. fr.,
p. 125. *Cf.* aussi NO, I, 73.
2. NO, Préface, Sp., I, p. 152 ; trad. fr. p. 94.
3. Voir *Seconds analytiques*, I, 71b17-22.

sont, de l'avis même d'Aristote, indémontrables, le syllogisme ne s'appuiera pas sur une vérité dans la chose elle-même. Car Bacon ne croit pas à une saisie immédiate des principes par le *noûs*. Sur quoi s'appuiera donc le syllogisme ? Le syllogisme, écrit Bacon « est composé de propositions, et les propositions sont composées de mots » : c'est ainsi tout le système d'Aristote qui nous « asservit à des mots »[1]. Et les mots, dans leur usage courant, sont moins pour Bacon les signes des choses qu'ils sont les produits des habitudes sociales[2]. Les aphorismes 13 et 14 du premier livre du *Novum organum* font du syllogisme aristotélicien un simple art du langage, relevant d'une logique de la communication et visant non la vérité dans la chose, mais un accord purement verbal entre les interlocuteurs : le syllogisme « enchaîne l'assentiment, non la nature des choses »[3]. Bacon retourne ainsi contre l'apodictique d'Aristote les critiques que celui-ci fait à la dialectique platonicienne. L'assentiment n'est en aucune façon pour Bacon preuve de vérité : il ne fait que révéler la participation commune à certaines idoles, les « idoles du marché »[4].

Bacon oppose à cette logique de la combinaison et de l'exploitation de l'acquis une logique prospective ouverte sur la dimension du progrès. Il va en chercher le modèle non dans la logique aristotélicienne, mais dans d'autres types de procédures, qui trouvent d'ailleurs souvent chez Aristote des ébauches de théorisation. Attachons-nous ici à trois d'entre elles qui connaissent des développements nouveaux à la Renaissance : l'invention des rhéteurs, la démarche artistique mise en œuvre dans les techniques, l'induction telle qu'elle est comprise dans la tradition aristotélicienne.

---

1. *Production virile de ce temps*, Sp. III, p. 529-530, trad. fr., p. 57.
2. NO, I, 14.
3. NO, I, 13, Sp., I, p. 158 ; trad. fr. p. 103.
4. On retrouvera cette idée chez Descartes, demandant, à la fin de la Xe des *Regulæ*, que la dialectique (c'est-à-dire ici l'apodictique aristotélicienne) soit transférée de la philosophie à la rhétorique (AT, X, 406).

Bacon reprend à la tradition de la rhétorique humaniste sa conception de l'*inventio*[1]. Dans la logique traditionnelle, celle de Cicéron par exemple, l'invention constitue l'art de la découverte des lieux topiques qui permettront au rhéteur d'ordonner son discours et de le rendre apte à convaincre l'auditeur. L'invention s'oppose en cela à la disposition, qui est l'art d'argumenter correctement à partir de ces *loci* – nous avons vu que c'est à cette *dispositio* rhétorique que Bacon réduit la logique syllogistique aristotélicienne. L'invention n'a cessé à la Renaissance d'étendre son domaine d'application. Pierre de la Ramée, inventeur de la logique moderne, fait de l'*inventio* non un simple appendice à la *dispositio* mais le cœur de la logique. La logique cesse ainsi d'être un simple instrument d'exploitation des prémisses pour devenir l'instrument de leur invention, et donc un instrument de progrès et d'expansion du savoir. En s'intégrant ainsi la dialectique, la logique raméenne peut revendiquer une universalité étendue à tous les champs du savoir ; logique et dialectique ne diffèrent que par le statut de leurs prémisses (la première se fondant sur des prémisses nécessaires, la seconde sur des prémisses seulement admises et probables) et non par leurs démarches qui sont les démarches naturelles de l'esprit humain dans tout raisonnement. L'invention rhétorique n'est certes pour Bacon qu'une pseudo-invention : le rhéteur en effet n'invente à proprement parler rien, il ne découvre que ce qu'il détient déjà en sa possession. Il reste que Bacon importe ce schéma de l'*inventio* du domaine des sciences du langage à celui des sciences de la nature (du *trivium* au *quadrivium*), pour en faire une véritable *inventio rerum*[2].

La démarche des arts, de par son ouverture au progrès et à la découverte du nouveau, constitue un second modèle pour Bacon. Celle-ci représente le modèle inversé de la démarche intellectuelle mise en œuvre dans les sciences aristotéliciennes closes sur leurs principes. Il est clair que la vision baconienne de l'épistémologie

---

1. Ce rapport de l'épistémologie baconienne à cette tradition rhétorique humaniste fait l'objet de l'ouvrage de L. Jardine, *Francis Bacon. Discovery and the Art of Discourse*, Cambridge, Cambridge UP, 1974.
2. *Cf.* NO, I, 11.

d'Aristote s'appuie principalement sur les *Seconds analytiques* et sur la distinction des *héxéis dianoètikai* du sixième livre de l'*Éthique à Nicomaque*, sans tenir compte d'autres textes dans lesquels Aristote explique que ce qui vaut pour les mathématiques, à savoir qu'une science ne peut être exercée qu'une fois qu'elle a été acquise, ne vaut pas pour les *technai*, dont la possession suppose paradoxalement un exercice antérieur[1]. Ce n'est cependant pas tant à Aristote que Bacon emprunte son modèle artistique qu'à la pratique de ceux qu'il nomme les « *mecanicae* » : sous cette appellation, il entend non seulement les mécaniciens à proprement parler, mais aussi bien les médecins, les alchimistes et magiciens, et même mathématiciens[2]. À l'inverse des pseudo-savants qui ne quittent pas le domaine des mots, les *mecanicae* se mêlent de « pénétrer la nature au niveau des œuvres » (*immiscere naturae quod opera*)[3]. Les arts mécaniques sont comme doués d'un souffle vital (*auræ cujusdam vitalis)*[4]. Ils « ne cessent de pousser et de croître comme s'ils étaient pénétrés d'un esprit : d'abord grossiers, puis commodes, enfin perfectionnés : et toujours augmentés »[5]. L'histoire des arts mécaniques n'est pas celle d'une corruption progressive, comme c'est le cas dans les sciences traditionnelles, dans lesquelles « le premier auteur va le plus loin, puis le temps diminue et corrompt son œuvre »[6], mais celle d'un accroissement : la vérité n'est pas derrière eux, mais toujours

---

1. « En effet, les choses qu'il faut avoir apprises pour les faire, c'est en les faisant que nous les apprenons : par exemple, c'est en construisant qu'on devient constructeur, et en jouant de la cithare qu'on devient cithariste » (*Éthique à Nicomaque*, II, 1, 1103a32-34, trad. fr. J. Tricot, *op. cit.*, p. 88-89). Il en va de même pour la morale : la connaissance morale qu'est la *phronèsis* suppose l'exercice antérieur des vertus.

2. Sur les mathématiques chez Bacon et leur rapport aux arts mécaniques, voir notre article « Mathématiques et science universelle chez Bacon et chez Descartes », dans P. Caye et Th. Gontier, *Mathématiques et savoir à la Renaissance* (en mémoire à Pierre Souffrin), *Revue d'histoire des sciences*, n° 59/2, juillet-décembre 2006, p. 285-312.

3. NO, I, 5, Sp., p. 157 ; trad. fr. p. 102.

4. *Cogitata et visa*, Sp. III, p. 616 ; trad. fr. p. 205.

5. NO, I, 74, Sp., I, p. 183-184 ; trad. fr. p. 135.

6. AL, Sp., III, p. 289-290 ; trad. fr. p. 40.

devant : elle est, comme l'avait déjà dit Giordano Bruno, la « fille du temps »[1]. Ceci dit, il manque aux « *mecanicae* » la conscience même des procédures qu'ils mettent comme instinctivement en œuvre. Bacon critique le hasard de leurs découvertes (laissées à l'*experientia erratica*), l'empressement des artistes à les théoriser et à projeter les procédures poiétiques les plus rudimentaires en catégories métaphysiques[2]. Le projet baconien consistera ici à transformer ces procédures instinctives en une véritable méthode rationnelle, permettant aux arts mécaniques d'accéder à un statut authentiquement scientifique. Bacon fait ainsi droit aux revendications de l'artiste de la Renaissance, de voir son art assimilé non à un travail manuel, asservi aux contingences de la matière, mais à la partie opérative des arts libéraux, et à son effort pour penser ses procédures sur un mode scientifique.

Bacon n'aime guère les néologismes : pour donner un nom à cette procédure intellectuelle un nom, il reprend un terme à l'épistémologie aristotélicienne : celui d'« induction » (« *logica nostra, quae procedit per inductionem...* »[3]). L'induction désigne en effet chez Aristote une procédure d'invention des axiomes généraux : elle s'oppose en cela à la déduction syllogistique (et au raisonnement en général, qui peut partir de prémisses soit nécessaires soit probables), en ce qu'elle va du particulier au général. Citons par exemple le texte des *Topiques*, I, 12 : « Quant à l'induction, c'est le passage des cas particuliers à l'universel ; si par exemple, le plus habile pilote est celui qui sait, et s'il en est de même pour le cocher, alors, d'une façon générale, c'est l'homme qui sait qui, en chaque cas, est le meilleur »[4]. On a reconnu là la démarche de Platon, qui, une fois acquis le principe général (le meilleur, c'est dans tous les cas de figure celui qui sait), redescend très problématiquement à un cas particulier contestable, à savoir que le meilleur politique est lui aussi celui qui sait – cette utilisation

1. AL, Sp. III, p. 291 ;trad. fr. p. 41. *Cf.* aussi NO, I, 84.

2. *Cf.* par exemple la fiction des éléments au début de NO, I, 66, Sp., I, p. 176 ;trad. fr. p. 126.

3. NO, I, 127, Sp. I, 220 ; trad. fr. p. 179.

4. Aristote, *Topiques*, I, 105a13-16, trad. fr. J. Tricot, Paris, Vrin, 1965, rééd. 1984, p. 29.

problématique nous permet en tout cas de mettre le doigt sur la difficulté inhérente à l'induction. Aristote lui-même semble hésiter sur le statut de l'induction : est-elle une démarche d'ordre logique ou purement empirique ? Repose-t-elle ou non sur ou non sur une méthode ? Le texte des *Topiques* que nous avons cité semble bien ne voir dans l'induction qu'une sorte de routine de persuasion, relevant d'une démarche psychologico-rhétorique du même ordre que l'*inventio* des rhéteurs : l'induction persuade plus facilement, quoique de façon moins contraignante, que la déduction, car elle part de données sensibles, accessibles à tous[1]. Il en va de même dans les textes du début de la *Métaphysique* ou de la fin des *Seconds analytiques*, où le rassemblement des expériences singulières en une saisie de l'universel apparaît comme un fait psychologique (« c'est nécessairement l'induction qui nous fait connaître les principes »[2]), non comme une tâche épistémologique obéissant à des règles définies. Ainsi, dans ce dernier texte, Aristote donne l'image de la formation de l'armée rangée à partir d'une masse d'hommes : de même, les connaissances particulières, au fur et à mesure qu'elles se font plus nombreuses, s'organisent comme naturellement dans l'esprit pour permettre la vision du concept général. Mais de quelle façon se produit cette organisation ? Selon quelle règle ? Au fond, il semble bien dans ces textes qu'Aristote ne s'intéresse guère au « comment » : seul importe qu'au terme de la démarche, le principe soit atteint. Aussi n'est-il pas atteint *par* l'induction à proprement parler : l'universel présente la caractéristique d'être connu par soi et de façon nécessaire, sans démonstration possible – Aristote n'est en rien ici ce que nous nommerions un « constructiviste », terme par contre assez approprié pour désigner l'induction baconienne. Bacon est au plus haut point critique vis-à-vis de la confiance aristotélicienne (comme d'ailleurs platonicienne) en une accointance naturelle

---

1. « L'induction est un procédé plus convaincant et plus clair, plus facilement accessible au vulgaire. Mais le raisonnement a plus de force, et il est plus efficace pour répondre aux contradicteurs » (Aristote, *Topiques*, I, 105a16-19, trad. fr. J. Tricot, *op. cit.*, p. 29).

2. Aristote, *Seconds analytiques*, II, 100b3, trad. fr. J. Tricot, Paris, Vrin, 1962, rééd. 1979, p. 246.

de l'essence de la chose à l'esprit. Que vaut une activité qui ne peut répondre de son ordre et de sa démarche qu'en alléguant la présence mystique de l'intelligible à l'intellect ? Une telle confiance ne sert en réalité qu'à légitimer toutes les fictions de l'esprit. Pour Bacon, les prémisses générales ne sont pas connues par elles-mêmes : elles doivent être démontrées à partir de la connaissance des particuliers. L'induction n'est donc pas chez Bacon une démarche naturelle de l'esprit : elle est avant tout un outil (artificiel) de démonstration.

Il est vrai qu'Aristote présente aussi, ou tente de présenter, l'induction comme une démarche logique. Au livre II des *Premiers analytiques*, il l'assimile à une forme de syllogisme[1], malgré le fait évident que l'induction forme les prémisses premières et immédiates, qui jouent le rôle de majeure dans les syllogismes. Le syllogisme est simplement inversé dans l'induction, la prémisse étant constituée par l'expérience du particulier. On connaît l'exemple d'Aristote : l'homme, le cheval et le mulet vivent longtemps ; les animaux sans fiel sont l'homme, le cheval et le mulet : donc les animaux sans fiel vivent longtemps. L'induction peut ainsi être comprise comme un procédé démonstratif qui remonte du particulier au général. L'inversion de l'ordre « normal » se paye cependant de l'économie du moyen terme, qui doit en quelque façon être concédé : il faut en effet supposer l'équivalence entre l'homme, le cheval et le mulet d'une part, la totalité des animaux sans fiel d'autre part. Toutes les critiques de l'induction aristotélicienne se focaliseront sur cette convertibilité indémontrable, à moins d'une (impossible) expérience complète de la totalité des particuliers. Ainsi pour Sextus Empiricus, le particulier étant infini et indéfini, il est impossible de l'examiner

---

1. Aristote, *Premiers analytiques*, II, 23, 68b15-37, trad. fr. J. Tricot, Paris, Vrin, 1962, rééd. 1983, p. 312-314 : Aristote parle d' « induction ou syllogisme inductif » (68b15) : « ce genre de syllogisme sert à procurer la prémisse première et immédiate » (68b30) ; « dans l'ordre naturel, le syllogisme qui procède par le moyen [*i.e.* en allant de la prémisse générale à la conclusion particulière, contrairement au syllogisme inductif qui fait l'économie de ce moyen terme] est antérieur et plus connu, mais pour nous, le syllogisme inductif est plus clair » (68 b 35-36).

entièrement : le général sera donc toujours mal déterminé, ainsi que, par conséquent, toutes les conclusions qu'on en tirera ensuite par syllogisme[1]. Bacon reprend à son compte les critiques de Sextus, en montrant les actes psychologiques implicites qui s'immiscent insidieusement dans cette démarche d'apparence logique : aussi n'y a-t-il « pas moins de caprices ou d'extravagance (*libido et aberratio*) dans l'établissement des axiomes que dans l'abstraction des notions ; c'est le cas pour les principes mêmes qui dépendent de l'induction commune »[2]. L'*inductio vera*, contrairement à l'*inductio vulgaris*, a l'ambition d'opérer une subsomption de la totalité du réel et de revendiquer ainsi un statut logique authentique. Bacon continue d'une certaine façon les tentatives de logicisation de l'induction et de l'invention des prémisses opérées par les logiciens padouans de la Renaissance, lui donnant une place à l'intérieur de l'apodictique. Ainsi repensée, l'induction devient ce qu'elle n'était nullement chez Aristote : non seulement un moyen de découverte, mais un véritable outil de démonstration.

L'INTELLIGENCE DE L'EXPÉRIENCE

La logique baconienne, contrairement à la logique aristotélicienne, se donne pour tâche d'être en prise non sur les mots, mais sur les choses elles-mêmes. Or on a accès à la nature non par des axiomes que l'on tirerait de son esprit, mais à travers l'expérience. Fondamentalement, l'induction baconienne est une méthode expérimentale, c'est-à-dire une méthode de mise en ordre et de rationalisation de l'expérience. Comprenons qu'il n'y a pas chez Bacon d'un côté la logique rationnelle, de l'autre l'expérience : de même que la logique baconienne vise le mariage (un mariage « sacré, chaste et légitime »[3]) de l'esprit et de la nature, elle repose sur l'union de la rationalité logique et de

---

1. Sextus Empiricus, *Esquisses pyrrhoniennes*, II, 15.
2. NO, I, 17, Sp. I, p. 159 ; trad. fr. p. 104.
3. Bacon, *La Production virile de ce siècle*, Sp. III, p. 538-539 ; trad. fr. p. 75.

l'expérience. Empruntant au vocabulaire de la médecine ancienne, Bacon oppose les « dogmatiques » et les « empiriques ». Les premiers, que Bacon nomme aussi les « sophistiques » ou les « rationnels », se caractérisent par leur empressement à trouver un axiome rationnel général : ils « glanent de l'expérience des observations variées et communes, sans les avoir établies avec certitude ni examinées ou pesées avec soin ; et tout le reste, ils le font reposer, dans la méditation et l'agitation de leur esprit »[1]. Le grand représentant de ce genre est encore une fois Aristote, qui tord, comprime et torture la réalité pour l'enfermer dans les catégories prédéfinies de son esprit. Non qu'il n'y ait pas d'expérience chez Aristote : mais elles ne font que vérifier un système pré-déterminé. Mieux vaudrait à la limite, dit Bacon, ne pas faire d'expérience du tout, comme les scolastiques, que la trahir de cette façon[2]. Les empiriques, à l'inverse, aiment faire des expériences. Ils s'y adonnent « avec zèle et scrupule »[3]. L'empirique aime manipuler la réalité, la mesurer et la provoquer, ce qui ne veut nullement dire qu'il le fait bien. Le problème est ici inverse à celui des *dogmatici* : les *empirici* sont en effet fascinés par leurs découvertes et se hâtent de construire à partir d'elles des théories générales, sans prendre le temps de remonter aux causes et aux principes. L'empirique est comme le musicien qui ayant découvert quelques lois de l'harmonie, « s'était mis en tête de soutenir que tout, dans l'univers et dans l'homme, était harmonie ». L'exemple caractéristique que donne Bacon est le physicien William Gilbert, qui, pour avoir fait des découvertes importantes sur le phénomène de l'aimantation, a tout de suite conclu, sans la moindre vérification, que tout dans l'univers était aimanté[4].

---

1. NO, I, 62, Sp., I, p 173, trad. fr., p. 122.

2. « Eux [les scolastiques] ont déserté l'expérience, toi [Aristote] tu l'as trahie » (*La Production virile...*, Sp. III, p. 533 ; trad. fr. p. 63). *Cf.* aussi NO, I, 63.

3. NO, I, 62, Sp., I, 173 ; trad. fr. p. 123 (nous traduisons).

4. « Après s'être donné beaucoup de peine dans l'examen de l'aimant, [Gilbert] a forgé aussitôt une philosophie en accord avec son domaine favori » (NO, I, 54, Sp. I, 169 ; trad. fr. p. 117).

Bacon compare les *dogmatici* aux araignées qui tissent leur toile à partir de leur propre substance pour y enfermer la réalité et les *empirici* aux fourmis, qui amassent et font usage de ce qu'elles amassent sans vraiment le faire leur : la bonne méthode se comparera à celle des abeilles, qui recueillent d'ailleurs pour digérer, opérant ainsi symboliquement l'union de l'esprit et de la nature[1]. Par derrière l'opposition entre ceux qui veulent à tout prix ramener la réalité aux catégories de leur esprit et ceux qui veulent à tout prix former des catégories générales à partir d'un contact immédiat aux choses, se cache en réalité une profonde parenté : les dogmatiques et les empiriques se précipitent dans la généralisation. Les premiers ont hâte de se retrouver en pays connu et forgent la réalité à l'image de leur esprit ; les seconds ont hâte de récolter les fruits, et sont comme Atalante, ramassant sur le chemin les pommes d'or et oubliant de terminer la course pour la gagner. Dans un cas comme dans l'autre, cette précipitation laisse libre jeu au travail des idoles. De ce point de vue, il est clair que Bacon ne se situe pas *entre* les dogmatiques et les empiriques comme au milieu de deux extrêmes : son épistémologie se développe sur un plan distinct dans lequel l'expérience ne saurait être pensée hors du travail conceptuel ni le travail conceptuel hors de l'expérience. L'opposition essentielle ne se situe pas entre les dogmatiques et les empiriques, mais entre l'anticipation de la nature et son interprétation. Pierre Magnard a ainsi eu raison de parler d'une « philosophie non empiriste de l'expérience »[2]. Si Bacon s'est trouvé relié historiquement aux philosophes empiristes du XVIIIe siècle, sa pensée se rattache par des liens plus naturels à celle de Léonard de Vinci ou de Galilée. L'expérience ne révèle jamais une donnée brute et irréductible au pouvoir de la raison. Elle n'entre dans la science que rationalisée et intellectualisée : le phénomène auquel elle a accès se présente avant tout comme une sollicitation pour l'esprit à étendre ses propres possibilités pour reconnaître la non altérité de la nature à sa propre activité.

---

1. *Cf.* NO, I, 95.
2. P. Magnard, « La qualité de l'autre chemin », dans *Les Études philosophiques*, juill./sept. 1985, p. 336.

Le fameux couple de l'*experientia* et de l'*experimentum* (que l'on peut éventuellement traduire par « expérience » et « expérimentation ») en fournit une illustration tout à fait significative. La première consiste à recueillir la réalité en s'abstenant de vouloir saisir les lois qui la gouvernent. La seconde est à l'inverse provoquée en vue de découvrir les lois de la nature. Une erreur serait de croire que Bacon dévalorise la première au profit de la seconde : en réalité, il y a dans les deux cas un bon et un mauvais rapport à l'expérience. Il y a donc une mauvaise *experientia* comme il y a un mauvais *experimentum*. L'*experientia* ne doit pas pour Bacon être négligée : ceux qui veulent apprendre à traquer la réalité doivent en premier lieu apprendre à simplement la voir et recueillir les faits. Aussi la première étape de l'activité scientifique consistera-t-elle à recueillir une base suffisante à l'induction à partir d'une bonne histoire naturelle[1]. L'*experientia* n'est jamais pour Bacon simple enregistrement passif d'un fait donné. Il ne s'agit pas de simplement collecter les faits au hasard, par simple *palpatio* : l'*experientia* demande un savoir faire[2]. La nature pour Bacon ne se révèle que lorsqu'on la soumet à la question. Citons la *Distributio operis*, où Bacon présente le plan de l'*Instauratio magna*, son grand projet scientifique dont le *Novum organum* constitue la seconde des six parties : « Nous ne nous bornons pas à constituer une histoire de la nature libre et déliée […] mais, avant tout, une histoire de la nature contrainte et tourmentée, telle qu'elle se manifeste quand l'art et l'assistance de l'homme l'arrachent à son état, la pressent et la façonnent […] ; car la nature des choses se livre davantage à travers les tourments (*vexationes*) de l'art que dans sa liberté propre »[3]. Au niveau le plus simple, cette activité de l'esprit consiste à multiplier les

---

1. Sur l'opposition de l'histoire naturelle baconienne et de l'histoire naturelle traditionnelle, *cf.* en particulier NO, I, 98.

2. D'ailleurs la méthode baconienne ne reconnaît qu'une forme de hasard possédant une dignité épistémologique : le hasard « provoqué », c'est-à-dire l'expérience menée pour la seule raison qu'elle ne l'a jamais été auparavant. Cf. *DA*, V, 2, Sp. I, p. 632-633, dont on trouvera la traduction française dans J.-M. Pousseur, *Bacon. Inventer la science*, Paris, Belin, 1988, p. 212-213.

3. *Distributio operis*, Sp., I, p. 141 ; trad. fr. [NO] p. 83.

expériences. L'induction aristotélicienne ne part en général que de deux ou trois expériences, qui sont aussi les plus familières (donc aussi les plus suspectes), pour voler immédiatement au principe général. Les histoires naturelles que Bacon écrira à la fin de sa vie (des vents, du lourd et du léger, de la sympathie et de l'antipathie, du souffre, du mercure et du sel, de la vie et de la mort, de l'aimant, de la lumière, etc.), et qui seront la partie la plus immédiatement reconnue de son œuvre (Descartes ne cite jamais explicitement « Verulam » que comme naturaliste), comprennent de très nombreuses expériences, le meilleur exemple étant la *Sylva sylvarum* – forêt des forêts – présentant mille expériences organisées en dix centuries. Cette multiplication des expériences relève d'une ascèse de l'esprit, qui se refuse à ne prendre en considération que ce qui lui est le plus immédiatement familier : il ne faut pas en effet se contenter de ce qui est à portée de la main, mais explorer la nature « errante et divergeante »[1]. Bacon reprendrait à son compte la critique de Montaigne pour qui « tout ce qui nous semble estrange, nous le condamnons, et [*i.e.* ainsi que] ce que nous n'entendons pas »[2]. Il participe en cela au renouveau d'intérêt pour les *mirabilia* à la Renaissance : mais il s'en distingue aussi par le souci de séparer le certain et le douteux, l'ordinaire et l'exceptionnel. C'est d'ailleurs là sans doute le seul point sur lequel Bacon loue Aristote, qui a regroupé dans les *Problèmes* les questions le plus étranges, mais sur lesquelles il ne fallait pas faire l'impasse, contre les Pline, Cardan, Albert le Grand et les médecins arabes, qui ont mélangé sans discernement ces différents plans[3]. De même, cette extension du champ de l'expérience doit faire intervenir non seulement ce qui est immédiatement donné à nos sens, mais aussi les arts mécaniques, qui permettent de pallier à la faiblesse des sens et d'augmenter leur portée.

---

1. AL, Sp., III, p. 330 ; trad. fr. p. 91.

2. *Essais*, II, 12, « Apologie de Raimond Sebond », éd. Villey, p. 467.

3. Dans l'*Advancement of learning,* Bacon fait (chose rare) un éloge d'Aristote, parlant de sa « sagesse et de son intégrité », de son « histoire des créatures vivantes si détaillées et si attentive », dans laquelle on trouve « mêlé très peu d'éléments absurdes ou fictifs » (AL, Sp., III, p. 288 ; trad. fr. p. 38).

Bacon insiste sur le caractère lettré de l'*experientia* : celle-ci doit se faire « plume à la main », c'est-à-dire consignée par écrit et organisée en tableaux[1]. Une question est de savoir quelle règle devra gouverner cette expérience, sachant qu'à ce niveau de la recherche, il nous est impossible (et interdit) de rapporter les phénomènes à des lois générales qu'ils induiraient, vérifieraient ou informeraient. L'*experientia literata* se présente ici comme un intermédiaire entre l'induction et la récolte au hasard des faits. Bacon la compare à la *venatio Panis*[2], la chasse de Pan, fondée sur l'adresse et la sagacité[3]. C'est à ce stade que l'*ingenium* humain, ou ce que Bacon nomme la *subtilitas mentis*, non encore gouvernée par l'outil et laissée à sa liberté, peut trouver un domaine légitime d'expression : repérer les voisinages et les analogies entre les faits, travailler dans le particulier sans user d'abstractions, savoir transposer une expérience, la varier par degrés progressifs ou au contraire par ruptures brutales, etc. L'esprit invente par lui-même (au sens de l'invention des rhéteurs) les repères qui lui permettront de ne pas se perdre dans « la forêt de l'expérience et des choses particulières »[4] et d'opérer ainsi une « césure de l'infini »[5]. Aussi l'*experientia* ne saurait en aucune façon dégager le général du particulier, qui, à ce stade, ne pourrait apparaître que comme une anticipation : elle ne peut aller que du particulier au particulier. L'histoire naturelle ne constitue qu'une étape et une base (*a degree and a rudiment*[6]) pour l'induction, et ne doit pas prétendre se substituer à la démarche inductive.

Ce qui distingue donc l'*experientia* de l'*experimentum* n'est donc en aucun cas que la première serait « passive », alors que la seconde serait gouvernée par l'esprit. Tous deux font intervenir activement les facultés de l'esprit. Les procédures de

---

1. *Cf.* NO, I, 101 et 102.

2. *De Augmentis*, V, 2, Sp. I, 623. On trouvera une traduction en français d'une grande partie de ce chapitre, significativement transformé par rapport à son pendant de l'*Advancement of learning*, dans J.-M. Pousseur, *Bacon. Inventer la science, op. cit.*, p. 203-213 (sur ce texte, voir aussi p. 203-204).

3. *Cf.* Bacon, *Sagesse des anciens*, trad. fr. J.-P. Cavaillé, Paris, Vrin, 1997, p. 81.

4. *Instauratio Magna*, Praefatio, Sp., I, p. 129 ; trad. fr. p. 70.

5. NO, II, 26, Sp., I, p. 275 ; trad. fr. [NO] p. 235.

6. AL, Sp. III, p. 389 ; trad. fr. p. 167.

l'*experimentum* sont d'ailleurs souvent assez proches de celles de l'*experientia literata*. L'*experimentum* a cependant ceci de spécifique qu'il tente de dégager la règle générale à partir des cas particuliers. Les expériences sont intégrées à des protocoles rationnels qui visent à discriminer le principe qui gouverne les phénomènes naturels. Il ne s'agit plus ici d'explorer la nature, mais de déterminer les causes à partir d'une mise en ordre méthodique de l'expérience. L'exemple le plus célèbre est celui de l'*experimentum crucis*, qui permet de trancher entre plusieurs explications d'un même phénomène. Par exemple : le mouvement des marées est-il dû à l'attraction magnétique de la lune (explication de William Gilbert) ou à une agitation spontanée de la terre ? Toute la difficulté consiste ici à construire les expériences qui permettront de résoudre la question. A la limite, une seule expérience peut suffire, si elle a été soigneusement préparée. Ainsi, pour en rester à l'exemple de l'explication des marées, Bacon propose que l'on les mesure en même temps à divers endroits de la Terre. Si les marées sont synchrones, alors il en va de la Terre comme d'un plateau que l'on agiterait et sur lequel seraient posés des verres d'eau : les marées auront pour cause les mouvements de la terre. Si elles ne le sont pas, et que leur diachronie suit le rythme de la révolution lunaire, alors l'explication de Gilbert est la bonne. Ce que Bacon reproche à Gilbert est d'avoir fait l'économie d'un protocole expérimental. Il est vrai que Bacon conclut que c'est l'agitation spontanée de la terre, non l'attraction lunaire, qui provoque les marées : faute non à la méthode expérimentale en elle-même, mais au défaut d'instruments de mesure adéquats. Descartes, qui reprend assez exactement la distinction baconienne *experientia-experimentum* dans la sixième partie du *Discours de la méthode*, propose de la même façon, dans la cinquième partie de ce même *Discours*, un protocole expérimental permettant de trancher sur la cause de la circulation sanguine (contraction ou échauffement du cœur) : son « erreur » provient elle aussi non de la méthode elle-même mais de l'impossibilité de mener à bien l'*experimentum* adéquat.

Contrairement à la méthode aristotélicienne qui volait immédiatement, par une induction précipitée, des cas particuliers (peu nombreux) aux axiomes généraux pour descendre ensuite,

par voie de déduction, aux axiomes « moyens », la méthode
baconienne ne consiste en rien d'autre qu'en une remontée
lente et progressive du particulier aux axiomes infimes, des
axiomes infimes aux axiomes moyens jusqu'aux axiomes
les plus généraux[1]. Cette induction n'est plus, comme chez
Aristote, séparée de la déduction : elle démontre en même
temps qu'elle découvre, en rendant raison de ses démarches.
Le moteur dynamique de cette induction est ce que Bacon
nomme l'exclusion. Les Anciens se sont contentés de recenser
les cas favorables : il faut en réalité superposer aux tables de
présence (par exemple présence de la chaleur associée à divers
phénomènes) les tables d'absence. Chaque étape de la remontée
doit se faire par la mise à l'épreuve des axiomes établis
grâce à de nouvelles instances contradictoires. L'induction
baconienne implique fondamentalement une démarche négative
de l'esprit, grâce à laquelle la « forme », c'est-à-dire la loi de
production du phénomène (le terme d'axiome lui est à peu près
équivalent dans le vocabulaire baconnien), terme ultime de la
recherche scientifique, se trouve progressivement dégagée de
la particularité et de l'accidentalité (*particularity or chance*) du
phénomène[2]. Plus qu'une reprise du schéma aristotélicien de
l'abstraction (*aphairèsis*), Bacon emprunte ici, comme l'avait
bien montré Didier Deleule, aux schémas magiques médiévaux.
Ainsi libérée des conditions matérielles, la « forme » pourra être
appliquée universellement à toute matière donnée. Ainsi par
exemple pour la blancheur dans l'*Advancement of learning*, ou
pour la chaleur au début du second livre du *Novum organum* :
dans les deux cas, il s'agit de libérer la nature simple de toute
attache à des conditions matérielles de production, c'est-à-dire
de la libérer dans son pouvoir de pure productivité. Idéalement,
il devrait donc être possible, au terme de l'induction (cette
étape que Bacon nomme la « métaphysique », puisqu'elle vient
au terme de la philosophie naturelle), d'isoler les formes et de
les transposer, de la même façon que l'alchimiste surimpose la

---

1. *Cf.* NO, I, 18-19 ainsi que *Distributio operis*, Sp., I, p. 136-137 ; trad. fr.
[NO] p. 78-79.
2. *Cf.* NO, I, 16.

forme de l'or, dans n'importe quelle matière donnée : « Celui qui en vient à connaître une forme connaît la plus grande possibilité de surimposer cette nature sur n'importe quelle variété de matière ». Aussi la connaissance de ces formes « affranchit le pouvoir humain, en lui donnant plus grande latitude et la plus grande possibilité de réaliser des œuvres et des effets »[1].

C'est à cet endroit que la connaissance et la puissance se rejoignent. La connaissance des formes (c'est-à-dire des forces primordiales de la nature) donne la maîtrise des phénomènes. L'instauration d'un *regnum hominis* doit se faire sur la base de cette maîtrise des forces. Ce projet d'une science qui s'achève dans la maîtrise des forces fondamentales de la nature pourra non seulement sembler porter en lui tous les projets nihilistes de la modernité, mais surtout être totalement irréalisable. C'est sans doute pour cela que Bacon, à la fin du premier livre du *Novum Organum*, semble accorder à l'*experientia literata* une valeur autonome. Devant la difficulté de la tâche de l'interprétation de la nature, Bacon semble donc opter pour une voie moyenne, délaissant, tout du moins pour un temps, l'immense machine logique qu'il a tenté de mettre en place et redonnant ses titres de noblesse à l'*ingenium* humain[2].

LA RÉFORME DES ESPRITS

Le mariage de l'esprit et de la nature, terme de la logique baconienne, ne saurait être réalisé sans une transformation radicale de l'esprit humain : il faut, explique Bacon, « reprendre tout à neuf le travail de l'esprit » (*opus mentis universum de integro resumari*)[3]. Aussi la méthode baconienne n'est-elle pas un simple exposé de règles scientifiques, mais comprend-elle en elle une dimension rhétorique et parénétique. Quoiqu'en dise Bacon à certains endroits, la démarche syllogistique aristotélicienne n'est même pas une démarche adaptée à l'enseignement : elle

---

1. AL, Sp. III, 357 ; trad. fr. p. 167.
2. *Cf.* en particulier NO, I, 113 et 130.
3. NO, Préface, Sp., I, p. 152 ; trad. fr. p. 94.

ne persuade pas plus les esprits qu'elle ne contraint les choses. La déduction aristotélicienne fait violence aux esprits au lieu de les assister. Comme l'écrit Didier Deleule, « la rhétorique, selon Bacon, par le truchement de notations judicieuses et d'images opportunes, doit d'abord porter l'imagination à assister la raison au lieu de l'opprimer »[1]. Il faut faire comme Charles VIII dans sa conquête de l'Italie : non détruire les maisons, mais les réquisitionner pour y loger ses soldats[2]. De la même façon, on ne réforme les esprits qu'en s'insinuant en eux à leur insu, en glissant du neuf dans l'ancien. De là vient, par exemple, le refus systématique par Bacon de création de néologismes et sa reprise systématique du vocabulaire traditionnel : plutôt qu'inventer comme Aristote de nouveaux termes, mieux vaut réutiliser les anciens quitte à leur donner un nouveau sens.

La didactique des sciences fait ainsi partie intégrante de la méthode elle-même[3]. En témoigne la recherche minutieuse de la forme littéraire adaptée à l'exposé de cette méthode. La forme aphoristique du *Novum Organum* est le résultat de longues recherches : Bacon s'est auparavant essayé au commentaire césarien (*Cogitata et visa*) à l'*élenchos* platonicien (*Redargutio philosophiarum*), à la diatribe cynique et stoïcienne (*Temporis partus masculus*). Il choisit finalement l'aphorisme, parce que celui-ci présente le savoir dans son caractère inachevé et ouvert au progrès[4]. Contrairement à l'exposé démonstratif systématiquement clos des scolastiques, destiné à enfermer le lecteur dans les chaînes (inefficaces) d'une preuve logique, l'aphorisme laisse l'esprit dans un état d'inquiétude, en le provoquant à poursuivre la recherche[5]. Il permet de transmettre le savoir, non dans son état achevé, mais dans sa dimension heuristique.

1. Bacon, *Récusation des doctrines...*, Introduction, *op. cit.*, p. 30.

2. *Cf.* AL, Sp., III, p. 167-168 ; trad. fr. p. 134.

3. Sur ce point, voir notre article, « Bacon. Une langue pour la science », J.-M. Counet (éd.), *Philosophie et langage ordinaire de l'Antiquité à la Renaissance*, Louvain, Peeters, 2014, p. 191-208.

4. *Cf.* en particulier AL, Sp., III, p. 292 ; trad. fr. p. 43 et Sp., III, p. 403 *sq.* ; trad. fr., p. 186 *sq.*

5. AL, Sp., III, 405 ; trad. fr. p. 186-187.

Cet aspect rhétorique trouve son expression la plus significative dans l'entreprise menée par Bacon d'une généalogie de l'erreur scientifique, dont le pan le plus connu est la critique des « idoles » de l'esprit. Il est pour Bacon inutile de réfuter, au sens logique, le savoir des Anciens, dès lors qu'il n'y a pas accord sur les principes, mais que ce sont justement eux qui sont en question[1] : il est bien plus efficace de le discréditer en en dévoilant l'imposture et en montrant qu'il tire son origine non de principes scientifiques, mais de routines simplement psychologiques et contingentes. C'est là le principe de la confutatio baconienne. Les idoles sont des formations naturelles de l'esprit qui font obstacle à la recherche de la vérité. Elles sont comme des petites prisons que l'esprit se forge, sous le poids du confort et des habitudes de vie, et qui lui ferment l'accès à la réalité des choses, en lui faisant préférer à la réalité un monde d'illusions et de fictions. Par orgueil et paresse intellectuelle, l'esprit humain tend à se mystifier lui-même : la critique moderne des idéologies politiques pourra sur ce point se réclamer de Bacon (on pensera aux tentatives explicatives du langage idéologique au XXe siècle de Karl Kraus, Viktor Klemperer, Alexandre Soljenistyne[2] ou Eric Voegelin[3]). Les idoles de la tribu sont attachées à la nature de l'esprit humain en général, qui le pousse à comprendre toutes choses selon sa mesure et à rechercher partout l'ordre et la simplicité (par exemple, la construction du ciel selon un nombre aussi réduit que possible de sphères concentriques tournant selon un mouvement régulier). Les idoles de la caverne sont pour leur part attachées au « naturel » de chaque individu, à son idiosyncrasie personnelle et à ses petites

1. *Cf.* NO, I, 33 et 35 ainsi que le début de NO, I, 61. Pour Aristote lui-même, l'*élenchos* est une déduction avec contradiction de la conclusion (*Réfutations sophistiques*, 1, 165 a 2-3) : il n'y a donc de réfutation possible que si les interlocuteurs s'entendent sur les définitions, sur les prémisses et sur la méthode employées.
2. Dont un chapitre du *Pavillon des cancéreux* (chapitre 31) a pour titre significatif « Les idoles du commerce ».
3. Qui, après Soljenistyne, se réfère à Bacon, dans ses *Réflexions autobiographiques* (trad. fr. S. Courtine-Denamy, Paris, Bayard, 2004, p. 133-134).

manies, qui font que les uns préfèrent les systèmes généraux, les autres la manipulation expérimentale, les uns l'observation des macrophénomènes, les autres l'analyse des microphénomènes, etc. Les idoles du marché sont attachées aux conventions du langage courant entre les hommes. Les idoles du théâtre (ou de la scène), enfin, témoignent de la tendance ostentatoire de l'esprit humain, rassemblant les trois autres idoles pour les donner en autant de spectacles qu'il existe de systèmes philosophiques.

Les idoles constituant le principal obstacle à la réforme des sciences, « il faut toutes les renier, y renoncer, avec une résolution ferme et solennelle ; il faut en libérer et en purifier définitivement l'entendement »[1]. S'il n'est point possible, selon l'*Advancement*, de « divorcer de ces faussetés et de ces fausses apparences, parce qu'elles sont inséparables de notre nature et des conditions imposées à notre vie », il est tout du moins possible de « se prémunir et prendre précaution contre elles »[2]. Toutes les idoles ne captivent pas l'esprit au même titre. Les idoles du théâtre sont les plus faciles à expurger : s'il est impossible de déraciner les idoles attachées à notre nature, on peut par contre les prévenir de se donner en spectacle dans des fictions théoriques creuses – ce à quoi s'emploie la critique baconienne des doctrines philosophiques. Les idoles de la caverne sont sans doute plus secrètes et par là moins déracinables : le remède le plus efficace consiste à réunir les points de vue contradictoires et à en tirer faut tirer des approches complémentaires, donnant lieu à des examens alternés sur la nature[3]. Plus fondamentalement, la science n'est pas pour Bacon une affaire personnelle, mais publique. Les citoyens de la *Nouvelle Atlantide* vivent dans une structure socio-politique de type platonicien, où ils n'apparaissent que débarrassés de leurs idiosyncrasies et en revêtant un personnage public. La publicité constitue une exigence essentielle de la méthode : le travail de la plume de l'*experientia literata* est aussi un travail de publication. S'il est possible de réformer le naturel des individus,

1. NO, I, 68, Sp., I, p. 179 ; trad. fr. p. 129.
2. AL, Sp., III ; trad. fr. p. 176.
3. NO, I, 57.

il semble par contre vain de prétendre éradiquer la communication des hommes entre eux. Il arrive pourtant à Bacon de rêver d'un langage sans médiation sociale, directement en prise sur les esprits comme sur les choses. Il en trouve des modèles dans la langue gestuelle ou dans les hiéroglyphes, qui ont une « certaine similitude ou congruence avec la notion » et une « parenté aux choses signifiées »[1], mais aussi dans le langage simple et efficace des artisans ou encore dans l'écriture des mathématiciens, dont il nous faut « imiter la sagesse » en fournissant « dès le départ la définition de nos mots et de nos termes, pour que les autres sachent comment nous les comprenons et entendons »[2]. La langue de l'aphorisme, dépouillée de tout apparat, représente de ce point de vue une sorte de compromis entre un langage direct idéal et la langue compliquée des aristotéliciens, ou celle ampoulée des humanistes[3] : Bacon en attribue la paternité aux présocratiques, qui « s'adonnèrent à la recherche de la vérité avec plus de discrétion [i.e. qu'Aristote], de gravité et de simplicité, c'est-à-dire avec moins d'affectation et d'ostentation »[4]. Restent les idoles de la tribu, produites par les tendances naturelles de l'esprit humain. S'il est impossible de les déraciner de l'esprit, il est au moins possible de les neutraliser et d'éviter les anticipations auxquelles elles donnent naissance, par le recours à l'expérience, et le lien à la réalité des choses que celle-ci nous assure.

La critique baconienne des idoles relève d'une entreprise tout à fait originale, et remarquable de par sa systématicité : en un sens, elle annonce bien des théories contemporaines sur la psychologie et la sociologie des sciences, si ce n'est que la finalité de Bacon n'est en rien relativiste : elle est bien d'assurer à l'esprit une connaissance certaine des choses, en le libérant de l'emprise des idoles. L'esprit humain n'est pas pour Bacon spontanément scientifique : il doit être en quelque façon transformé et rendu

---

1. AL, Sp., III, p. 400 ; trad. fr. ; p. 180.

2. AL, Sp., III, 396, trad. fr., p. 176.

3. Cf. en particulier AL, Sp., III, 405 ; trad. fr. p. 186-187.

4. NO, I, 86, Sp. I, p. 194 ; trad. fr. p. 147. Cf. sur ce point Paolo Rossi, *Clavis Universalis*, en particulier, p. 173-177, qui réinsère Bacon dans un mouvement renaissant plus large.

docile à l'outil. Il ne faut pas, pour reprendre l'image du *Phèdre*
de Platon, revêtir l'esprit de plumes, mais le lester de plomb[1].
Après Bacon se multiplieront les projets de réforme de cette
nature humaine, des *Règles pour la direction de l'esprit* de
Descartes au *Traité de la réforme de l'entendement* de Spinoza,
il sera impossible d'imaginer une réforme des sciences sans une
réforme de l'homme lui-même.

CONCLUSION

Si Bacon est un « précurseur », il ne l'est n'est guère des
écoles qui se sont souvent réclamées de lui. Bacon n'a rien d'un
empiriste au sens habituel du terme, comme en témoigne sa faible
estime pour le témoignage des sens laissés à eux-mêmes : si toute
connaissance part du fait sensible, celui-ci rencontre toujours
face à lui un esprit qui déploie à l'occasion de sa rencontre son
ingéniosité, qu'il s'agisse de sa subtilité naturelle (l'*experientia
literata*) ou d'une ingéniosité « contrôlée » par la méthode
inductive (l'*interpretatio naturæ*). L'expérience est sans doute
le fondement de la connaissance, mais les sens laissés à eux-
mêmes ne sont pas les vrais fondements de l'expérience : ils
ne le sont qu'assistés par la méthode[2]. Pas plus peut-on parler
de Bacon comme d'un positiviste, au sens qui sera imposé à ce
terme au XIXᵉ siècle. Peut-être ce en quoi Bacon nous paraît le
plus profondément comme un précurseur est dans son intuition
des fondements pour ainsi dire métaphysiques de l'ère technico-
industrielle. Bacon a en effet perçu l'ambiguïté que recelait
le projet de déploiement de la rationalité technique. Celle-ci
est comme le labyrinthe d'Icare, décrit dans la *Sagesse des
Anciens*[3] : un œuvre à la fois une « insigne et remarquable » par
son artifice, et « abominable » par sa destination. De même, « les
arts mécaniques sont en effet comme doubles dans leur usage, ils
produisent le mal et le remède, et leur vertu, en quelque sorte, se

1. *Cf.* NO, I, 104.
2. *Cf.* NO, I, 50.
3. *La Sagesse des Anciens*, trad. fr. J.-P. Cavaillé, Paris, Vrin, 1997, p. 112-114.

défait et délie d'elle-même ». L'*organum* déploie un formidable piège, un piège pour la nature, forcée de révéler son secret, mais peut-être aussi un piège pour l'homme : si l'optimisme a le dernier mot, il s'agit là assurément d'un optimisme conscient et inquiet.

Adorno et Horkheimer[1] ont voulu voir dans la philosophie de Bacon une ébauche de l'inscription du destin de la raison moderne : porter, au terme du projet de libération de l'homme, les conditions d'un asservissement totalitaire. « Libération » : le terme est souvent employé par Bacon lui-même. Mais en quel sens ? Et qu'est-ce qui est libre ? Il s'agit avant tout pour Bacon de « libérer » la forme, principe d'une productivité pure, en la détachant des contraintes contingentes liées aux conditions corporelles. L'esprit lui aussi est en quelque façon libre, au sens où il se purifie lui-même de ses idoles. Mais il ne l'est que par sa soumission à l'*organum* qui contient en germe, de façon autonome et impersonnelle, la science universelle. Bacon et Descartes tracent ici, à partir d'une intuition commune, deux chemins bien différents pour la rationalité technique : pour Bacon, un projet, pour ainsi dire, magique, d'opérativité et d'intensification de la puissance[2]; pour Descartes son assignation, toujours fragile, à une limite déterminée par la sphère de l'union de l'âme et du corps.

Thierry GONTIER

---

1. « Le concept d'*Aufklärung* », dans *La Dialectique de la raison*, « Tel », Paris, Gallimard, 1974, p. 21 *sq*.

2. *Cf.* notre article, « Homme copule ou réification de l'outil. Invention et humanisme chez Bacon », *Revue philosophique de France et de l'Étranger*, 2003/1, p. 40-59.

DESCARTES
LA MÉTHODE EN PRATIQUE

Il n'y a pas de philosophe qui ait, plus que Descartes, mis l'accent sur sa méthode. Il n'y en a pas chez qui l'identification de la méthode ne soulève de plus grandes difficultés. Éclairer ce paradoxe constituera ici presque toute notre tâche.

LE TITRE DU DISCOURS

Le premier point est bien connu. La philosophie cartésienne, constituée dans ses principes dès 1629-1630, n'a commencé à se publier qu'en 1637, avec un *Discours de la méthode pour bien conduire sa raison et chercher la vérité dans les sciences*, suivi de trois traités – la *Dioptrique*, les *Météores* et la *Géométrie* – qui sont des *Essais de cette méthode*. Quelques semaines avant la parution, Descartes écrivait à Mersenne :

> Je nomme les traités suivants des *Essais de cette Méthode*, parce que je prétends que les choses qu'ils contiennent n'ont pu être trouvées sans elle, et qu'on peut connaître par eux ce qu'elle vaut : comme aussi j'ai inséré quelque chose de métaphysique, de physique, et de médecine dans le premier discours [*sc. : le Discours*], pour montrer qu'elle s'étend à toutes sortes de matières[1].

---

1. *À Mersenne*, avril 1637, AT I, 349.

Si partagées qu'aient été, dès le siècle précédent, les préoccupations de méthode ; si nombreux qu'aient pu être les ouvrages intitulés *Art* ou *Méthode* (pour les sciences, les langues, l'histoire, la mémoire…), et si assidue, dans certains cercles, la recherche d'une « clé universelle » ouvrant au domaine entier du savoir humain[1], la manière dont Descartes présente et annonce sa propre méthode a quelque chose d'entièrement inédit. Le premier titre envisagé pour le *Discours* était :

> Le Projet d'une Science universelle qui puisse élever notre nature à son plus haut degré de perfection. Plus la Dioptrique, les Météores, et la Géométrie, où les plus curieuses Matières que l'Auteur ait pu choisir, pour rendre preuve de la Science universelle qu'il propose, sont expliquées en telle sorte, que ceux mêmes qui n'ont point étudié les peuvent entendre[2].

C'était là beaucoup promettre – guère loin malgré tout du *Trésor mathématique de Polybe le Cosmopolite* évoqué par manière de pastiche dans une note de jeunesse[3]. En l'espace d'un an, l'intitulé a nettement gagné en sobriété. Le second n'apparaît pas seulement comme un abrégé du premier. Le « projet d'une science universelle » semblait devoir s'exposer en mode objectif, de même que la matière des traités suivants. Au contraire, le « discours de la méthode », qui est discours *sur* la méthode ou « avis touchant la méthode »[4],

---

1. Voir notamment l'ouvrage classique de P. Rossi, *Clavis Universalis. Arts de la mémoire, logique combinatoire et langue universelle, de Lulle à Leibniz*, trad. fr.P. Vighetti, Grenoble, Jérôme Millon, 1993.

2. *À Mersenne*, mars 1636, AT I, 339.

3. La note (AT X, 214 l. 9-19) se réduit au titre suivant : *Trésor mathématique de Polybe le Cosmopolite, où l'on donne les vrais moyens de résoudre toutes les difficultés de cette science et où l'on démontre que sur ces difficultés, l'esprit humain ne peut rien apporter de plus ; cela surtout pour défier les lenteurs et rabattre les prétentions de certains, qui promettent d'exhiber dans toutes les sciences de nouveaux miracles ; puis pour soulager des travaux qui les crucifient ceux qui, nombreux, empêtrés nuit et jour dans les espèces de nœuds gordiens de cette science, consument inutilement l'huile de leur esprit : <trésor> à nouveau offert aux savants du monde entier et spécialement aux F<rères> R<ose>-C<roix>, très célèbres en A<llemagne>* (trad. fr. de M. Beyssade, dans Descartes, *Œuvres complètes*, vol. 1, Paris, Gallimard, 2016) Sur ce texte, voir notamment H. Gouhier, *Les Premières pensées de Descartes*, Paris, Vrin, 1958, p. 69, et E. Mehl, « Les années de formation », dans F. de Buzon, É. Cassan et D. Kambouchner (éd.), *Lectures de Descartes*, Paris, Ellipses, 2015, p. 60-62.

4. *À Mersenne*, avril 1637, AT I, 349, cité ci-après.

s'annonce – en tant précisément que *discours* – en mode subjectif, comme un exposé des pensées de l'auteur sur sa propre recherche de la vérité et sur la manière dont on doit en général « conduire sa raison ». Et sous la dénomination post-montaignienne d'*Essais*, ce mode subjectif s'étend en quelque mesure aux trois traités joints[1]. Ainsi, le titre retenu annonce les pages initiales du *Discours* et l'atmosphère de précaution qui en est caractéristique :

> Je serai bien aise de faire voir, en ce discours, quels sont les chemins que j'ai suivis, et d'y représenter ma vie comme en un tableau, afin que chacun en puisse juger […]. Ainsi mon dessein n'est pas d'enseigner ici la méthode que chacun doit suivre pour bien conduire sa raison, mais seulement de faire voir en quelle sorte j'ai tâché de conduire la mienne. Ceux qui se mêlent de donner des préceptes se doivent estimer plus habiles que ceux auxquels ils les donnent ; et s'ils manquent en la moindre chose, ils en sont blâmables. Mais, ne proposant cet écrit que comme une histoire, ou, si vous l'aimez mieux, que comme une fable…[2]

En somme, au regard de l'histoire du thème de la méthode, l'inédit tient ici à la conjonction de deux conditions :

(1) En tant que relative à l'exercice de la raison en général, et non attachée à une matière particulière, la méthode dont il s'agit est *universelle*. Ce n'est pas pour autant qu'elle n'existe qu'en idée. Au contraire, elle a été longuement expérimentée, donc appliquée à toute une variété de matières, avec des résultats remarquables dont la collection (matérialisée à la fin de l'ouvrage par une *Table des principales difficultés* résolues dans chaque traité[3]) devrait suffire à faire foi.

(2) Cette méthode, que chacun est invité à apprécier et devrait pouvoir adopter dans la « recherche de la vérité » (autre aspect de son universalité), n'a pas de caractère purement impersonnel : elle fait corps avec les démarches d'un esprit, autrement dit avec la manière dont cet esprit réfléchit à ses propres démarches. On peut

---

1. En aucune manière ces traités ne constituent des « essais » au sens où Montaigne les entendait – à la limite comme « fantaisies informes et irrésolues » (*Essais*, I, 56, éd. Villey-Saulnier, rééd. Paris, P.U.F., 1999, p. 317). Mais le mot reste porteur de cette référence, et connote à la fois un engagement personnel et une facture sans précédent assignable.

2. *Discours*, I, AT VI, 3-4.

3. Voir AT VI, 487-510.

ainsi le pressentir : c'est une certaine relation de l'esprit à lui-même, une forme de contrôle de ses propres actes, qui fera l'universalité de la méthode cartésienne en même temps que sa fécondité.

De la part de l'auteur de cet ouvrage (qui n'y met pas son nom, préférant rester « caché derrière le tableau pour entendre ce qu'on en dira »[1]), ce sera en effet tout un de dire : « *Voyez comment j'ai conduit mes pensées* » et « *Voyez ce que peut ma méthode* ». La séquence unitaire que forment en principe la Seconde et la Troisième partie du *Discours* (avec la double méditation dans le poêle d'Allemagne, sur les questions théoriques et sur les questions pratiques) dit en somme tout entière : « *C'est en réfléchissant sur la méthode que j'ai trouvé ma voie* ». Ce qui suggère quelque chose comme : « *Moi qui cherche la vérité, l'essentiel de ma pensée est devenue méthode* » – étant entendu que cet essentiel est à partager.

LA MÉTHODE ET SES CERCLES

Un premier problème est toutefois de savoir ce qu'on pouvait attendre du *Discours*, s'agissant de la présentation de la méthode. Dans son annonce de 1636, Descartes ajoutait :

> En ce *Projet* [*d'une science universelle, etc.*], je découvre une partie de ma Méthode, je tâche à démontrer l'existence de Dieu et de l'âme séparée du corps, et j'y ajoute plusieurs autres choses qui ne seront pas, je crois, désagréables au lecteur.[2]

Mais sur ce point encore, les déclarations de l'année suivante rendent un son plus restrictif. Le 27 février 1637, Descartes écrit à Huygens :

---

1. Cf. *À Mersenne*, 8 octobre 1629, AT I, 23 : « J'ai résolu de l'exposer en public [sc. : un petit traité qui contiendra la raison des couleurs de l'arc-en-ciel], comme un échantillon de ma philosophie, et d'être caché derrière le tableau pour écouter ce qu'on en dira ». Il s'agit d'une allusion au peintre grec Apelle d'après Pline l'Ancien, *Histoire naturelle*, XXXV, 84 ; cette allusion sera ajoutée, dans la traduction latine du *Discours* (1644), à la phrase où Descartes parle de « représenter [sa vie] comme en un tableau » (AT VI, 3).

2. *À Mersenne*, mars 1636, AT I, 339.

Je m'excuse sur ce que je n'ai pas eu dessein d'expliquer toute la méthode, mais seulement d'en dire quelque chose, et que je n'aime pas à promettre plus que je ne donne, c'est pourquoi j'ai mis *Discours de la Méthode ;* au lieu que j'ai mis simplement *la Dioptrique* et *les Météores*, parce que j'ai tâché d'y comprendre tout ce qui faisait [*sc. : se rapportait*] à mon sujet.[1]

Quelque deux mois plus tard, à Mersenne :

Je ne mets pas *Traité de la méthode*, mais *Discours de la méthode*, ce qui est le même que *Préface ou Avis touchant la méthode*, pour montrer que je n'ai pas dessein de l'enseigner, mais seulement d'en parler[2].

Et fin mai, à un destinataire inconnu :

Je veux bien vous dire que tout le dessein de ce que je fais imprimer à cette fois n'est que pour préparer le chemin [à mon traité de physique], et sonder le gué. Je propose à cet effet une Méthode générale, laquelle véritablement je n'enseigne pas, mais je tâche d'en donner des preuves par les trois Traités suivants : ayant pour le premier un sujet mêlé de philosophie et de mathématiques, pour le second, un tout pur de philosophie; et pour le troisième, un tout pur de mathématiques[3].

Dans ces *Essais*, ajoute-t-il,

je ne me suis abstenu [*je n'ai jamais été en cas de m'abstenir*] de parler d'aucune chose (au moins de celles qui peuvent être connues par la force du raisonnement) parce que j'ai cru ne la pas savoir; en sorte qu'il me semble par là donner occasion de juger que j'use d'une méthode par laquelle je pourrais expliquer aussi bien toute autre matière, en cas que j'eusse les expériences

1. *À Huygens,* 27 février 1637, AT I, 620.
2. *À Mersenne,* vers le 20 avril (AT : 27 février ?) 1637, AT I, 349. Mersenne avait parlé de « traité » : « Pour le 1er traité de la Méthode de raisonner ès sciences, Monsieur le Chancelier [Séguier] ne veut pas l'enclore au privilège s'il ne le voit, à cause que cela consiste en discours » (*Mersenne à Descartes,* 15 février 1637, AT I, 661). Et il arrivera à Descartes d'employer ce mot, par commodité sans doute; cf. *Au P. Vatier,* 22 février 1638, AT I, 560 : « Il est vrai que j'ai été trop obscur en ce que j'ai écrit de l'existence de Dieu dans ce traité de la Méthode, et bien que ce soit la pièce la plus importante, j'avoue que c'est la moins élaborée de tout l'ouvrage ». En latin, il parlera couramment de sa *Dissertatio de Methodo* (ce que Clerselier traduit parfois par « traité de la Méthode » : *Réponses aux Quatrièmes Objections,* AT IX, 177), titre sous lequel le *Discours* sera traduit en latin par Étienne de Courcelles (dans le volume : *Specimina Philosophiæ,* Amsterdam, 1644).
3. *À **** [*l'abbé de Cerizy ?*], 27 avril 1637 [?], AT I, 370. Le sujet « mêlé de philosophie et de mathématiques » est celui de la *Dioptrique ;* le sujet « tout pur de philosophie » (en l'occurrence de physique, sans mathématiques), celui des *Météores.*

qui y seraient nécessaires, et le temps pour les considérer. Outre que, pour montrer que cette méthode s'étend à tout, j'ai inséré brièvement quelque chose de métaphysique, de physique et de médecine dans le premier *Discours*[1].

Ces textes et d'autres encore[2] ne laissent aucun doute : *en même temps* qu'il substitue au thème d'une « science universelle » celui – au fond équivalent mais d'allure plus modérée – d'une méthode « générale » qui « s'étend à tout », Descartes renonce à présenter cette méthode de manière substantielle et détaillée. En dire suffisamment sur cette méthode pour qu'il devienne clair que les traités suivants en sont les fruits ; la faire apercevoir et l'attester de manière indirecte : c'est là tout ce qu'il s'est proposé.

Le dispositif est savant :

1) Dans l'ensemble du volume, l'exposé direct et exprès de la méthode se réduit aux quatre préceptes de la Seconde partie du *Discours*. Le système très délimité de ces préceptes s'y trouve longuement introduit, non dans sa substance mais dans son principe : à multiplier les règles, on ne fait, souligne Descartes, que multiplier les exceptions et donc les infractions ; mieux vaut s'en donner un petit nombre, mais qui soient scrupuleusement observées[3].

2) Quant à leur substance, ces quatre préceptes sont présentés de but en blanc, sans aucune forme de déduction. Sans doute s'avancent-ils en atmosphère d'évidence, comme étant assez clairs par eux-mêmes. À la question de savoir d'où cette qualité peut leur venir, il faut sans doute répondre : de ce qu'ils résultent tous de la démultiplication d'un certain impératif de circonspection[4] – circonspection dans le jugement (« ne recevoir jamais aucune chose pour vraie, que je ne la connusse évidemment

---

1. *À* *** [*l'abbé de Cerizy ?*], 27 avril 1637 [?], AT I, 370.

2. *Au P. Vatier*, 22 février 1638, AT I, 559-560.

3. *Discours*, II, AT VI, 18.

4. On se souviendra que pour les stoïciens la circonspection (*eulabeia, cautio*) compte, avec la volonté (*boulèsis, voluntas*) et la joie (*chara, gaudium*), parmi les affections raisonnables (*eupatheiai*) : Cf. Diogène Laërce, *Vies et doctrines des philosophes illustres*, VII, 116 ; Cicéron, *Tusculanes*, III, 11, 24-25 et IV, 6, 11 – 7, 14. Nous avons avancé ce point dans *L'Homme des passions. Commentaires sur Descartes*, Paris, Albin Michel, 1995, t. II, p. 155-158.

être telle » ; « ne comprendre rien de plus en mes jugements que ce qui se présenterait si clairement et si distinctement... ») ; dans la détermination des démarches de l'esprit (« diviser chacune des difficultés que j'examinerais en autant de parcelles qu'il se pourrait... ») ; dans l'accomplissement d'un certain chemin de pensée (« conduire par ordre mes pensées » et « monter peu à peu comme par degrés... ») ; enfin dans la vérification de toute chose (« faire partout... des revues si générales... »).

3) Sans faire suivre l'énoncé de ces quatre préceptes d'un seul mot d'explication, Descartes consacre en revanche deux pages aux conditions dans lesquelles ils ont été mis en pratique dans le premier domaine choisi pour cela, celui de la mathématique pure, et aux fruits qu'il en a recueillis. Les questions de mathématique pure tournent toutes autour de « rapports ou proportions » : le problème est donc de se rendre l'étude de ces proportions la « plus aisée », en les représentant « en des lignes » et en les « expliquant » par « quelques chiffres, les plus courts qu'il serait possible ». L'auteur conclut :

> J'ose dire que l'exacte observation de ce peu de préceptes que j'avais choisis me donna telle facilité à démêler toutes les questions auxquelles ces deux sciences s'étendent, qu'en deux ou trois mois que j'employai à les examiner [...], non seulement je vins à bout de plusieurs que j'avais jugées autrefois très difficiles, mais il me sembla aussi vers la fin que je pouvais déterminer, en celles mêmes que j'ignorais, par quels moyens, et jusques où, il était possible de les résoudre[1].

4) Les trois parties suivantes du *Discours* entendent évoquer trois autres sortes d'application de la même méthode – respectivement à la morale[2], à la métaphysique et à la physique (depuis la cosmologie jusqu'à la physiologie humaine). Nul doute que l'objet de la Sixième partie, qu'on peut dire pragmatique ou politique au sens large (le problème de la publication dans son rapport avec l'avancement des sciences) ne relève lui-même d'une réflexion méthodique.

---

1. AT VI, 20-21.
2. « En la 3[ème partie, l'on trouvera] quelques-unes [des règles] de la morale qu'il [sc. : l'auteur] a tirée de cette méthode » : *Avant-propos*, AT VI, 1.

5) Au-delà commencent les *Essais de la Méthode*. La *Dioptrique*, premier des trois traités à avoir été mis en chantier (bien avant le projet de l'ouvrage), ne comporte sur la méthode aucun développement explicite; elle offre seulement, sur des questions difficiles (modes de propagation de la lumière, processus de la vision, moyens de la perfectionner avec la taille des verres), l'image d'une démarche entièrement maîtrisée, assurée de ses procédures (comparaisons, géométrisation...) et de ses résultats, et par là capable de s'exposer avec une remarquable sobriété. Il en va de même du traité des *Météores*, consacré, dans la tradition des *Météorologiques* d'Aristote, aux phénomènes atmosphériques (vents, neige, grêle, tempêtes, etc.[1]). Il est vrai que celui-ci réserve au lecteur une sorte d'«échantillon» de la méthode[2], avec l'exposé détaillé du protocole de résolution d'une question ancienne et très difficile, celle de l'arc-en-ciel :

> L'arc-en-ciel est une merveille de la Nature si remarquable, et sa cause a été de tout temps si curieusement recherchée par les bons esprits, et si peu connue, que je ne saurais choisir de matière plus propre à faire voir comment, par la méthode dont je me sers, on peut venir à des connaissances que ceux dont nous avons les écrits n'ont point eues[3].

Mais si ce protocole – mêlant comparaisons, expériences et géométrisation – apparaît intégralement raisonné, l'exposé sur l'arc-en-ciel économise entièrement les formules générales qui rendraient manifeste sa dépendance par rapport aux quatre règles

---

1. Sur la différence entre la classification cartésienne et la classification scolaire des «météores», voir E. Gilson, «Météores cartésiens et météores scolastiques», dans *Études sur le rôle de la pensée médiévale dans la formation du système cartésien*, Paris, Vrin, 1930, p. 102-137; S. Gaukroger, *Descartes'System of Natural Philosophy*, Cambridge, Cambridge UP, 2002, p. 25-28; M. Blay, Présentation des *Météores*, dans Descartes, *Œuvres complètes*, vol. 3, Paris, Gallimard, 2009, p. 265-273; C. Martin, *Renaissance Meteorology : Pomponazzi to Descartes*, Baltimore, Johns Hopkins University Press, 2011.

2. Cf. *Au P. Vatier*, 22 février 1638, AT I, 560 : «Je n'ai pu aussi montrer l'usage de cette méthode dans les trois traités que j'ai donnés, à cause qu'elle prescrit un ordre pour chercher les choses qui est assez différent de celui dont j'ai cru devoir user pour les expliquer. J'en ai toutefois montré quelque échantillon en décrivant l'arc-en-ciel, et si vous prenez la peine de le relire, j'espère qu'il vous contentera plus, qu'il n'aura pu faire la première fois; car la matière est de soi assez difficile.».

3. *Météores*, VIII, AT VI, 325.

du *Discours*[1]. Quant à la *Géométrie*, elle présente dès le départ – et dans la droite ligne des indications du *Discours* – toute une nouvelle manière de résoudre les questions de cette science :

> Comme toute l'arithmétique n'est composée que de quatre ou cinq opérations, qui sont l'addition, la soustraction, la multiplication, la division, et l'extraction des racines […], ainsi n'a-t-on autre chose à faire en géométrie touchant les lignes qu'on cherche, pour les préparer à être connues, que leur en ajouter d'autres, ou en ôter ; ou bien en ayant une que je nommerai l'unité […], puis en ayant encore deux autres, en trouver une quatrième, qui soit à l'une des deux comme l'autre est à l'unité, ce qui est le même que la multiplication ; ou bien en trouver une quatrième, qui soit à l'une de ces deux comme l'unité est à l'autre, ce qui est le même que la division ; ou enfin trouver une, ou deux, ou plusieurs moyennes proportionnelles entre l'unité et quelque autre ligne, ce qui est le même que tirer la racine carrée, ou cubique, etc.[2]

Il s'agit donc d'un traité de part en part méthodique, offrant lui-même tous les signes de la réflexion et de la maîtrise formelle, avec une combinaison entièrement originale des procédures algébriques et du raisonnement géométrique, et où les questions mathématiques sont abordées au plus haut degré de généralité, quitte à ce que les exemples descendent dans l'ultime détail des calculs. Un autre passage topique se trouve à cet égard au début du livre II :

> Je pourrais mettre ici plusieurs autres moyens, pour tracer et concevoir des lignes courbes qui seraient de plus en plus composées par degrés à l'infini. Mais pour comprendre ensemble toutes celles qui sont en la nature, et les distinguer par ordre en certains genres, je ne sache rien de meilleur que de dire que tous les points de celles qu'on peut nommer géométriques, c'est-à-dire qui

---

1. On lit tout au plus en AT VI, 329 : « Mais la principale difficulté restait encore, qui était de savoir pourquoi, y ayant plusieurs autres rayons qui, après deux réfractions et une ou deux réflexions, peuvent tendre vers l'œil quand cette boule est en autre situation, il n'y a toutefois que ceux dont j'ai parlé qui fassent paraître quelques couleurs. Et pour la résoudre, j'ai cherché s'il n'y avait point quelque autre sujet où elles parussent en même sorte, afin que, par la comparaison de l'un et de l'autre, je pusse mieux juger de leur cause ». Sur la structure de la question et les procédés cartésiens, outre la Présentation de M. Blay, voir J.-R. Armogathe, « L'arc-en-ciel dans les *Météores* », dans J.-L. Marion et N. Grimaldi (éd.), *Le Discours et sa méthode*, Paris, P.U.F., 1987, p. 145-162 ; et D. Garber, « Descartes et la méthode en 1637 », *ibid.*, p. 73-77 ; étude reprise dans *Corps cartésiens* (seul cité ci-après), Paris, P.U.F., 2004, p. 53-74 (voir p. 61-65) ; S. Gaukroger, *Descartes. An Intellectual Biography*, Oxford, Clarendon Press, 1995, p. 262-269.

2. *Géométrie*, I, AT VI, 369-370.

tombent sous quelque mesure précise et exacte, ont nécessairement quelque rapport à tous les points d'une ligne droite, qui peut être exprimé par quelque équation, en tous par une même[1].

Ou en conclusion :

Ayant réduit à une même construction tous les problèmes d'un même genre, j'ai tout ensemble donné la façon de les réduire à une infinité d'autres diverses, et ainsi de résoudre chacun d'eux en une infinité de façons[2].

Descartes écrira à Mersenne fin 1637 :

J'ai seulement tâché par la *Dioptrique* et par les *Météores* de persuader que ma méthode est meilleure que l'ordinaire, mais je prétends l'avoir démontré par ma *Géométrie*[3].

Toutefois, si général que se fasse le propos du traité, il demeure interne à sphère de la science mathématique pure. Ici encore, le lien avec les quatre préceptes du *Discours* n'est donc en rien explicite.

Faut-il conclure qu'en dehors de l'étroit carré de ces préceptes, la méthode cartésienne ne figure nulle part ? Mieux vaudrait considérer qu'elle se trouve partout, et qu'autour de ce noyau de préceptes elle s'étend et se développe comme en cercles. Dans *les Passions de l'âme* (1649), Descartes dira de l'âme humaine qu'elle a son siège principal au milieu du cerveau, mais qu'elle est en même temps « unie à toutes les parties du corps conjointement »[4] : le rapport de la méthode à l'ensemble des sciences et de la philosophie, dont elle est en quelque sorte l'âme, peut se concevoir sur ce modèle. De même que l'âme n'a pas à se séparer du corps, excepté pour se distinguer de lui dans la fine pointe que constitue l'expérience du *Cogito*, la méthode ne pourra se présenter sous forme pure et simple, si ce n'est en

---

1. *Géométrie*, II, AT VI, 392. L'expression : « en la nature » est assurément frappante.

2. *Géométrie*, III, AT VI, 485.

3. *À Mersenne*, fin décembre 1637 (?), AT I, 478. Descartes poursuit : « Dès le commencement, j'y résous une question qui par le témoignage de Pappus n'a pu être trouvée par aucun des Anciens ; l'on peut même dire qu'elle ne l'a pu être non plus par aucun des Modernes, puisqu'aucun n'en a écrit [...]. Après cela, ce que je donne au second livre, touchant la nature et les propriétés des lignes courbes et la façon de les examiner, est, ce me semble, autant au-delà de la géométrie ordinaire que la rhétorique de Cicéron est au-delà de l'*abc* des enfants. ».

4. *Les Passions de l'âme*, art. 30 et 31.

quelques mots très généraux. Partout ailleurs, elle s'incarnera dans des procédés et des opérations déterminées, et si, à propos de ses premières applications mathématiques, Descartes a pu écrire :

> Chaque vérité que je trouvais éta[i]t une règle qui servait après à en trouver d'autres[1],

c'est bien, semble-t-il, qu'en dehors du noyau dont il s'agit, les règles de cette méthode prennent la forme de vérités déterminées. Et sans doute est-ce là ce que l'auteur avait à l'esprit en écrivant à Mersenne dans une lettre déjà citée

> Je ne mets pas *Traité de la Méthode*, mais *Discours de la Méthode* [...] pour montrer que je n'ai pas dessein de l'enseigner, mais seulement d'en parler. *Car comme on peut voir de ce que j'en dis, elle consiste plus en pratique qu'en théorie*[2].

OPÉRATIONS EN NOMBRE

Quelques complications qui puissent affecter la présentation de la méthode et son concept même, il y a lieu de retenir pour elle la définition suivante : *en perspective cartésienne, la méthode est la science des procédés à mettre en œuvre dans la résolution d'une ou plusieurs questions d'un genre déterminé*. Deux points seront à préciser d'emblée :

1) La compétence de la méthode ne se limite pas à la définition des procédés ajustés à telle question ou sorte de questions : elle s'investit tout autant dans leur mise en œuvre ; et cela, d'autant que ces procédés ne peuvent sans doute être définis purement *a priori*, mais sont à vérifier et à affiner à tout instant au contact d'une matière cognitive toujours singulière.

2) La mise en œuvre de la méthode doit procurer une parfaite certitude des résultats. Cette certitude, cependant, ne peut être un simple résultat : elle est plutôt l'élément dans lequel toute la démarche de l'esprit doit se dérouler, *invention du protocole comprise*. C'est dire que la méthode ne peut s'exercer que sur un

---

1. *Discours*, II, AT VI, 20-21.
2. *À Mersenne*, vers le 20 avril (AT : 27 février ?) 1637, AT I, 349 ; nous soulignons.

terrain cognitif choisi et préparé ; et parler d'*une question d'un genre déterminé*, c'est déjà supposer une telle préparation. Ce second point appelle une exposition détaillée, prenant appui sur ce qui demeure le plus grand texte cartésien sur la méthode : les *Regulæ ad directionem ingenii* (*Règles pour la direction de l'esprit*).

On sait quelle brume entoure ce traité inachevé, trouvé à la mort de Descartes (février 1650) parmi ses papiers, et dont la publication latine n'est intervenue qu'en 1701. Faute de la moindre trace d'une allusion de l'auteur à son existence, les dates auxquelles il a été entrepris puis abandonné ne peuvent être avancées que par conjecture. L'opinion qui a prévalu parmi les interprètes[1] est que Descartes a cousu ensemble tant bien que mal, lors d'une ou plusieurs phases de récapitulation synthétique, des textes rédigés à différentes dates à partir de 1618-1619 ; et l'on a suggéré, pour l'ultime phase de cette synthèse, le début de 1628, précédant le départ du philosophe pour les Pays-Bas. La récente découverte, en 2011 à Cambridge, d'une copie partielle non autographe dont la publication est très attendue[2] permettra peut-être de préciser certains points de chronologie : elle ne fait dans l'immédiat qu'ajouter au mystère.

Si les *Regulæ* constituaient proprement un traité de la méthode, celui-ci serait resté singulièrement peu méthodique : à preuve les inconséquences de son plan[3], ainsi que les nombreuses irrégularités du détail du texte, qui semblent être le fait d'un auteur cherchant encore l'assiette de sa pensée. Mais en l'état, et nonobstant

---

1. Notamment depuis la contribution de J.-P. Weber, *La constitution du texte des* Regulæ, Paris, Sedes, 1964, et cela, même si la méthode de décomposition des strates du texte, mise en œuvre par cet auteur, a été amplement discutée. Voir notamment J. Schuster, « Descartes' Mathesis Universalis, 1619-1628 », *in* S. Gaukroger (ed), *Descartes : Philosophy, Mathematics and Physics*, Sussex, The Harvester Press, 1980, p. 41-96 ; S. Gaukroger, *Descartes, op. cit.*, p. 99 ; D. Garber, *Corps cartésiens, op. cit.*, p. 54-55.

2. Par les soins de Richard Serjeantson et Michael Edwards, Oxford UP, à paraître.

3. La *Règle IV* apparaît composée de parties sensiblement parallèles ; les *Règles IX, X* et *XI* rompent la continuité de propos entre la *Règle VIII* et la *Règle XII ; la Règle XI* reprend de larges éléments des *Règles III, VI* et *VII ;* le plan d'ensemble de l'ouvrage n'est annoncé qu'à la fin de la *Règle XII ;* les *Règles XII* et *XIII* comportent des lacunes, etc.

l'ambition de certaines déclarations[1], il s'agit au moins autant – à travers des textes majeurs tels que les *Règles I, IV, XII* ou *XIV* – d'un ensemble de développements sur les *conditions de la méthode;* et c'est à ce titre précisément que le *Discours*, avec un degré bien supérieur d'achèvement littéraire, se contentera d'en résumer l'acquis.

Parmi les premières conditions de la méthode figure, dès la *Règle II*, la réduction de la science à une connaissance « certaine et évidente »[2]. Là où la connaissance n'est que *probable*, il n'y a pas de science à proprement parler. Et si l'on demande à quoi tiendra la certitude de la science, il faut répondre : à l'effectuation d'une série d'opérations intellectuelles parfaitement distinguées, justifiées et enchaînées, intervenant sur des objets qui n'opposent à l'esprit aucune espèce d'opacité, et qui prêtent manifestement à ces opérations. La conscience de la pleine nécessité du résultat, impliquant celle du chemin emprunté : tel restera le noyau du concept cartésien de la vraie science, qui de ce fait *implique la méthodicité*[3]. Or, dans l'immédiat, de telles conditions ne trouvent guère leur réalisation que dans la mathématique pure. C'est pourquoi, s'il faut désigner, pour la culture de la méthode, des disciplines « pures de tout vice de fausseté ou d'incertitude », seules sont à retenir, parmi celles qu'on a « déjà trouvées », l'arithmétique et la géométrie[4].

De quelles opérations s'agit-il ? Au fil des *Regulæ*, la question est destinée à se compliquer. La *Règle II* se borne à opposer à l'expérience des choses, « souvent trompeuse », la déduction, « c'est-à-dire la pure inférence de quelque chose à partir de quelque chose d'autre », qui « peut certes être omise si on ne la voit pas, mais ne peut jamais être mal faite »[5]. Le privilège de l'arithmétique et de la géométrie vient alors de ce qu'elles seules « s'occupent

---

1. *Cf.* par exemple *Reg. V*, AT X, 379 : « Voici qui résume à soi seul l'industrie humaine tout entière… » ; et *Reg. VI*, p. 381 : « Cette proposition […] contient le principal secret de l'art… ».

2. *Reg. II*, AT X, 362.

3. D'où le titre de la *Règle IV*, AT X, 371 : « Pour rechercher la vérité des choses, la méthode est nécessaire » (*Necessaria est methodus ad rerum veritatem investigandam*).

4. *Ibid.*, p. 364.

5. *Ibid.*, p. 365.

d'un objet si pur et si simple qu'elles ne supposent absolument rien que l'expérience ait rendu incertain, et consistent tout entières à déduire rationnellement des conséquences »[1].

Toutefois, il faut bien concevoir dans ces sciences elles-mêmes une relation directe de l'esprit à ses objets. C'est pourquoi la *Règle III* distingue quant à elle deux « actions de notre entendement par lesquelles nous pouvons parvenir à la connaissance des choses sans aucune crainte d'erreur »[2] : l'*intuition* (*intuitus*[3]), qui a lieu quand ce qu'il y a à connaître apparaît et se vérifie dans un seul et même regard ; et derechef la *déduction* (*deductio*), quand l'esprit doit déplacer son regard d'un objet ou d'une relation à une autre pour parvenir à tel résultat. L'*évidence* est propre à l'objet de l'intuition, la *certitude* (en tant qu'elle se distingue d'une pleine évidence) à celui de la déduction ; mais à chaque étape de la déduction, l'esprit doit voir par intuition, comme en examinant un à un les anneaux d'une chaîne, de quelle manière telle donnée, relation ou proposition dépend de la précédente.

À ces deux notions (intuition, déduction), les *Règles VII* et *XI* ajouteront celle d'*induction* (*inductio*) : si l'inférence déductive, lorsqu'elle est elle élémentaire, se ramène à une intuition, ce n'est pas le cas de toutes, et il faudra appeler *induction* l'inférence qui a lieu « à partir de prémisses nombreuses et dispersées »[4]. Cette distribution, et la fonction même de l'*induction* cartésienne, font partie des difficultés du texte des *Regulæ*. Quoi qu'il en soit, l'intuition, la déduction, l'induction peuvent bien être appelées des opérations en tant qu'actes spécifiques de l'esprit, producteurs de résultats déterminés : ces opérations n'impliquent cependant aucune manipulation caractérisée du donné sur lequel elles s'exercent ; en réalité, elles s'effectuent sur un donné *déjà mis en ordre*, que l'esprit n'a plus qu'à *parcourir* (dans l'ordre où il a été disposé). Or,

---

1. *Reg. IV*, AT X, 371. Les *Regulae* sont citées dans la traduction de J.-M. et M. Beyssade, dans Descartes, *Œuvres complètes*, vol. 1, Paris, Gallimard, 2016.

2. *Reg. III*, AT X, 368, 9-11.

3. Le terme est hérité de la noétique médiévale. Sa traduction par *intuition* est classique ; toutefois, il faudrait parler, dans le langage du xviie siècle, de *simple vue* et de *perception purement intellectuelle*.

4. *Reg. VII*, AT X, 389, 17 ; XI, p. 407, l. 12.

Si l'invention d'un ordre exige beaucoup d'industrie [...], en revanche connaître cet ordre, une fois qu'il a été trouvé, ne présente plus aucune difficulté[1].

De ces opérations qu'on peut dire *de premier degré* – parce qu'elles n'impliquent rien d'autre qu'un certain enregistrement du donné cognitif comme tel -, il faudra donc distinguer des opérations *de second degré*, qui souvent les précèdent, et dont l'objet propre est la constitution, la mise en ordre et la mise en forme de ce donné, à l'intérieur d'une structure que les *Regulæ* appellent précisément *quæstio* (*question*).

À ce second degré se rapporteront :

a) la *mise en séries* des objets, termes ou éléments de la question proposée, lesquels, en tant qu'on les compare pour les connaître les uns à partir des autres, peuvent être dits soit *absolus* (en tant que contenant « la nature pure et simple sur laquelle porte la question »), soit *relatifs* (en tant que « participant de cette même nature » à travers un nombre plus ou moins grand de *relations*, qui correspondent en fait à autant d'opérations à effectuer, comme pour passer de x à x^n) : c'est l'objet principal de la *Règle VI*[2] ;

b) l'*énumération suffisante* dont traite la *Règle VII ;* avant d'être assimilée à une inférence inductive, celle-ci se définit comme « l'exploration (*perquisitio*) de tout ce qui regarde une question proposée », exploration « si scrupuleuse et si exacte que nous puissions en conclure avec évidence et certitude que nous n'avons rien laissé de côté à notre insu »[3].

Et dans la seconde partie des *Regulæ*, consacrées aux « questions parfaitement comprises » (celles dans lesquelles « ce qu'on ne cherche ne dépasse en rien ce qui peut être déduit des données »[4]; questions qui « ne se présentent guère qu'en arithmétique et en géométrie »[5]),

1. *Reg. XIV*, AT X, 451.
2. *Cf.* AT X, 381-382.
3. *Reg. VII*, AT X, 388, 25-29.
4. *Reg. XIII*, AT X, 431.
5. *Reg. XII*, AT X, 429-430.

c) la *réduction* de la question à sa forme la plus simple, objet de la *Règle XIII* : en tant qu'il s'agit toujours de ne rien omettre[1], cette opération fait système avec l'*énumération suffisante ;* elle en est en fait symétrique, avec l'effort pour abstraire la difficulté à résoudre de « toute représentation superflue »[2] ; à quoi s'ajoute, pour autant qu'il ne s'agit plus généralement que de « certaines grandeurs à comparer entre elles »,

d) le transfert ou *transposition* de la question dans « l'étendue réelle des corps »[3], moyennant certaines conventions de représentation des grandeurs à considérer par certaines lignes, figures et surfaces (*Règle XIV*) ;

e) enfin ce qu'on peut appeler la *symbolisation*, c'est-à-dire la désignation ou notation par des « signes très brefs » (*brevissimæ notæ*) de tout ce qui « n'exige pas l'attention présente de l'esprit »[4] ; cette économie des signes, où l'on reconnaîtra la réforme cartésienne de l'écriture algébrique, impliquant, outre l'usage des premières et des dernières lettres de l'alphabet (en minuscules) pour les grandeurs connues et pour les inconnues, l'élimination des signes dits cossiques[5] et la symbolisation des *relations* elles-mêmes et de leur nombre par un exposant.

Ce ne sont pas là toutes les opérations dont parlent les *Regulæ*. Les *Règles XIV, XV* et *XVI* ayant statué sur le mode de représentation graphique et de notation symbolique des grandeurs et de leurs relations, la question se pose en effet de la manière de représenter les quatre ou cinq opérations de l'arithmétique – celles mêmes dont le début de la *Géométrie*, cité plus haut, étendra la pertinence aux rapports et entre les lignes connues et cherchées. Toutefois, c'est au moment de montrer comment cette représentation, par carrés et rectangles (*Règle XVIII*), dont le

---

1. *Reg. XIII*, AT X, 436-437.

2. *Ibid.*, p. 431.

3. *Reg. XIV*, titre, AT X, 438.

4. *Reg. XVI*, titre, AT X, 454. Cette règle est la dernière dans la copie découverte à Cambridge.

5. Ceux-ci, empruntés aux alphabets grec et hébreu, avaient déjà été écartés par François Viète (1540-1603), auteur d'une *Introduction à l'art de l'analyse* (1591).

principe ne sera nulle part repris, peut contribuer à la solution de questions complexes que le texte s'interrompt[1].

En tout état de cause, toute la problématisation des opérations de la science dans les *Regulæ* repose sur le principe d'une proportion entre l'esprit et ses objets. La *Règle VII* appelle *capacité* de l'esprit[2] la faculté de considérer en même temps un plus ou moins grand nombre de données : quelque exercice qu'on puisse donner à cette capacité, celle-ci restera limitée. Plus généralement, comme on peut discerner en mathématiques un degré de difficulté des questions, selon le nombre des données à considérer et la nature des relations entre les termes ou grandeurs connues et inconnues, on pourra distinguer entre (a) les questions (« parfaitement comprises ») qui admettent une solution purement déductive ; (b) celles (« imparfaitement comprises ») qui exigent pour devenir traitables un acte de délimitation des données[3], et (c) celles qui resteront trop peu définies pour admettre une vraie solution, c'est-à-dire pour être traitées sur le mode de la science. Pour ces dernières, les *Regulæ* avertissent à répétition de la vanité d'une recherche hasardeuse et désordonnée, qui ne fera que « brouiller la lumière naturelle » et « aveugler les esprits »[4]. Seules seront authentiquement traitables les questions dont on peut faire en sorte que la solution soit obtenue par un nombre fini d'étapes.

---

1. Voir D. Rabouin, *Mathesis universalis. L'idée de « mathématique universelle » d'Aristote à Descartes*, Paris, P.U.F., 2009, p. 329 *sq.* ; et « Mathesis, Méthode, géométrie », dans F. de Buzon, É. Cassan et D. Kambouchner (éd.), *Lectures de Descartes*, Paris, Ellipses, 2015.

2. Reg. VII, AT X, 388, 8-9.

3. C'est le principe d'une réduction des questions imparfaites aux questions parfaites, évoquée en *Reg. XIII*, AT X, 431 ; il s'agit, pour l'essentiel, d'une réduction des questions de physique à des questions à étudier géométriquement, par la seule considération des figures et des mouvements.

4. *Reg. IV*, AT X, 371.

Une mathématique de l'esprit ?

Que l'esprit ne doive s'occuper que de questions proportionnées à son pouvoir de connaître, et que l'un de ses principaux offices soit de *mesurer* ses tâches et ses opérations, de manière à en organiser l'économie, c'est là thème hérité de Francis Bacon[1]. Dans les *Regulæ*, ce thème n'est développé nulle part, mais il est partout présent. Ainsi dans l'unique définition – largement optative – que la *Règle IV* fournit de la méthode :

> Par méthode, j'entends des règles certaines et faciles, telles que quiconque les aura exactement observées ne posera jamais rien de faux pour vrai et parviendra, sans que son esprit dépense inutilement aucun effort, mais en augmentant toujours par degrés sa science, à la connaissance vraie de toutes les choses dont il sera capable[2].

Que l'esprit doive établir partout des proportions (entre des grandeurs à mesurer, mais surtout entre des questions à résoudre, et donc entre des opérations à effectuer), c'est aussi ce qui n'est nulle part expressément affirmé, mais que viennent corroborer plusieurs développements de première importance.

En premier lieu viennent les pages célèbres de la *Règle IV*, 2ᵉ partie, sur la *Mathesis universalis*, science générale qui « explique tout ce qu'on peut chercher touchant l'ordre et la mesure » dont l'examen caractérise les sciences mathématiques[3]. De ce que l'ordre est une détermination plus générale que la mesure, et de ce que figures et nombres sont ici placés, comme objets de mesure, au même rang que les sons ou les mouvements des astres, il suit que la *Mathesis universalis* est en premier lieu science de l'ordre : en quoi son concept communique avec celui de la méthode, objet de la première partie de la Règle. Mais cet ordre ne peut être détaché de toute considération de mesure : c'est un ordre *dans la mesure* ou un ordre *des mesures*. D'une

---

1. Cf. *Novum Organum*, Paris, P.U.F., 1986, p. 70 (« Il nous faut un fil pour diriger nos pas : toute la voie, depuis les premières perceptions des sens, doit être ménagée par une méthode sûre ») ; p. 77-78 ; I, § 9, 10, 104, etc.

2. *Ibid.*, p. 370-371.

3. *Ibid.*, p. 378.

manière ou d'une autre, et du reste selon une ancienne tradition[1], la *Mathesis universalis* dans sa version cartésienne a ainsi des proportions pour premier objet[2].

Une confirmation expresse s'en trouvera dans le développement de la fin de la *Règle VI*, repris dans la *Règle XI*, sur les divers degrés de difficulté des questions qu'on peut se proposer sur une série de nombres en proportion continue. En montrant de quelle manière le degré de ces difficultés peut être abaissé, Descartes indique :

> Bien que toutes ces choses soient si manifestes qu'elles en apparaissent presque puériles, je comprends, en y réfléchissant attentivement, de quelle façon s'enveloppent toutes les questions qui peuvent être proposées touchant les proportions ou rapports des choses, et selon quel ordre il faut les traiter ; ce qui à soi seul embrasse et résume toute la science purement mathématique[3].

Ce développement trouvera un écho direct dans la seconde partie des *Règles* (notamment à la fin de la *Règle XIV* et dans la *Règle XVII*). Dans la *Règle VI*, il vient s'ajouter à des considérations très générales sur la mise en séries des choses à connaître. Ce faisant, il inscrit *toute* cette mise en séries dans un paradigme de proportionnalité. Enfin, il y a le propos de la *Règle VIII* et surtout de la *Règle XII* s'agissant de la circonscription de la connaissance humaine. Cette connaissance se trouve ici ramenée à un donné élémentaire, celui de certaines *natures simples* (Descartes parlera

---

1. La théorie des proportions, exposée au livre V des *Éléments* d'Euclide, était considérée par les mathématiciens du XVIIe siècle comme le trait d'union entre l'arithmétique, science de la quantité discrète, et la géométrie, science de la quantité continue.

2. Ce point a été fortement marqué par J. Vuillemin, *Mathématiques et métaphysique chez Descartes*, Paris, P.U.F., 1960, p. 119 ; voir également D. Rabouin, *Mathesis universalis, op. cit.,* p. 276. Dans *La Science cartésienne et son objet*. Mathesis *et phénomène*, Paris, Champion, 2013, p. 70-71, F. de Buzon souligne toutefois que « l'association entre la théorie des équations et celle des proportions, non seulement est évidente en soi, mais est attestée bien avant Descartes, notamment chez Viète [...]. Par rapport aux conceptions du siècle précédent, Descartes innove en ce que la mesure et la proportion sont dominées par le point de vue de l'ordre, qui devient par là même le premier objet de la recherche du mathématicien, préalable à toute effectuation de calcul ».

3. *Reg. VI*, AT X, 384-385. Sur ce développement, voir D. Rabouin, *Mathesis universalis, op. cit.* ; sur le caractère paradigmatique de la théorie des proportions chez Descartes, voir J. Vuillemin, *Mathématiques et métaphysique chez Descartes*, § 15-16, p. 112-127.

plus tard de *premières notions* ou de *notions simples et primitives*[1]),
connues par elles-mêmes (*notæ per se*) et non susceptibles de
définition, dont toutes nos autres notions ou connaissances sont
nécessairement composées. Ces natures peuvent être purement
intellectuelles (connaissance, doute, ignorance), purement
corporelles (étendue, figure, mouvement) ou communes aux deux
genres (existence, unité, durée, à quoi s'ajoutent un certain nombre
d'axiomes ou notions communes)[2]. La *Règle VIII* distingue entre
deux niveaux de composition (natures composées de natures
simples, et composées de natures composées)[3], et la *Règle XII*
fera varier les principes de composition (expérience, conjecture,
déduction) ainsi que les formes de connexion (nécessaire ou
contingente)[4].

Ni sur la liste des natures simples, ni sur les modes de leur
composition, l'exposé ne peut être estimé complet; toutefois,
l'intention générale est claire : il s'agit de mettre en évidence
pour le domaine entier de la connaissance humaine (rationnelle)
des choses (réelles et existantes) une forme de quadrillage qui en
promet la plus complète exploration – étant admis que ce qui ne se
laissera pas réduire à une certaine composition de natures simples
échappera pour toujours à l'esprit humain.

À partir de ces diverses données, peut-on aller jusqu'à dire
qu'au titre de « la méthode », Descartes a eu en vue une sorte de
mathématique de l'esprit, c'est-à-dire de calcul portant non pas
seulement sur des grandeurs à mesurer, mais sur les opérations
mêmes que requiert une question déterminée ? Les deux premières
données tout au moins (la définition de la *Mathesis universalis*
et l'échantillon que semble bien en donner la *Règle VI*) parlent
nettement en faveur de cette idée. Reste néanmoins à savoir si,
concernant d'abord les questions de grandeurs (ou de mesure), un
tel calcul est constitué. Il s'agit ici du degré de formalisation de ce
qu'on peut nommer l'*analyse* cartésienne.

1. Cf. *Principes de la philosophie*, I, art. 48 ; et *à Élisabeth*, 21 mai et 28 juin
1643.
2. *Reg. XII*, AT X, 419.
3. *Reg. VIII*, AT X, 399.
4. *Reg. XII*, AT X, 421.

De manière constitutive, on l'a vu, la mise en œuvre de la méthode comporte deux ou trois temps : le recensement des données ou termes (connus ou inconnus) à retenir pour une certaine question ; la détermination d'un ordre pour leur examen ou considération ; leur examen ou considération (déductive) selon cet ordre. Par le passé, on a souvent nommé la seconde opération « analyse » et la dernière « synthèse », sans que cela réponde à l'usage cartésien de ces mots[1]. Dans le seul texte explicite de Descartes sur ces deux notions – la fin des *Réponses aux Secondes Objections*, introduisant un essai d'exposé des preuves de l'existence de Dieu rédigé, autant que possible « à la manière des géomètres », pour satisfaire les auteurs de ces *Objections*[2] –, *analyse* et *synthèse* se disent de deux modes ou styles d'exposition, l'un présentant « la vraie voie par laquelle la chose a été méthodiquement inventée », l'autre partant de définitions, d'axiomes et de postulats (« demandes ») et procédant pas à pas de manière à donner au raisonnement son allure la plus formelle et la plus explicite[3]. Encore ce texte, qui concorde avec quelques autres[4], ne livre-t-il aucune définition plus technique de l'analyse comme *voie méthodique par laquelle une chose cherchée peut être trouvée*. Mais c'est dans la même acception que le terme est pris ailleurs[5], ce qui ne laisse aucun doute sur le point suivant : avec l'analyse, le résultat cherché n'est pas simplement préparé ni entrevu, mais authentiquement produit et obtenu. Dans cette mesure, on peut dire de la méthode cartésienne qu'elle *s'achève en analyse*. Quant à la synthèse – plus rarement évoquée et encore moins définie, sans doute parce que le prestige et la tradition ancienne et moderne en sont beaucoup moins considérables –,

1. Voir les remarques de D. Garber, *Corps cartésiens, op. cit.*, p. 56.

2. Voir *Secondes Objections*, AT VII, 128 ; IX, 101.

3. *Réponses aux Secondes Objections*, AT VII, 155-159 ; traduction française partielle en AT IX, 121-123.

4. *Cf.* par exemple *À Mersenne*, 11 octobre 1638, AT II, 400.

5. L'Analyse des géomètres est nommée une fois dans les *Regulae* (IV, AT X, 373 : « nous remarquons bien que les anciens se sont servis d'une sorte d'analyse qu'ils étendaient à la résolution de tous les problèmes »), trois fois dans le *Discours* (2e partie, AT VI, 17 et 20). Le terme est assez courant dans les lettres à Mersenne de 1638 sur les questions mathématiques, dans un contexte des disputes avec Roberval et Fermat qui ont suivi la publication de la *Géométrie* ; voir AT II, 83, 172, 250, 263, 276, 308, 389, 438, 511.

elle a toujours le caractère d'un procédé annexe et essentiellement didactique. Mais que la méthode s'achève en analyse signifie aussi qu'à chaque fois, *le mode précis de l'analyse doit lui-même être inventé* (ou mis au point). Et la question est de savoir s'il l'est toujours à partir de règles explicites.

Il faut répondre que ce n'est le cas que dans une très faible mesure. Certes, cette analyse a ses principes directeurs, qu'on trouve notamment formulés dans un passage de la *Règle XVII* :

> Parce que nous ne traitons ici que des questions complexes (*involutæ*), autrement dit des questions dans lesquelles, à partir d'extrêmes qui sont connus, il faut connaître certains intermédiaires [...], tout l'artifice en ce lieu consistera en ce que, posant les termes inconnus comme connus, nous pouvons nous proposer une voie de recherche facile et directe, même dans les difficultés aussi enchevêtrées (*intricatæ*) qu'on voudra. Et rien n'empêche d'y réussir toujours, puisque [...] nous reconnaissons entre les termes qui dans la question sont inconnus et les termes connus une dépendance telle que les premiers sont entièrement déterminés par les seconds. De la sorte, si nous réfléchissons aux termes qui [...] se présentent en premier, et si nous les comptons, même inconnus, au nombre des connus, pour en déduire par degrés et en suivant les véritables étapes (*per veros discursus*) tous les autres termes, même les termes connus, comme s'ils étaient inconnus, nous accomplirons tout ce que prescrit cette règle[1].

Ce texte où se retrouve le procédé caractéristique de « l'Analyse des anciens » (traiter une grandeur inconnue comme connue et examiner ce qui s'ensuit des relations données[2])

---

1. *Reg. XVII*, AT X, 460-461. Sur ce texte, voir O. Dubouclez, *Descartes et la voie de l'analyse*, Paris, P.U.F., 2013, p. 226-229.

2. La définition classique est celle de Pappus (*Collection Mathématique*, l. VII, préface), dont Descartes a pris connaissance dans la traduction latine de Commandin (1588), citée pour le « problème de Pappus » au livre I de la *Géométrie* (AT VI, 377-379) : « L'analyse (*analysis, resolutio*) est la voie (*hodos, via*) qui, partant de ce qui est recherché comme si cela était accordé, va, en passant par ce qui s'ensuit (*dia tôn hexès acolouthôn, per ea quæ deinceps consequuntur*), jusqu'à quelque chose qui est accordé par la synthèse. Dans l'analyse en effet, supposant (*hupothemenoi, ponentes*) comme si c'était fait (*gegonos, factum*) ce qui est recherché, nous examinons (*scopoumetha, consideramus*) ce dont cela résulte (*to ex hou touto sumbainei, quid ex hoc contingat*), et derechef (*palin, rursum*) l'antécédent de ce dernier terme (*ekeinou to proègoumenon, illius antecedens*), jusqu'à ce que, en revenant ainsi sur nos pas (*anapodizontes, progredientes*), nous parvenions à l'une des choses déjà connues, ou ayant rang de principe. Nous appelons un tel cheminement (*tèn toiautèn ephodon, hujusmodi processum*) analyse (*analusis, resolutio*), en tant que c'est une solution à rebours (*oion anapalin lusin, veluti ex contrario factam solutionem*) ».

vaut pour des questions présentées sous une forme purement algébrique ; mais il vaudra tout aussi bien pour les lignes droites ou courbes correspondant à certaines équations, telles qu'on les considérera dans la *Géométrie*, où on peut lire :

> Voulant résoudre quelque problème, on doit d'abord le considérer comme tout fait, et donner des noms à toutes les lignes qui semblent nécessaires pour le construire, aussi bien à celles qui sont inconnues qu'aux autres. Puis, sans considérer aucune différence entre ces lignes connues et inconnues, on doit parcourir la difficulté selon l'ordre qui montre, le plus naturellement de tous, en quelle sorte elles dépendent mutuellement les unes des autres, jusques à ce qu'on ait trouvé moyen d'exprimer une même quantité en deux façons : ce qui se nomme une Équation [...] Et l'on doit trouver autant de telles Équations qu'on a supposé de lignes qui étaient inconnues[1].

Cependant, la spécification du procédé n'ira jamais beaucoup plus loin : comme l'indique le texte de la *Règle XVII*, « ce qui se présente en premier lieu », et dont il y a lieu de partir (notamment pour autant que les relations internes au donné s'exprimeront à partir de ce terme de la manière la plus commode), est chose qu'il convient à chaque fois de dégager par la réflexion ; et il en ira de même des *étapes* (ou *démarches, discursus*) *véritables* par lesquelles l'investigation doit passer. Pour une question algébriquement définie, ces étapes sont déterminées comme opérations algébriques, et ainsi rigoureusement prédéterminées dans leur forme et leurs relations. Mais leur *ordre* est à chaque fois à inventer ; il arrive qu'il s'impose de lui-même, mais souvent il doit être, selon le mot des *Regulæ*, « excogité » (*excogitatum*) – produit par la pensée à force d'application, d'ingéniosité, d'industrie (*industria*). Et à chaque fois, c'est la conformation singulière du donné complexe de la question, non moins que sa parenté avec d'autres questions ou situations intellectuelles, qui constitue l'objet premier de la réflexion exigée.

Il faut donc y prendre garde : le fait qu'un certain type d'analyse soit régulièrement mené à bonne fin, dans des conditions

---

1. *Géométrie*, I, AT VI, 372. Sur l'analyse géométrique de Descartes dans sa relation avec celle des anciens, voir l'article classique de J. Hintikka, « A Discourse on Descartes's Method », *in* M. Hooker (ed), *Critical and Interpretive Essays*, Baltimore-Londres, The Johns Hopkins UP, 1978, p. 74-88. Voir également J. Hintikka et U. Remes, *The Method of Analysis*, Dordrecht, Reidel, 1974.

optimales de sûreté, d'économie et d'exactitude, n'implique pas que cette analyse elle-même ait pris forme selon un programme déterminé. Il n'y a d'ailleurs pas place ici pour une *analyse de l'analyse*. Jusque dans le domaine le plus formalisé qui soit, celui des questions de mathématique pure (ou de « géométrie spéculative »[1]), l'activité de l'esprit reste essentiellement *réflexive* ou *réfléchissante*, avec, dans l'invention du protocole à suivre, un certain coefficient d'intuitivité. Sous ce rapport, le sujet de la méthode n'est pas simplement l'esprit en tant qu'il connaît (la *mens*) : c'est l'esprit en tant qu'il trouve et invente, l'*ingenium*. Et si un traité tel que la *Géométrie* ne propose de manière séparée et explicite aucun exposé de l'art de l'analyse qui s'y exerce, ce n'est pas seulement que Descartes s'est abstenu de rendre ce traité aussi clair qu'il l'aurait pu en détaillant toujours ses procédés[2]. Il en va de l'analyse géométrique comme de la méthode en général : elle est par nature insusceptible d'une exposition séparée.

« À TOUTES SORTES DE MATIÈRES »

De ce qui précède, il résulte que cette *mathématique de l'esprit* que Descartes avait probablement en vue au titre de la *Mathesis universalis* est *destinée à demeurer une idée*, quitte à ce qu'on accorde à ce mot le sens fort qu'il revêtira chez Kant (concept pur, et supérieurement fonctionnel, que forme la raison d'une condition qui restera empiriquement irréalisable).

---

1. C'est l'équivalent utilisé par la traduction française de la *Méditation VI* (AT IX, 63) pour la *pura Mathesis* du texte latin (AT VII, 80).

2. *Cf.* par exemple *À Mersenne*, fin février 1638, AT II, 30 : « Vos analystes n'entendent rien en ma *Géométrie*, et je me moque de tout ce qu'ils disent. Les constructions et les démonstrations de toutes les choses les plus difficiles y sont; mais j'ai omis les plus faciles, afin que leurs semblables n'y puissent mordre ». Même langage, au même, le 31 mars, AT II, 83 : « Pour l'analyse, j'en ai omis une partie, afin de retenir les esprits malins en leur devoir; car si je leur eusse donnée, ils se fussent vantés de l'avoir sue longtemps auparavant, au lieu que maintenant ils n'en peuvent rien dire qu'ils ne découvrent leur ignorance ». Et dix ans après, le 4 avril 1648, AT V, 164 : « Sans la considération de ces esprits malins, je l'aurais écrite [*sc. : la Géométrie*] tout autrement que je n'ai fait, et l'aurais rendue beaucoup plus claire : ce que je ferai peut-être encore quelque jour, si je vois que ces monstres soient assez vaincus et abaissés ».

Reste à savoir jusqu'où s'étend, dans la recherche de la vérité, la pertinence de cette idée, c'est-à-dire si cette pertinence est en effet universelle ; et cette question n'est pas différente de celle de *l'unité de la méthode*.

L'unité foncière de la recherche de la vérité et la connexion universelle des sciences avaient constitué – le point est notoire – le premier thème des *Regulæ* :

> Toutes les sciences ne sont rien d'autre que la sagesse humaine, qui demeure toujours une et la même, si différents que soient les sujets auxquels on l'applique, et ne reçoit pas d'eux plus de diversité que n'en reçoit la lumière du soleil de la variété des choses qu'elle éclaire. [...] Qui veut rechercher sérieusement la vérité des choses ne doit donc pas choisir une science particulière : elles sont en effet toutes conjointes entre elles et dépendantes les unes des autres ; qu'il pense seulement à augmenter la lumière naturelle de la raison[1].

Dans la suite du traité, pourtant, la distinction n'avait pu manquer de se présenter entre (a) les questions relatives aux natures simples matérielles, qui sont toutes des questions de « rapports et proportions », et pour lesquelles l'entendement doit s'aider de l'imagination, et (b) les questions concernant les natures purement intellectuelles, pour lesquelles, par définition, l'usage de l'imagination sera source d'erreur et de confusion[2]. Et encore cette première version de l'ontologie cartésienne que représente la théorie des natures simples n'avait-elle fait aucune place, contrairement à des textes ultérieurs[3], à l'union de l'âme et du corps comme région spécifique pour la connaissance humaine. D'où la question : s'il y a un sens à imaginer des proportions entre les opérations de l'esprit là où il s'agit précisément de « rapports et proportions », y en a-t-il un à les imaginer pour ce qui ne se

---

1. *Reg. I*, AT X, 360-361.
2. Cf. *Reg. XII*, AT X, 416-417 : « Si l'entendement s'occupe de choses qui n'ont rien de corporel ni de semblable au corps, il ne peut être aidé par ces facultés [*sc. : les sens et l'imagination*] ; au contraire, pour ne pas être gêné par elles, il faut écarter les sens et dépouiller l'imagination, autant que faire se pourra, de toute impression distincte. Mais si l'entendement se propose d'examiner quelque chose qui puisse être rapportée au corps, il faut en former l'idée dans l'imagination avec autant de distinction qu'il se pourra ; et pour y parvenir plus commodément, il faut exhiber aux sens externes la chose même que cette idée représentera ».
3. Voir les textes mentionnés *supra*, p. 120, note 1.

rapporte aucunement à « l'étendue réelle des corps » ? En d'autres termes, sur quel fondement affirmera-t-on que *la même méthode* est bien à l'œuvre non seulement en mathématique et en physique, mais aussi bien en métaphysique ou en morale ?

La réponse est d'une certaine manière contenue dans la question : la même méthode peut « s'étendre à toutes sortes de matières »[1], précisément pour autant que *l'ordre et les proportions des opérations de l'esprit ne sont pas d'emblée donnés, et sont plutôt partout cherchés et définis de manière spécifique.*

Deux points doivent être particulièrement soulignés.

1) L'unité de la science telle qu'elle est conçue par Descartes n'a jamais impliqué l'effacement de toute distinction entre les principales sciences – notamment mathématiques, physique et métaphysique. Même la réduction cartésienne de la physique à une forme de « géométrie »[2] ne peut signifier que les questions de physique se présentent exactement comme des questions de mathématique pure et puissent être traitées exactement de la même façon. Dans les *Regulæ* déjà, et jusque dans la même zone du traité, des écarts notables se remarquent dans les principes de la mise en séries (ou en ordre) des données d'une question, selon qu'elle relève de la seule mathématique ou d'une autre recherche. Ainsi entre la fameuse question de l'anaclastique[3], sur laquelle réfléchit la *Règle VIII*, et les questions de pures proportions évoquées par la *Règle VI* : le point le plus simple dont il convient de partir (dans un cas, la notion de puissance naturelle ; dans l'autre, l'une des relations données) n'est nullement ici et là de la même nature. La distinction des questions « parfaitement comprises » (pour l'essentiel mathématiques) et des questions « imparfaitement comprises » (qu'il convient d'abord de délimiter) sera de nature

---

1. *À Mersenne*, avril 1637, AT I, 349.

2. Sur le sens et les modalités de cette réduction, voir F. de Buzon, *La Science cartésienne et son objet. Mathesis et phénomène, op. cit.*

3. La ligne anaclastique est celle qui sépare deux milieux de telle manière que des rayons lumineux parallèles se recoupent après réfraction en un seul point. Sur cet exemple, voir P. Costabel, *Annexe IV*, dans Descartes, *Règles utiles et claires pour la direction de l'esprit en la recherche de la vérité*, trad. fr. et annotation de J.-L. Marion et P. Costabel, La Haye, Nijhoff, 1977, p. 313-318 ; D. Garber, *Corps cartésiens, op. cit.*, p. 57-60 ; S. Gaukroger, *Descartes, op. cit.*, p. 190-195.

à confirmer cette disparité. Mais la même *Règle VIII* où figure l'exemple de l'anaclastique présente aussi, comme l'exemple le plus éminent (*exemplum nobilissimum*) de la puissance de *la même méthode*, une question qu'on pourrait presque dire de métaphysique, en tout cas de « philosophie première », celui de la conformation et de l'étendue de la connaissance humaine[1] ; et dans la même *Règle XII* qui établit la première formule du « dualisme » cartésien, la difficulté relative à l'unité de la méthode n'est d'aucune façon marquée[2].

2) Après l'époque du *Discours* et des *Essais*, le fait est que le thème de la méthode se retire du premier plan des textes publiés par Descartes. En 1641, l'Épître dédicatoire des *Meditationes de Prima philosophia* aux doyen et docteurs de la Sorbonne (« Sacrée Faculté de Théologie de Paris ») évoquera bien la culture par l'auteur d'« une certaine méthode pour résoudre toutes sortes de difficultés dans les sciences »[3] ; mais en 1647, ce second *discours de la méthode* qu'est la Lettre-Préface de la traduction française des *Principes de la Philosophie* économisera entièrement ce mot (sauf pour citer le titre du *Discours*), et parlera, en lieu et place des règles de la méthode, des « principales règles de la logique »[4]. Faut-il comprendre, avec Daniel Garber[5], que par suite d'une certaine transformation dans la conception cartésienne de la science et de la philosophie, la méthode dont parle le *Discours* – en somme celle des *Regulæ* – a été frappée de caducité ? Ce sera d'abord négliger le remarquable retour du thème, en 1649, dans ce qu'on peut tenir, malgré certaines particularités littéraires (statut anonyme et tonalité irrespectueuse), pour un troisième et dernier discours cartésien de la méthode : la première (et de loin

---

1. Cf. *Reg. VIII*, AT X, 395 *sq.*

2. Notons toutefois que le mot « méthode » ne fait retour qu'à l'extrême fin du texte (AT X, 430).

3. AT VII, 3, 22-24 ; IX, 6. Dans ce texte très politique, qui évoque plus précautionneusement la réputation faite à l'auteur d'avoir cultivé cette méthode, il est précisé que celle-ci « n'est pas nouvelle, n'y ayant rien de plus ancien que la vérité », mais que l'auteur s'en est servi « assez heureusement » en plusieurs « rencontres » (occasions).

4. *Les Principes de la philosophie*, Lettre-Préface, AT IX-B, 15.

5. D. Garber, *Corps cartésiens, op. cit*, p. 71-74.

la plus longue) des quatre lettres mises en préface aux *Passions de l'âme*[1]. Surtout, s'il est indiscutable qu'à dater de 1629-1630, la science cartésienne a été soumise à des exigences de fondation et de systématicité qui n'apparaissent guère dans les *Regulæ*, seul a pu perdre de sa pertinence après cette date un concept de la méthode indûment particularisé.

Par sa méthode, dès ses années de jeunesse, Descartes se proposait en somme (a) de parvenir partout à une pleine certitude des résultats ; (b) d'introduire, avec discrétion (sans excès de formalité), ordre, nombre et mesure dans les opérations de l'esprit ; (c) d'étendre ainsi la véritable science bien au-delà de ce qui avait pu être réalisé avant lui. Il n'y a pas d'apparence qu'un tel dessein l'ait jamais quitté ; et si par exemple, en 1649 (ou déjà en 1645-1646 avec la première version du *Traité des Passions*, rédigée pour la princesse Élisabeth), s'étant saisi de la difficile et obscure matière que constituent les passions de l'âme, il estime être parvenu à en éclairer systématiquement la nature, les variétés et les usages, c'est bien que l'esprit humain a la puissance d'instituer ordre, nombre et mesure jusque dans l'examen de matières sans relation immédiate avec « l'étendue réelle des corps »[2].

En réalité, partout où s'obtient à force de réflexion une forme de certitude, de clarté et de distinction (rien n'étant *clair et distinct* que ce qui a été intégralement vérifié), c'est que la méthode a fait son œuvre (et elle fait d'abord son œuvre dans la démarcation opérée entre ce qui doit être accessible à l'esprit humain et ce qui ne peut pas l'être, ce qui veut dire que son œuvre est indissociablement *de science* et *de droit*). Il lui était indispensable de s'appréhender d'abord sous une certaine figure mathématique

---

1. Voir par exemple AT XI, 315 : « Vous avez montré par la solution prompte et facile de toutes les questions que ceux qui vous ont voulu tenter ont proposées, que la Méthode dont vous usez à cet effet est tellement infaillible que vous ne manquez jamais de trouver par son moyen, touchant les choses que vous examinez, tout ce que l'esprit humain peut trouver ». Sur le statut de texte, voir notamment M. Fattori, « La Préface aux *Passions de l'âme* : Remarques sur Descartes et Bacon », dans *Études sur Francis Bacon*, trad. fr. Th. Berni Canani, Paris, P.U.F., 2012, p. 248-266 et G. Mori, « Descartes incognito : la "préface" des *Passions de l'âme* », *Dix-septième siècle*, 277, 2017, p. 685-700.

2. Sur l'application de la méthode cartésienne à l'analyse des passions, voir F. de Buzon, *La Science cartésienne et son objet, op. cit.*, p. 306 *sq.*

(dans les questions de proportions) : par la suite, en s'attaquant à de tout autres matières, elle perd la possibilité de s'exposer ainsi, sans que son schème organisateur soit perdu.

La méthode cartésienne comme art de trouver les vérités cherchées (*ars inveniendi*) est-elle, selon le langage de l'époque, une méthode « résolutive-compositive »[1], portant sur des *propositions ?* Une forme d'analyse proprement géométrique ? Un système de transposition géométrique de relations algébriques, ou d'expression algébrique de relations géométriques ? Un art de tout rapporter par des degrés divers à certains éléments simples ? Une pratique du doute, permettant d'atteindre à la clarté et la distinction en toute matière ? Tout cela a été soutenu ; mais toutes ces définitions pèchent par excès de spécification. De même que, dans la morale cartésienne, la vertu sera identifiable à *l'habitude acquise de « suivre la vertu »* (en faisant toujours de son mieux pour juger du meilleur parti comme pour l'exécuter)[2], de même, la méthode n'est rien d'autre que l'expérience et l'habileté acquises, d'abord dans les questions mathématiques, par un esprit qui a commencé par reconnaître sa propre puissance d'ordonnancement et la nécessité de la cultiver. En cela, la *Règle I* a réellement valeur d'ouverture pour l'entreprise cartésienne tout entière. Mais si les ultimes développements de la morale de Descartes (1649) comme ses premiers travaux sur la musique (1618) ou sur les équations du troisième degré (1619) sont d'un esprit qui n'a « jamais rien examiné que par ordre »[3], l'assurance

---

1. Il s'agit de la méthode d'invention (analytique-synthétique : *analysis = resolutio ; synthesis = compositio*) telle qu'elle a été présentée dans une lignée aristotélicienne par Jacopo Zabarella dans son *De Methodis* (1578). Voir N. Jardine, « Epistemology of the Sciences », *in* Ch. B. Schmitt et Q. Skinner (eds), *The Cambridge History of Renaissance Philosophy*, Cambridge, Cambridge UP, 1988, p. 689-693 ; P. Dear, « Method and the Study of Nature », *in* D. Garber et M. Ayers (eds), *The Cambridge History of Seventeenth Century Philosophy*, Cambridge, Cambridge UP, 1998, p. 147-153 ; O. Dubouclez, *Descartes et la voie de l'analyse, op. cit.*, p. 142 *sq.* Sur la distance entre la méthode de Zabarella et la méthode cartésienne, voir T. J. Reiss, « Neo-Aristotle and Method : Between Zabarella and Descartes », *in* S. Gaukroger, J. Schuster et J. Sutton (eds), *Descartes'Natural Philosophy*, Londres-New York, Routledge, 2000, p. 195-227.

2. Voir notamment *À Élisabeth*, 4 août 1645, AT IV, 265 ; 18 août 1645, AT IV, 277 ; *Les Passions de l'âme*, art. 144, 148, 153.

3. *Discours*, VI, AT VI, 71, 30.

de cette unité de style se paiera pour le lecteur ou pour l'interprète d'une inévitable frustration : nous ne saurons jamais *au juste* comment s'est construite ni de quoi se compose cette méthode qui « consiste plus en pratique qu'en théorie ». Nous ne pouvons – et Descartes ne l'avait pas entendu autrement – qu'en approcher l'idée en marchant, autant que cela nous reste possible, sur les traces de l'esprit dans lequel elle a mûri.

Denis KAMBOUCHNER

MÉTHODE ET FAITS DE NATURE
CHEZ DAVID HUME ET THOMAS REID

INTRODUCTION

Au XVIIIe siècle, les Lumières britanniques prétendent appliquer la méthode des sciences naturelles en « philosophie morale ». Par cette application à l'homme, la méthode est autant objet que condition d'étude. Étant la démarche droite et naturelle du bon sens, et non pas seulement un ensemble de règles qui le bornent, elle est une logique scientifique parce qu'elle est plus fondamentalement une logique de l'esprit. Pour le philosophe qui étudie ses opérations mentales, elle est donc aussi la *façon* ou le *geste* essentiels par lequel il les réfléchit. Elle est proprement *ce qu'il fait* en tant que philosophe. En somme elle est condition, objet et exercice de science, parce qu'elle est la démarche réinvestie et contrôlée du raisonnement naturel. Penser la méthode, au sein d'un tel projet de philosophie morale, c'est donc aussi bien la refondre pour étudier à la fois le jugement (ou bon sens), la science (ou philosophie de la nature) et la philosophie de l'homme (ou philosophie morale elle-même), c'est-à-dire penser à la fois ce qu'ils sont et ce qu'ils doivent être. Cette tension entre la spontanéité naturelle de la méthode et l'art raffiné de bien penser n'est pas nouvelle au XVIIIe siècle, et se résout aisément si l'art est une pratique naturelle qui gagne en rigueur et en maîtrise de sorte qu'on puisse par après en dégager des règles principales. Mais chez Hume et chez Reid l'utilité et la pertinence de la méthode sont des enjeux renouvelés en raison de deux thèses fondamentales qu'ils viennent à défendre. Ces thèses, dites « naturalistes », ont pu être tenues pour inspiratrices de méthodologies scientifiques ultérieures, y compris de leurs excès, et méritent par conséquent notre attention. Tout d'abord, ils soutiennent que le jugement a des principes naturels et que les opérations de l'esprit du bon sens, de la science ou de la philosophie ont une *origine naturelle*. Or en tant que *faits de nature*, notre façon de juger, de raisonner, de nous souvenir ou de percevoir, tout comme nos émotions ou nos passions conservent un caractère inexplicable. La méthodologie de Hume et Reid pourrait donc être menacée par deux options opposées : un instinctivisme (se dispensant de toute méthode) ou un scepticisme (sanctionnant la déroute de toute méthode). La seconde thèse commune à nos auteurs, en lien à la première, prétend pourtant justifier la possibilité d'une science de la nature mentale. Elle affirme que pour éviter toute « hypothèse chimérique », il faut s'en tenir à des « faits de nature » établis par expérience. Il faut donc assumer une certaine nescience sur le non-phénoménal, mais aussi, pour que la science ait une portée explicative, dégager des principes et des causes au sein du champ des faits délimité par l'expérience. Les risques sont alors multiples. Le critère de l'expérience et la méthodologie inductiviste pourraient tout d'abord conduire à un présomptueux positivisme. Le champ de l'investigation proprement positive, ouvert par l'aveu de nescience métaphysique et se caractérisant par l'étude des *faits* et de leurs relations causales, se heurte néanmoins à la critique de la causalité que Hume et Reid font tous deux valoir. Or cette critique doit à son tour éviter différents écueils. Hume sera accusé d'un scepticisme contraire à toute aspiration scientifique et Reid d'un mystérianisme revendiquant notre ignorance des ressorts ultimes de la Création. Ces deux postions seraient également compromettantes pour la science si, en la bornant au constat de faits de nature, elles la contraignent à renoncer à toute explication et la vouent finalement au mutisme [1].

Ainsi, Reid a immédiatement reproché à l'auteur du *Traité de la nature humaine* un scepticisme ruineux pour la connaissance et donc la recherche scientifique. Hume prétendit donner une « réponse complète au Dr. Reid » dans l'*Enquête sur l'entendement humain*, qui a pu être interprétée comme un manifeste pour promouvoir la méthode expérimentale. Mais historiquement, le sens de cette réponse a fait couler beaucoup d'encre. D'aucuns ont pu soutenir que Hume défendait finalement, comme Reid, que nous avons instinctivement, c'est-à-dire par nature, des croyances vraies ou du moins des croyances reposant sur des espèces d'*evidence*[2]. D'autres, tels Reid lui-même, ont maintenu une interprétation radicalement sceptique de Hume. Quant à Reid, il semble ne fournir qu'un simulacre d'explication des phénomènes naturels puisque, les tenant pour des faits de nature, il les considère comme des faits *du mystère de la création*. Les méthodologies respectives de ces auteurs écossais révèlent pourtant des finesses aptes à nuancer l'identification d'un unique modèle de scientificité dans les Lumières britanniques. De façon plus remarquable encore, il se pourrait qu'on trouve chez eux des ressources cohérentes pour lutter *contre* la nescience mystérianiste, la paralysie sceptique ou les excès du positivisme. Le but de notre propos n'est donc pas de mâtiner l'un par l'autre

---

1. Par la suite, les références aux œuvres de Hume et Reid sont abrégées de la façon suivante. *TNH* renvoie au *Traité de la nature humaine*, trad. fr. P. Baranger, P. Saltel et J.-P. Cléro, Paris, Garnier-Flammarion, 1991-1995. *EEH* est mis pour l'*Enquête sur l'entendement humain*, trad. fr. M. Malherbe, Paris, Vrin, 2004. *REH* fait référence à Thomas Reid, *Recherches sur l'entendement humain d'après les principes du sens commun*, trad. fr. M. Malherbe, Paris, Vrin, 2012. *AP* renvoie aux *Essais sur les pouvoirs actifs de l'homme*, trad. fr. G. Kervoas et E. Le Jallé, Paris, Vrin, 2009. *EIP* renvoie aux *Essays on the Intellectual Powers of the Man*, Edinburgh, Edinburgh University Press, 2002, dont nous traduisons les textes cités ; *Corr.* à *The Correspondance of Thomas Reid,* Edinburgh, Edinburgh University Press, 2002.

2. N. Kemp Smith, *The Philosophy of David Hume*, London, Macmillan, 1941, réimpr. New York, Palgrave Macmillan, 2005.

pour dégager une synthèse méthodologique idéale, mais de montrer comment chacune des méthodologies proposées relève le défi spécifique toujours actuel qui lui est posé.

Au préalable, il faut noter que la méthode dans les questions de fait ne peut plus être ce qu'elle était traditionnellement, à savoir une *mise en ordre* des pensées préexistantes ou des idées claires et distinctes. Elle ne consiste plus seulement dans la *disposition* des pensées, mais plutôt dans la *maîtrise* de l'opération mentale qu'est la croyance dans les questions de fait. Mettre en évidence une telle *discipline* de l'esprit requiert au préalable une connaissance de son fonctionnement, c'est-à-dire des opérations mentales qu'il exécute naturellement. On rencontre ici le cercle suggéré plus haut : il faudrait déjà posséder une méthode *scientifique* pour mener une telle enquête. Hume et Reid résolvent ce problème en empruntant leur modèle méthodologique à la philosophie naturelle parce que ses récents succès attestent à leurs yeux une entreprise méthodologiquement bien conduite. Mais la différence entre la philosophie morale et la philosophie naturelle justifie selon eux une refonte spécifique de la méthode dans son application à l'homme.

L'INSPIRATION MÉTHODOLOGIQUE
DE LA PHILOSOPHIE NATURELLE

Il faut préciser qu'il va s'agir de redéfinir une méthode scientifique dans son application à l'homme *en tant qu'homme*. Hume comme Reid ont connaissance des travaux qui étudient la physiologie et l'anatomie du corps de l'homme, et qui tentent également d'appliquer un certain newtonianisme à l'homme en tant qu'animal. Ils sont formés dans l'idée que pour connaître la *constitution* d'un être, qu'il soit artificiel ou naturel, animé ou non, humain ou non-humain, il faut s'en tenir aux faits que l'expérience permet d'établir. Mais précisément il y a *des espèces* d'expérience. L'observation des phénomènes physiques ou physiologiques ne donne pas une connaissance des faits mentaux comme tels. C'est l'expérience mentale (expérience vécue de ces phénomènes que sont la perception, le souvenir, l'anticipation, la passion ou l'appréciation critique), qui sera la pierre de touche. Locke avait déjà écarté dans un même mouvement toute entreprise essentialiste et physicaliste, les explications matérialistes et mécanistes ne suffisant pas à décrire l'expérience mentale et seuls les qualités et pouvoirs *manifestes* de l'esprit, c'est-à-dire relevant de l'expérience, étant susceptibles d'être connus[1]. Partageant avec lui cette conviction, Hume et Reid renoncent à une théorie des puissances mentales pures, aussi bien qu'à une anatomie cérébrale ou physiologique pour mener une « anatomie de l'esprit »[2]. L'expression indique à la fois ce qu'ils doivent à la philosophie naturelle et ce qui les en sépare. Les facultés de l'esprit ne peuvent être connues qu'à travers l'exercice des opérations mentales elles-mêmes. Telle est l'inspiration fondamentale. Mais elle ne se fonde nullement sur une analogie *ontologique* entre le mental et le non-mental ni sur un réductionnisme mécaniste[3]. Par ailleurs, cette inspiration commune se diffracte d'emblée chez l'un et l'autre. Car chez Hume, l'appel à l'expérience est une limitation au phénoménal, sans présomption ontologique sur la nature essentielle des objets de science[4]. L'expérience mentale ne laisse rien présumer d'une hypothétique essence de l'esprit. Selon Reid au contraire, par les notions relatives à notre expérience propre des qualités de l'esprit, nous avons une connaissance de sa *réalité*. C'est pourquoi Reid affirme un dualisme ontologique, découlant de la différence de nature entre l'expérience du corps

1. « Je ne me mêlerai pas ici d'une étude de l'esprit du point de vue physique ; je ne me donnerai pas la peine d'examiner ce que peut être son essence, ni par quels mouvements de notre Esprits, par quelles modifications de notre corps, il se fait que nous ayons des sensations par les organes ou des *idées* dans l'entendement ; ou encore si la formation de tout ou partie de ces idées dépend effectivement de la matière » (Locke, *Essai sur l'entendement humain*, I.i.2, trad. fr. J-M Vienne, Paris, Vrin, 2001, p. 58).

2. Le thème de l'anatomie de l'esprit apparu chez Bacon (*Novum organum*, aphorisme 124) fut repris par Hobbes (*Éléments de la loi naturelle et politique*, I.i. § 5-6), puis par Shaftesbury sur les passions (dans *Enquête sur le mérite de la vertu*, II.i.2), et à propos de l'entendement par Locke (*Essai sur l'entendement humain*, I.i.2). Hume le reprend dans l'*Abrégé* du *Traité* (§ 2, trad. fr. D. Deleule, Paris, Aubier, 1971, p. 39) et Reid au début des *Recherches* (p. 29).

3. Reid, *EIP*, Préface, p. 14, *EIP*, I.4, p. 54 et II.4, p. 88-89.

4. *TNH*, introduction, § 8, trad. fr. p. 35.

et l'expérience vécue de l'esprit, ou encore entre les notions relatives à notre expérience des corps et celles qui sont relatives à notre expérience mentale [1].

Ainsi, le topos newtonien du rejet des hypothèses ne doit pas masquer des divergences méthodologiques fondamentales. Il est certes indéniable qu'à la suite de Newton principalement, il y a une réaction des Lumières britanniques contre plusieurs recours méthodologiquement fautifs : l'appel à des qualités scolastiques et pouvoirs « occultes » d'un côté, l'explication par la microstructure des corps, telle que la mécanique cartésienne ou la dynamique leibnizienne l'avancent, de l'autre. Deux fameux passages des *Principia mathematica* illustrent, aux yeux des contemporains de Newton, son rejet des « hypothèses ». Le *Scholium* général contient le *hypotheses non fingo*, et affirme rejeter par là toute proposition qui n'énoncerait pas un phénomène ou ne serait pas déduite des phénomènes et ainsi ne reposerait sur aucune preuve expérimentale [2]. Il sera interprété dans la suite du XVIIIe siècle comme le texte paradigmatique de l'« inconnue explicative », c'est-à-dire de l'idée que la gravitation est seulement le nom général de phénomènes expérimentaux dont on n'identifie ni la cause ni l'essence : un fait naturel qui est à ce titre un fait de nature. Les *Regulae philosophandi* (du Livre III des *Principia*

---

1. « Qu'est-ce qu'un corps ? C'est ce qui est étendu, solide et divisible, disent les philosophes. Un esprit curieux (*the querist*) dira : "je ne demande pas quelles sont les propriétés du corps, mais ce qu'est la chose elle-même ; faites-moi connaître directement ce qu'est un corps, et ensuite, nous examinerons ses propriétés". A une telle demande, je crains que notre curieux (*our querist*) n'obtiendra pas de demande satisfaisante, parce que notre notion de corps n'est pas directe, mais relative à ces qualités [...]. De même, si l'on demande ce qu'est l'esprit, on répondra que c'est ce qui pense. Mais l'on ne demande pas ici ce qu'il fait, ni quelles sont ses opérations, uniquement ce qu'il est. Or je ne trouve rien à répondre, puisque notre notion d'esprit n'est pas directe, mais relative à ses propres opérations, tout comme notre notion de corps est relative à ses qualités » (*AP*, introduction, trad. fr. p. 26).

2. I. Newton, *The Principia, preceded by a guide to Newton's Principa by I. Bernard Cohen : Mathematical Principles of Natural Philosophy*, Berkeley, University of California Press, 1999. On consultera également avec profit les annotations de D. Deleule à sa traduction de l'*Abrégé* de Hume, *op. cit.*, p. 90 *sq*.

intitulé « Le système du monde ») demandent en outre 1) de ne pas admettre plus de causes que celles qui sont à la fois « vraies et suffisantes [pour expliquer les phénomènes] », 2) d'attribuer dans la mesure du possible les mêmes effets naturels aux mêmes causes, 3) de tenir pour qualités universelles de *tous les corps* celles des corps qui peuvent être objets d'expérience et qui ne sont susceptibles ni d'accroissement ni de diminution. Enfin, dans la troisième édition des *Principia*, une quatrième règle vient pondérer la confiance en l'induction en spécifiant que les propositions induites doivent être tenues pour « soit exactement soit approximativement vraies » jusqu'à ce que d'autres expériences les rendent soit plus « exactes » soit sujettes à « exception ». Ces règles visent à répondre aux objections de la philosophie naturelle mécaniste et lui reprochent plus précisément de faire obstacle à l'*universalisation* de la loi gravitationnelle en recourant à des hypothèses illégitimes sur l'essence ontologique ou les causes mécaniques de la gravitation [1]. La *Question 31* de l'ouvrage plus tardif sur l'optique décrira également le processus d'analyse et de synthèse qui doit remonter aux principes les plus généraux, établis par expérience, en se dispensant de toute hypothèse « chimérique », et en admettant au besoin des exceptions si l'expérience en manifeste [2]. A ce texte font écho l'introduction du *Traité de la nature humaine*, aussi bien que son *Abrégé*, et les premiers chapitres des *Essays on the Intellectual Powers* de Reid. Mais le thème du rejet des hypothèses est réapproprié et sans doute pour partie reconstruit par Hume et Reid, qui en viennent à définir rigoureusement en vertu de leurs options philosophiques respectives ce qui était métaphysiquement indéterminé chez Newton : la notion d'hypothèse et *a contrario* celle de

---

1. Le « rejet des hypothèses » est un motif en partie construit par les *lecteurs* de Newton, plutôt qu'une préoccupation essentielle à Newton. Dans la première édition, Newton disait par exemple que les deux premières « règles pour philosopher » étaient des « hypothèses » méthodologiques. *Cf.* A. Koyré, « Les Regulae Philosophandi », *Études Newtoniennes*, Gallimard, 1968, p. 317-329.

2. I. Newton, *Optique*, Question 31, I. Newton, *Optique*, trad. fr. de 1787 par J.-P. Marat, Paris, P.U.F., 1989, p. 347.

phénoménalité n'ont pas le même sens pour une philosophie sceptique et pour une philosophie qui souscrit à un réalisme anti-sceptique en s'adossant au théisme. N'admettant de qualités que phénoménales, Newton en proscrit toute hypothèse explicative qui ne serait pas expérimentale[1]. Or, la grande originalité de Hume est de montrer que l'expérimental se *construit* car, comme on va le voir, la variation des circonstances redessine le champ des faits comme un kaléidoscope. En outre, il va jusqu'à s'abstenir de présumer aucune *existence* de l'essence inconnue. Il retient la *seconde* règle de Newton sur la causalité (à laquelle il donne le titre de « principe expérimental ») mais il la tient pour la formulation d'une croyance investie dans notre fonctionnement mental et qui n'a pas de fondement par soi (*self-evidence*)[2]. Reid, au contraire, donne aux règles de Newton le statut d'*axiomes* et privilégie la première (la cause doit être « vraie et suffisante »), qu'il reformule en un principe réaliste : une cause est ce dont on a la preuve de *l'existence*, et ce qui suffit à produire son effet. L'expérience, selon Reid, nous fait saisir les qualités *relatives* et néanmoins *réelles* des choses : par expérience nous savons que le feu brûle et quand bien même la chaleur du feu est relative, le feu *nous brûle réellement*.

Une autre façon d'appréhender la divergence des projets scientifiques que Hume et Reid forgent en s'inspirant de la philosophie naturelle est de considérer la vocation qu'ils lui assignent et son rapport à la théologie. On peut penser que cette divergence résulte d'une ambivalence présente dans les textes newtoniens, en lesquels la science se contraint à ne point renvoyer à Dieu comme principe explicatif, mais fait également signe vers lui, presque mieux que toute révélation[3]. La culture

---

1. La *Question 31* n'exclut pas que les causes des qualités manifestes (comme la gravitation) quoique non encore connues, puissent l'être un jour à condition qu'elles puissent relever de l'expérimental.

2. Pour une comparaison détaillée de Locke, Newton et Hume sur le statut méthodologique de la causalité, *cf.* Graciela De Pierris « Hume and Locke on Scientific Methodology : the Newtonian Legacy », *Hume Studies*, vol. 32, n° 2, 2006, p. 277-330.

3. *Cf.* le *Scholium* général des *Principia* et la *Question 31* de *Optique* (trad. fr., p. 343-346).

philosophique de Reid est d'ailleurs nourrie d'un newtonianisme théologique encore plus avancé sur la voie apologétique[1]. Dans cette tradition, *le statut et la démarche même* de la méthode scientifique sont imprégnés par le théisme. Ainsi, selon Reid, la physique, qui ne peut qu'exhiber des régularités générales, *échouerait à expliquer* les phénomènes si elle ne présupposait une autre causalité, seule à même d'être véritablement efficace, en la présence d'agents immatériels. Il pense que sans l'efficace divine, la loi de nature ne peut rien expliquer car elle n'est que la règle par laquelle le pouvoir de Dieu s'exerce. Comme il n'y a de pouvoirs qu'actifs et volontaires selon Reid, elle n'a pas d'efficience par elle-même[2]. C'est pourquoi la gravitation ne décrit qu'un phénomène général, sans rien dire de sa cause.

Dès lors, *le fait de nature* à quoi la science est sommée de s'en tenir, n'a pas le même sens chez lui que chez Hume. Certes, l'un et l'autre pensent les faits naturels en leur *contingence* : un fait aurait pu être autre qu'il n'est et pourrait être conçu autrement qu'il n'est. Mais alors que Hume montre que la nécessité attribuée aux faits vient d'une détermination mentale et est plutôt en ce sens un *fait de nature* psychologique, Reid pose que la nécessité naturelle que nous appelons loi de nature est le *fait de Dieu*. Chez Hume la science n'a pas vocation à présupposer un théisme pour que ses explications et sa démarche

---

1. Entre autres figures majeures des théologiens newtoniens bien connus de Hume et Reid, citons Samuel Clarke, George Turnbull et Colin Maclaurin. *Cf.* P. Wood, « Science in the Scottish Enlightenment », *Cambridge Companion to Scottish Enlightenment*, Cambridge, Cambridge University Press, 2003 et D. B. Wilson, *Seeking Nature's Logic. Natural Philosophy in the Scottish Enlightenment*, Pennsylvania UP, 2009. Ces deux travaux insistent sur la rupture de Hume à leur égard précisément au nom d'un autre héritage de Newton.

2. « Par la cause d'un phénomène, on ne signifie rien d'autre que la loi de la nature dont ce phénomène est un cas particulier (*instance*) ou une conséquence nécessaire. [...] En philosophie naturelle, par conséquent, nous cherchons seulement les lois générales suivant lesquelles la nature agit, et ce sont ce que nous appelons les causes de ce qui se fait d'après elles. Mais ces lois ne peuvent être cause efficiente de rien. Elles sont seulement la règle d'après laquelle la cause efficiente opère » (Lettre de Thomas Reid à Lord Kames datée du 16 décembre 1780, *Corr.*, p. 142).

expérimentales aient un sens [1]. Pour lui, un fait de nature est ce dont nous faisons l'expérience et que l'on tient pour un effet – sans que nous ne puissions *fonder en raison* cette croyance causale. Reid pense au contraire qu'un fait de nature est une réalité qui existe par l'efficace d'un agent et que nous pouvons la connaître par nos facultés (d'origine divine et dont le caractère trompeur est exclu par la reconnaissance de la confiance que de fait nous ne pouvons pas ne pas leur accorder).

Dès lors, si les positions métaphysiques de nos auteurs déterminent déjà leurs méthodologies, les questions posées en introduction se posent avec plus de force. Si la méthode suppose un cheminement et un progrès dans la connaissance, son besoin s'évanouit aussi bien devant la perspective d'une vérité inaccessible que devant la thèse d'une vérité possédée par nature. Quelle place un scepticisme (Hume) ou un réalisme par principe (Reid) peuvent-ils alors lui accorder ?

HUME

LES FAITS DE NATURE ET LA MÉTHODE EXPÉRIMENTALE

Un texte illustre particulièrement le problème qui se présente à Hume. Dans l'essai « De l'origine et du progrès des arts et des sciences », il cherche à comprendre ce qui dans une nation peut favoriser la naissance et le développement des sciences, et plus largement de la civilisation. Or il concède d'emblée que rien n'est plus difficile que de faire la part entre ce qui est dû au hasard et ce qui est produit par des causes dans les affaires humaines. Cependant, puisque l'apparition d'un art ne relève pas seulement du génie individuel de quelques rares individus, mais de la diffusion dans tout le peuple d'une certaine « politesse », « on peut donc résoudre [cette question], jusqu'à un certain point,

---

1. Dans *L'histoire naturelle de la religion,* trad. fr. M. Malherbe, Paris, Vrin, 1971, p. 39, Hume montre que la croyance théiste repose sur la considération d'un agencement de la nature, mais dans les *Dialogues sur la religion naturelle*, trad. fr. M. Malherbe, Paris, Vrin, p. 226-227, Philon rappelle que l'analogie entre la ou les cause(s) de l'ordre dans l'univers et l'intelligence humaine est « très éloignée ».

par des causes et des principes généraux ». S'il ne s'agissait que de génie individuel, la méthode expérimentale serait inapplicable. Et l'on serait livré à la constatation du pur fait – fait de nature ou plutôt de surnature. Pourquoi un génie est-il apparu ? Parce que tel est le génie, répondrait-on. Mais « souvent de bonnes raisons peuvent être données qui font que dans tel ou tel temps une nation est plus polie et plus savante qu'aucune de ses voisines ». Car dès lors qu'il s'agit de faits qui ne sont pas isolés, on peut envisager des causes générales, et même, en faisant varier les circonstances nationales et historiques, envisager des causes politiques [1].

La méthode dans les questions de faits consiste donc en une variation expérimentale et un recoupement analogique qui les instituent comme faits *naturels*. C'est ce qui permet à la *factualité*, n'étant plus simple *fatalité*, de devenir terrain d'enquête scientifique. Hume fustige dans le livre II du *Traité* la maladresse du « naturaliste » qui « recour[rait] à une qualité différente chaque fois qu'il [voudrait] expliquer une action différente ». Une multiplication des principes pour chaque fait singulier est contraire à la méthode naturelle. En particulier, le recours systématique à des principes dits « originels », c'est-à-dire à l'explication d'un fait de notre nature par le constat qu'il est « dans notre constitution naturelle primitive » n'explique rien et déguise selon Hume un finalisme obscurantiste [2]. La méthode naturaliste correcte consiste donc à expliquer un fait en lui assignant une cause par analogie avec d'autres faits. Une telle

1. Hume, « De l'origine et du progrès des arts et des sciences », *Essais et traités I*, trad. fr. M. Malherbe, Paris, Vrin, 1999, p. 169-170.
2. « Sur ce point, donc la philosophie morale se trouve dans la même situation que la philosophie naturelle en astronomie avant l'époque de Copernic. Les Anciens, sans ignorer la maxime selon laquelle *la nature ne fait rien en vain*, conçurent néanmoins des systèmes célestes tellement complexes qu'ils semblèrent incompatibles avec la vraie philosophie et qu'ils finirent par céder la place à plus de simplicité et de naturel. Inventer sans se gêner, pour chaque phénomène nouveau, un nouveau principe, au lieu de chercher à l'adapter à un ancien, surcharger nos hypothèses de toutes les façons possibles, ce sont des preuves certaines qu'aucun de ces nouveaux principes n'est le véritable et que nous ne cherchons qu'à couvrir d'un manteau de faussetés notre ignorance de la vérité » (*TNH,* II.i.3 § 5-7, trad. fr. p. 117). Le naturalisme ici épinglé pourrait être celui de Hutcheson. Sur le sens de « naturel », cf. *TNH*, III.i.2.

démarche n'a pas de fondement « en raison » car pour que ce soit le cas il faudrait avoir quelque preuve (*evidence*) de la prémisse selon laquelle *les cas dont nous n'avons pas eu d'expérience doivent ressembler aux cas dont nous avons une expérience*[1]. Or, ni le rapport entre idées, ni l'expérience ne peuvent la fournir. Par définition nous ne faisons jamais l'expérience de la ressemblance entre notre expérience et ce qui est au-delà d'elle. En d'autres termes, même si l'on tentait de déduire une légitimité du raisonnement expérimental par un raisonnement lui-même expérimental, la raison échouerait à *percevoir* ce lien. La méthode consiste seulement en la conduite bien dirigée d'une *attente* psychologique impossible à fonder par une déduction, même à partir de l'expérience. Sans cette attente que l'habitude produit instinctivement, il n'y aurait nul raisonnement sur les questions de fait, et donc nulle méthode expérimentale. Mais comment un raisonnement qui n'est qu'un jugement instinctif peut-il devenir une méthode ?

Il est vrai que cette attente n'est pas originellement vécue comme un principe général par le sens commun. C'est par exemple l'attente qui conduit l'enfant à reculer sa main sur l'instant, sans qu'il n'ait jamais pensé au préalable, même implicitement, que « toutes les fois qu'on s'approche du feu on s'y brûle ». Seule une association (et non une déduction) peut rendre compte de la dynamique de l'esprit à l'œuvre dans une telle inférence. La généralisation se fait par après. En tout cela, nulle trace de méthode. Seul « l'instinct » préside[2]. Mais la méthode devient possible dès lors que l'on cherche à *mieux* juger, et à raffiner l'*evidence* qui jusqu'ici n'est qu'un effet incontrôlable du fonctionnement associationniste de notre esprit. Nous sommes instruits par l'expérience à corriger nos croyances hâtives et à nous méfier de l'influence des règles générales. C'est là leur seconde influence, qui nous fait tenir nos jugements pour autant *d'expériences* (*experiments*) à partir desquelles à nouveau nous généralisons

---

1. *TNH*, I.iii.3.
2. *EEH*, V.ii, trad. fr., p. 72.

le défaut de la généralisation[1]. L'expérience nous apprend que nous comptons parfois pour des circonstances « déterminantes » celles qui ne sont que « superflues », et tenons alors pour analogues des *experiments* très différents. La seule manière de gagner en exactitude ce n'est pas seulement de multiplier les *experiments*, mais de les faire varier et plus rigoureusement de considérer nos *experiments* comme des *experiments* sur nos *experiments*. Lorsqu'une expérience contraire vient s'opposer à un préjugé apparu sous l'influence des règles générales, la logique humienne ne demande pas simplement de tenir notre croyance pour provisoire ou d'admettre des « exceptions » comme le veut Newton. Elle exige de juger la formation même de notre croyance première, et par là de forger des croyances sur nos croyances[2]. Une véritable méthode est alors possible « pour juger des causes et des effets », en tant qu'elle permet de *progresser* vers la vérité, méthode que Hume présente dans le chapitre 15 de la troisième partie du livre I du *Traité*. Il y propose huit règles qui décrivent la démarche expérimentale[3], et précise : « Toutes les règles de cette nature sont très faciles à inventer, mais extrêmement difficiles à appliquer […]. Il n'y a pas de phénomène, dans la nature, qui ne soit composé et modifié par tant de circonstances que, pour parvenir au point décisif, nous devions soigneusement écarter tout le superflu et rechercher, par de nouvelles expériences, si toutes les circonstances particulières de la première expérience lui étaient essentielles. Ces nouvelles expériences sont sujettes à une discussion du même genre, en sorte que la plus grande constance

1. *TNH*, I.iii.13 § 11, trad. fr. p. 224. *Cf. E.* Le Jallé, *L'autorégulation chez Hume*, Paris, P.U.F., 2005, chap. 1.

2. L. Falkenstein, « Naturalism, Normativity, and Scepticism in Hume's Account of Belief », *Hume Studies* 23, 1997, p. 29-72.

3. 1) Cause et effet doivent être contigus ; 2) la cause doit être antérieure à l'effet ; 3) leur union doit être constante ; 4) « la même cause produit toujours le même effet » ; 5) les causes d'effets ressemblants doivent être ressemblantes ; 6) les différences viennent de particularités ; 7) tout accroissement ou diminution dans la cause accroît ou diminue l'effet ; 8) ce qui peut exister sans un certain effet n'en est pas la cause complète. Les règles 4 et 7 en particulier font écho aux *Regulae philosophandi* de Newton.

est nécessaire pour nous faire persévérer dans notre enquête, et la plus grande sagacité pour choisir la bonne voie parmi toutes celles qui se présentent » [1].

Ce sont les expériences sur nos expériences et les croyances sur nos croyances qui peuvent nous guider en sorte de mener une véritable *enquête*, recherche qui est à elle-même sa propre méthode, et trace, pour reprendre l'image étymologique, son propre chemin. L'application de ces règles n'est pas simple car il faut toujours redéfinir ses conditions d'application, raison pour laquelle il n'est plus pertinent de dire que les effets *prouvent* les causes ou que l'on peut *déduire les causes des effets*. A la différence de Newton, Hume ne dispose pas de mathématisation permettant de déterminer *a priori* ce qui est prouvé par l'expérience en science. La réponse à la question de ce qui peut être scientifiquement prouvé par l'expérience *découle* de l'enquête, plus qu'elle ne la précède [2]. Sur ce point Hume s'écarte de la méthode physique dont il attribue la paternité à Bacon [3]. Afin d'interpréter la nature, ce dernier demandait *au préalable* de « préparer une histoire naturelle et expérimentale qui soit suffisante et de qualité », afin d'établir l'*experientia* d'où dégager des axiomes (permettant ensuite de conclure des *experimenta*) en recensant des « instances », selon des tables données par le *Novum Organum* [4]. Pour cela, Bacon demandait de sélectionner des « natures pures ». Hume cherche au contraire à raffiner constamment la délimitation de l'*experiment*, défini par les circonstances qu'on croit lui être propres mais qui peuvent être révisées. En outre, en philosophie morale, à la différence de la philosophie naturelle, l'expérimentation ne peut pas être artificiellement contrôlée et répétée à l'identique. Comme le montre la remarque conclusive de l'introduction du *Traité*,

1. *TNH*, I.iii.15 § 11, trad. fr. p. 252. La croyance philosophique en la fiabilité de nos facultés prenant en compte l'expérience de nos erreurs passées pourra conduire au scepticisme (*TNH*, I.iv.1 et *EEH*, xii).

2. *Cf.* M. Malherbe, *La philosophie empiriste de David Hume*, Paris, Vrin, 2001, p. 51 *sq*.

3. *Abrégé*, trad. fr. p. 39.

4. F. Bacon, *Novum Organum*, trad. fr. M. Malherbe et J.-M. Pousseur, Paris, P.U.F., 1986, p. 195.

dans la science de la nature humaine, non seulement il n'y a pas d'expérimentation mathématique, mais il n'est même pas possible de faire un *essai*, prémédité et à dessein. En philosophie naturelle, quand on veut connaître l'effet d'un corps sur l'autre, il suffit de les placer dans une situation précise et d'observer ce qui se passe. « Mais si je tentais d'éclaircir un doute en philosophie morale d'une manière identique, c'est-à-dire en me plaçant dans le même cas que celui que je considère, il est évident que cette réflexion et cette préméditation troubleraient tellement l'opération de mes principes naturels qu'il serait impossible de tirer des phénomènes une conclusion juste »[1]. Par conséquent, il faut s'en remettre à une observation de la vie spontanée et des pratiques, en soi et chez les autres[2]. L'histoire humaine et sociale offre ainsi un champ d'investigation privilégiée.

En résumé, trois traits de la méthode humienne sont particulièrement notables. D'abord elle consiste à trouver une raison de croire à un fait et non plus la raison d'un être ou d'un événement. Ensuite elle ne se réduit pas à recueillir les faits (même avec un certain ordre), mais elle permet plutôt de *mieux les redéfinir*. Enfin, elle n'est qu'une conduite instinctive autocorrective, mais qui peut être rigoureusement dirigée : il faut multiplier les expériences et les faire varier, il faut aller à la rencontre des autres et du monde, et ne pas hésiter à tenir nos jugements eux-mêmes pour des expériences[3].

---

1. *TNH*, introduction, § 10, trad. fr. p. 37. *Cf.* L. Jaffro, « Science de la nature humaine ou science de l'esprit humain ? Le débat écossais et son impact sur la psychologie philosophique en France », dans *La nature humaine. Lumières françaises et britanniques, Corpus. Revue de philosophie*, n° 57, 2009, p. 101-124.

2. Pour une comparaison précise de la méthode baconienne et de la méthode humienne, lire E. Le Jallé, « David Hume : la philosophie et les savoirs », *Archives de philosophie*, 78 (4), Octobre-décembre 2015, p. 667-678.

3. Le scepticisme naît d'une auto-correction qui, se rappelant de *l'expérience* de l'erreur, en vient à douter de la *faculté* de juger (*TNH*, I.iv.1). Mais le scepticisme est lui-même une expérience auto-corrective puisqu'il entraîne également une défiance envers le doute (*TNH*, I.iv.7 et *EEH*, XII). Il laisse alors seulement une disposition mentale à tenir nos croyances pour révisables.

Ainsi, Hume promeut et applique dans ses enquêtes une méthode sceptique qui n'est pas naïvement *positiviste*. En témoigne son appel persistant, au sein même de la démarche expérimentale, à des « principes originels » c'est-à-dire à des faits qui n'ont d'autres explications que d'être dans notre constitution naturelle. Le recours à de tels principes, on l'a vu, doit être limité. Mais il n'est pas écarté : le *fait* de croire, le *fait* d'avoir des passions sont des *faits* de notre nature que l'on peut expliquer expérimentalement, en faisant varier les *experiments* et en dégageant des invariants (comme l'habitude, l'association opérée par l'imagination, etc.), et qui demeurent néanmoins des *faits de nature*. A la question « pourquoi l'habitude nous fait-elle attendre tel ou tel effet ? », il est possible de répondre en précisant les mécanismes mentaux par des explications en termes d'impressions ou d'idées, ou encore, très ponctuellement, en termes physiologiques (par les esprits animaux), mais aucune de ces explications ne fournit la *raison d'être* de la croyance. L'expérience vécue reste de ce point de vue la seule pierre de touche des faits de notre nature mentale que Hume qualifie (conformément à l'usage de l'époque, mais sans souscrire à la connotation théiste) d'*originels*.

C'est par là qu'il échappe à tout *réductionnisme*. Expliquer nos opérations ne peut plus consister à en découvrir la raison première ou la cause réelle au travers d'un pur mécanisme, comme le prétendait Hobbes. Hume ne pense pas non plus que les phénomènes mentaux se désagrègent dans un pur atomisme mental (décomposant l'esprit en un agrégat d'impressions et d'idées). La recherche de principes causaux tout comme l'explication en termes d'impressions et d'idées sont utilisées pour comprendre notre expérience vécue de la croyance ou celle de la passion. Ils résultent de *l'inclination naturelle* à tenir un fait pour causé. Le raisonnement expérimental est la mise en œuvre d'une croyance naturelle, et peut porter sur la croyance elle-même pour en préciser les « circonstances déterminantes ». Lorsqu'il échoue à comprendre comment on peut croire en des corps séparés de nos perceptions, ou en un *self* identique, c'est précisément la *persistance* de notre croyance naturelle (en des corps, ou en un *self*) en dépit de cet échec, qui nous plonge dans un embarras sceptique[1]. Le fait de nature de référence est ni mécanique, ni idéel. Il est éprouvé originellement comme *feeling*.

Au delà de la critique de l'induction, la leçon de Hume pourrait être instructive pour la science d'aujourd'hui. La méthode expérimentale qui dégage des causes doit continuer à admettre une certaine *fatalité* des faits qu'elle étudie. Il ne s'agit pas de mettre des limites à la recherche causale, d'un point de vue extérieur à la science puisque c'est toujours par et dans l'enquête expérimentale que les faits sont expliqués et même redéfinis. En revanche la portée d'une telle enquête mérite d'être appréciée philosophiquement : les faits *naturels* étudiés sont aussi des faits *de nature*. Prenons un exemple dans les sciences du vivant. La question de savoir si l'on peut rendre compte de l'origine de la vie doit être instruite par des investigations scientifiques poussées (qui reconstruisent l'enchaînement causal de l'apparition de la vie en en appelant par exemple à des entités prébiotiques) qu'il ne s'agit en aucun cas de suspendre par principe. Mais elle peut être éclairée par la conscience que la vie, cette expérience vécue par excellence, demeure comme telle au travers de ces mécanismes un fait de nature[2].

REID
LES FAITS DE NATURE ET L'INTERPRÉTATION DES SIGNES

Reid met lui aussi en valeur les *sources instinctives* de la formation de nos croyances. Mais à la différence de Hume, il pense que le *fait de nature* n'est pas seulement d'avoir des croyances en vertu de certaines expériences, mais de pouvoir avoir des croyances *vraies*. La méthode pourrait donc être *a fortiori* superflue. Mais

---

1. *TNH*, I.iv.2 et I.iv.6.

2. L'exemple n'est pas sans anachronisme, mais il a seulement pour but de montrer la fécondité de la pensée humienne. Aujourd'hui, la phylogénie envisage en effet les circonstances de l'apparition de la vie *à l'origine* de l'évolution. Au XVIIIᵉ siècle, le passage de « la matière brute » à « la matière organique » était envisagé (défendu ou critiqué) en tant que phénomène expliquant la *génération*. *Cf.* Buffon, *Histoire des animaux* (1749), *Œuvres complètes*, tome 11, Paris, F. D. Pillot, 1830, p. 203.

tout au contraire, on va le voir, l'appareillage de notre esprit ne
nous dispense ni d'effort, ni de progrès (*improvement*)[1].

Au début des *Recherches sur l'entendement humain
d'après les principes du sens commun* (1764), Reid fait sien le
projet, hérité de Bacon, d'une anatomie de l'esprit, consistant
à décrire les opérations mentales, tâche qu'il mène à propos de
la perception sensible dans cet ouvrage et qu'il poursuivra à
propos d'autres opérations telles que la conscience, la mémoire,
la connaissance abstraite ou le raisonnement dans les *Essais sur
les pouvoirs intellectuels de l'homme* (1785). Malgré l'apparence
consensuelle du projet de *l'anatomie de l'esprit*, les sections
suivantes de l'introduction aux *Recherches* vont prendre à partie
Descartes, Malebranche et Locke, puis Berkeley et Hume pour
avoir détourné l'entreprise de l'anatomie de l'esprit vers de vaines
quêtes : « ils se sont tournés vers la philosophie pour qu'elle leur
fournisse des raisons de croire à toutes ces choses auxquelles le
genre humain a cru sans pouvoir en donner de raison ». Parmi
« ces choses » que le genre humain ne remet jamais en question
se trouvent, d'après Reid, le fait qu'il y ait un agent de nos
pensées que nous appelons « moi », l'existence d'un monde
matériel, etc. Selon lui, par l'analyse des opérations mentales, la
philosophie ne doit pas chercher à conférer une justification à nos
croyances naturelles en supposant que sans elle, elles ne seraient
pas justifiées. Elle doit les décrire avec précision en tenant pour
admise la fiabilité que le genre humain leur accorde. Par exemple,
la perception ne devra pas être décrite comme une simple
imagination mais comme l'opération qui porte sur des choses
réelles hors de notre esprit. Il y a là un point de rupture décisif
entre les deux philosophes. Hume et Reid tiennent tous deux
l'*evidence* pour un fait de nature, mais Hume l'entend en un sens
descriptif, cohérent néanmoins avec la recherche de croyances
suffisamment évidentes, alors que Reid l'entend en un sens
d'emblée normatif, c'est-à-dire comme un fondement de croyance
vraie. En outre, Reid rompt également avec l'idéal réflexif de la

1. *Cf.* R. Copenhaver, « Is Thomas Reid A Mysterian ? », *Journal of The
History of Philosophy*, 44(3), 2006, p. 449-466.

méthode lockienne qui prétendait, dans l'*Essai sur l'entendement humain*, faire l'histoire naturelle de l'esprit, c'est-à-dire décrire « de quelle manière l'entendement parvient à ces notions que nous avons des choses »[1]. C'était oublier, selon Reid, l'alchimie de l'éducation et de la culture qui « mélange, compose, dissout, évapore et sublime » les principes naturels et ce « par le jeu des instincts, des habitudes, des associations et d'autres principes qui opèrent avant que nous ne soyons parvenus à l'usage de la raison ; de sorte qu'il est très difficile à l'esprit de revenir sur ses pas et de retracer les opérations par lesquelles il est passé depuis l'instant où il a commencé à penser et agir ». Certes, par une attention particulière portée à nos opérations mentales le philosophe s'efforce de faire « l'exacte énumération des pouvoirs originels et des lois primitives de notre constitution, suivie de l'explication des divers phénomènes de la nature humaine »[2]. Mais ce à quoi la réflexion parvient de plus « simple » et de plus « originel » n'est pas un donné *ontologiquement* simple qui, comme l'idée simple de Locke, entre dans une genèse des opérations plus complexes : c'est un fait de nature que la science, avec toute sa méthode, ne saurait analyser en éléments plus simples, sans dissoudre. La perception, le souvenir, la conscience sont des faits de nature et en ce sens, « originels ».

L'introduction au *Traité de la nature humaine* préconisait, quant aux « qualités originelles de la nature humaine », de s'en tenir à l'expérience et de ne pas faire d'hypothèse, parce que, on l'a vu, Hume s'interdisait de spéculer sur « l'essence » ou la constitution de notre esprit. Reid, pour sa part, considère que tout phénomène mental qui explique d'autres phénomènes mais dont il est impossible de rendre compte par l'analyse (donc en l'expliquant par un autre phénomène) est « simple » au sens où il est un fait de nature, qui mérite le qualificatif d'« originel » et qui est « *part of our constitution* » (*sic*). Qu'il y ait une opération par laquelle nous percevons des attributs de choses présentes, qu'il y ait une opération par laquelle nous nous souvenons d'attributs

---

1. Locke, *Essai sur l'entendement humain*, p. 58.
2. *REH*, p. 31-32.

de choses ayant existé par le passé, qu'il y ait une opération par laquelle nous prenons conscience de ce que nous pensons, ce sont des « lois de nature » et parce qu'elles servent à expliquer des jugements plus complexes, des « premiers principes »[1]. Le sens commun, qui est le pouvoir d'accomplir ces opérations naturelles, est donc l'ensemble des premiers principes de notre jugement et à ce titre, fait « partie de notre constitution ». Hume a refusé de compter au nombre des faits de notre constitution mentale la valeur cognitive de la perception, du souvenir et de toutes les opérations. C'est une erreur selon Reid. Plus exactement, selon ce dernier, l'erreur de Hume est d'avoir ramené toute expérience mentale à une expérience de *feeling*, sans valeur de vérité.

Quel est alors le rôle de la méthode si le sens commun est donné par et dans notre constitution mentale ? Une méthode n'est pas inutile, mais elle ne saurait se réduire à celle exposée dans les manuels de logiques classiques. Ces derniers, inspirés dans l'Écosse du XVIIIe siècle par les logiques cartésiennes et lockiennes, supposaient trois actes fondamentaux : la conception devenue idée, le jugement défini comme rapport entre idées et le raisonnement, acte par lequel un rapport de convenance pouvait être établi là où ces idées s'accordent réellement, de disconvenance là où, en fait, elles ne s'accordent pas[2]. S'y adjoignait parfois une quatrième partie sur la méthode, comme c'était le cas dans la *Logique* de Port-Royal, qui malgré son interdiction pour des raisons religieuses, circulait sous le manteau. Un premier assaut

---

1. Cf. *Of constitution, in* Thomas Reid Papers, MS 3061/8. Aberdeen, University's Digital Repository : http://www.abdn.ac.uk/historic/Thomas_Reid/. « Nous constatons qu'un phénomène est la conséquence d'un autre phénomène, celui-ci d'un troisième et ainsi de suite, aussi loin que nous puissions poursuivre. Et ces phénomènes ultimes que nous ne pouvons expliquer ou résoudre en quelqu'autre phénomène *(which we cannot account for or resolve)* nous leur donnons le nom de *partie de la constitution du système*, ou *lois de nature*. [...] Une partie de la constitution d'un système est par conséquent toujours le résultat final de nos enquêtes physiques lorsque nous procédons de façon analytique ; et doit être supposé comme premier principe lorsque nous expliquerons les phénomènes de la nature synthétiquement » (feuillet 1).

2. Parmi les auteurs de ces manuels, on peut citer John Wallis (*Institutio logicae*, 1687), I. Watts (*Logick; or the Right Use of Reason in the Enquiry after Truth*, 1724), et William Duncan (*Elements of Logick*, 1748).

contre « les systèmes de logique moderne » avait été donné par Hume, qui dans l'*Abrégé* du *Traité de la nature humaine*, tirait partie de la nouvelle méthodologie expérimentale présentée plus haut. Reid pensait également que l'affirmation d'une existence réelle, par la perception, le souvenir ou la conscience, ne saurait se réduire à un rapport entre idées[1]. Il ne méprisait pas l'utilité de *règles logiques* pour autant. « La pratique jointe aux règles peut conduire plus loin et plus rapidement un homme dans son art, que la pratique sans règles », déclarait-il dans un petit essai sur la logique d'Aristote, où il concluait, en citant abondamment le texte de Locke intitulé *De la conduite de l'esprit humain*, que l'art de penser consiste dans la maîtrise et la discipline du pouvoir naturel qu'est le jugement[2]. Le bénéfice de l'anatomie de l'esprit sous ce rapport est donc le suivant. C'est en prêtant attention à ce que nous admettons naturellement comme de bonnes raisons de croire, que désigne l'anglais *evidence*, c'est-à-dire comme fondement (*just ground*) de croyance, que l'on pourra par après tenter de dégager des règles pour la conduite de notre entendement.

La notion de « premier principe » croise chez Reid deux connotations. Le sens *méthodologique* (lois de nature) rejoint une acception logique car, dans la philosophie de l'esprit, les « premiers principes » sont aussi des propositions évidentes par soi dont on peut tirer d'autres propositions par raisonnement. Mais Reid rejette un critère de vérité qui soit *extérieur* ou *préalable* au jugement vrai. Les premiers principes énoncés par Reid pour mettre fin à tout scepticisme (en particulier sur l'existence d'un monde extra-mental, ou sur l'existence d'un moi) ne sont pas des règles abstraites de jugement[3]. Ce ne sont pas davantage des fondements métaphysiques que seul un procédé artificiel ou un certain type de raisonnement pourrait mettre en évidence. Car

1. *EIP*, I. 7, p. 66.

2. *A Brief Account of Aristotle's Logic*, première édition dans *Sketches of the History of Man. In two volumes*, Edinburgh, W. Creech (Edinburgh) et W. Strahan et T. Cadell (London) 1774, vol. II, livre 3, p. 168-241 ; rééd. in *Thomas Reid. On Logic, Rhetoric and the Fine Arts*, Alexander Broadie (ed), Edinburgh, Edinburgh University Press, 2005, p. 97-149, p. 143.

3. *IP*, VI.5-6.

un tel procédé ou un tel raisonnement seraient immédiatement coupables d'un cercle vicieux consistant à présupposer la fiabilité des facultés qu'ils cherchent à prouver. (C'est la critique que Reid adresse à Descartes.) Il faut bien plutôt prendre acte du fait que nous ne pouvons pas ne pas reconnaître leur bien-fondé dans l'exercice même de nos facultés[1]. Ce sont des principes indubitables au sens où leur reconnaissance n'a besoin d'aucune méthode pour être opérée parce qu'elle est investie dans notre comportement mental. Par exemple, que « les choses que nous percevons distinctement par nos sens existent réellement et sont telles que nous les percevons » est un principe de vérité contingente (le cinquième dans la liste faite par Reid) dont la vérité ne dépend pas de la proposition (donc du lien entre les idées de perception et de réalité), mais se reconnaît dans l'opération mentale vécue : à et dans la perception de ce livre, vous ne pensez pas sincèrement qu'il est le produit de votre fantaisie[2].

Les premiers principes sont comme la *sève* qui irrigue l'exercice du jugement. Je peux croire à tort que le bâton plongé à mi-hauteur est tordu. Mais je ne *me trompe* pas en me fiant à ma perception. La « suggestion » qui nomme le procédé naturel par lequel une sensation est tenue pour *le signe* de quelque chose d'existant hors de moi ne peut pas être *sincèrement* tenue pour trompeuse parce qu'il y a dans l'expérience propre de la perception elle-même quelque chose qui se donne pour indubitable. C'est à la suggestion que je me fie lorsque je sens le bâton droit au toucher dans l'eau ou que je le vois tel en l'en retirant. Et je peux également apprendre à donner à certaines sensations d'autres significations. En revanche, l'erreur peut se glisser dans plusieurs cas. Ainsi, il arrive qu'on ne remarque pas les signes. En l'espèce, par conséquent, la sensation peut nous échapper et la perception nous manquer. D'autres types d'erreur sont possibles. Il se peut que la chose qui devrait être tenue pour signe d'une autre ne le soit pas parce qu'on ne sait pas *de quoi* elle est un signe, ou bien

---

1. *IP*, VI-6, p. 480-482.
2. *Cf.* A. Thébert, « Common Sense and First Principles : Dispelling an Ambiguity », *Philosophical Enquiries*, à paraître.

parce qu'on ne sait pas que *c'est* un signe. Dans le premier cas on ignore le *signifié*, dans le second cas, la *signification* même. De telles erreurs nous sont à dire vrai épargnées dans le cas des perceptions dites « naturelles », où le *signe* (la sensation) suggère instinctivement (c'est-à-dire immédiatement, sans raisonnement et par la seule vertu de notre constitution naturelle) un signifié objectif. Par exemple, en vertu de notre constitution naturelle, la sensation de dureté suggère l'existence d'un corps solide. En revanche, lorsque nous *apprenons* à percevoir, et dans diverses sortes de raisonnements (sur les causes et les effets, sur les intentions et les volontés, etc.), il nous faut découvrir le lien [1]. Ces trois types d'errance sémiologique justifient un appel à la méthode afin d'établir des faits, que ce soit pour les *attester* lorsqu'ils sont « évidents par soi », ou pour les *découvrir* par un raisonnement sémiologique.

Dans la philosophie de l'esprit, les faits ne sont attestés que par l'attention à l'expérience vécue de nos opérations mentales. Distincte de la conscience (qui accompagne effectivement toutes nos pensées, mais qui est fluante), elle a pour nom « réflexion ». C'est donc par le travail de la réflexion que le sceptique doit parvenir à se rendre compte qu'il ne doute jamais réellement et sincèrement de la réalité de ce qu'il perçoit. Dès lors, l'observation, cette *perception* attentive, ne demande pas d'autre garantie épistémologique que la réflexion sur le fait que nous ne pouvons pas tenir la perception pour trompeuse en elle-même. Et l'on comprend qu'elle soit, dans la philosophie naturelle cette fois, l'instrument de l'attestation des faits. Il n'y a pas d'autre méthode, ici et là, que l'*effort* d'attention, qui est un pouvoir dont on peut acquérir une certaine maîtrise par l'exercice et la pratique.

---

1. Reid distingue trois sortes de « signes naturels » : ceux dont la connexion avec le signifié est établie « par nature » mais découverte seulement par expérience et raisonnement (ce sont les causes naturelles), ceux dont la connexion est découverte par un principe naturel inductif et non par raisonnement (ce sont les signes du langage naturel comme les pleurs ou les cris de douleur), et ceux dont la signification naturelle n'a pas besoin d'être découverte car elle est connue instinctivement (les sensations dans le cas des perceptions naturelles simples). Cf. *REH*, V.3.

La découverte de faits de nature qui ne sont pas immédiatement attestés par réflexion ou observation doit procéder par *induction*, dont l'art, selon Reid, a été théorisé par Bacon et appliqué par Newton. Mais la sémiologie par laquelle Reid explique nos opérations mentales le conduit à une méthodologie originale de l'induction. L'art inductif consiste certes à passer de propositions particulières à une conclusion générale en établissant une loi de la nature, mais cette loi est seulement une relation qui *institue* un fait comme *signe* d'un autre. En effet, « [c]e que nous appelons *causes* naturelles pourrait, avec plus de propriété, être nommé *signes* naturels, et ce que nous appelons *effets*, les choses signifiées. Les causes n'ont pas d'efficience ou de causalité propres, pour autant que nous le sachions ; et tout ce que nous pouvons affirmer avec certitude est que la nature a établi une constante conjonction entre elles et les choses qu'on appelle leurs effets [...] »[1]. La généralisation par laquelle la conjonction constante est repérée ne vient pas d'une règle logique abstraite et idéelle. Elle est seulement une manière d'agir pour l'esprit. Reid retient la leçon de Hume, en rappelant le rôle de l'habitude, mais en le fondant sur notre constitution naturelle *véridique*. Grâce à lui, le raisonnement probable *découvre* un fait dont la connaissance n'était pas possédée par avance. La méthode se justifie parce que la vérité n'est pas innée. Néanmoins, le raisonnement continue à employer les premiers principes. Il les applique non pas pour affirmer d'un cas particulier ce que le principe affirmait en général, mais pour découvrir de *nouveaux* cas particuliers. Par exemple, c'est un autre premier principe que *le dessein et l'intelligence dans la cause peuvent être inférés avec certitude des marques et des signes qu'ils ont dans l'effet*, mais encore faut-il déterminer ce qui porte la trace de l'intelligence. Le raisonnement consiste à appliquer ce premier principe à ce qui n'est pas tenu instinctivement pour marque d'intelligence, même si un peu d'attention nous le découvre. Ainsi, le raisonnement théiste consiste à voir dans le monde le signe d'une intelligence créatrice. La croyance en un créateur n'est pas instinctive, au sens où Reid ne fait pas de

---

1. *REH*, V.3.

l'existence divine un premier principe, mais elle est selon lui naturelle au sens où il suffit de prêter attention aux lois du monde pour y croire. Le raisonnement ne consiste donc pas seulement en un rapport de propositions qu'il faudrait savoir *disposer*. Il doit bien plutôt *se servir* des premiers principes pour *découvrir* de *nouvelles raisons de croire* (de nouvelles pièces d'*evidence*). Il est *dérivé* mais non *déduit* des premiers principes. Ce que le raisonnement retient des premiers principes n'est pas un rapport d'idées qu'il étendrait à d'autres idées, mais c'est essentiellement une attitude mentale. Car c'est parce que l'esprit n'est jamais proprement *indifférent*, et toujours *naturellement enclin* à croire certaines choses (un témoignage, l'existence du perçu, etc.), que l'expérience de l'erreur peut ensuite par induction modérer notre attente, nous apprendre l'incertitude et le doute. Encore n'est-ce pas un doute sur nos facultés comme telles (pour les raisons évoquées plus haut), mais seulement une réserve inhérente à telle ou telle croyance. En outre cette inclination naturelle n'est pas une croyance précipitée puisqu'elle repose sur les premiers principes, mais elle est parfois mal appliquée lorsque nous tenons à tort une chose pour signe (témoignage, cause, effet, trace, etc.) d'une autre.

La méthode repose donc entièrement sur l'attention dans l'observation afin de bien raisonner sur les signes. Il faut alors mener un travail herméneutique pour progresser dans la connaissance, en se fondant sur les conjonctions régulières de l'expérience et les ressemblances que l'on peut y trouver. En écho à Newton, Reid pense que pour assigner une cause il faut avoir une garantie de sa *réalité* (par attestation ou par d'autres signes) et de sa *suffisance* à produire l'effet. Selon Reid les lois, les classes et espèces ainsi dégagées sont *réelles* et le but de l'interprétation scientifique est de retrouver une structure objective de la nature créée. Il reproche par exemple à la taxonomie de Buffon de rester fictive parce qu'elle ne repose pas sur des critères ontologiques.

Une cause naturelle est « suffisante » si l'expérience a montré qu'il suffit que cette chose soit présente pour qu'une autre s'ensuive. Certes, d'un point de vue épistémologique, comme on l'a vu, elle ne suffit pas à *engendrer* son effet : la cause naturelle n'étant qu'un signe, elle n'expliquerait rien s'il n'y avait une efficace divine à son origine. Mais du point de vue de la pratique scientifique, le naturaliste doit se garder d'une explication par une causalité métaphysique. Il doit en rester aux signes naturels, c'est là sa prérogative. Reid défend ainsi la nécessité d'une démarcation entre la philosophie naturelle et la théologie. A une époque où le catastrophisme est une doctrine encore très répandue pour expliquer l'origine de la terre, il n'hésite pas à proscrire en la matière les présuppositions religieuses et à se contenter, en tant que naturaliste, des régularités factuelles qui s'appliquant au présent permettent également d'expliquer le passé. Sur ce point à l'inverse, Reid voit en la théorie de Buffon un exemple [1].

En somme, pas davantage que chez Hume, le naturalisme ne conduit chez Reid à une démission méthodologique. La méthode est pour lui la rigueur de l'exercice soigneux du jugement et ne se réduit plus à un simple *arrangement entre idées*. Tout au plus, peut-on reprocher à Reid de déroger parfois à son propre principe de démarcation et de recourir à une solution de facilité lorsqu'il fait intervenir une cause métaphysique dans l'économie animale. Ainsi, il soutient que l'économie animale requiert l'influence continuelle d'un pouvoir actif afin d'éviter un matérialisme (qui attribuerait à la matière une capacité d'auto-organisation). Visant à prévenir l'athéisme découlant du matérialisme, l'entorse à la « démarcation » entre philosophie naturelle et métaphysique s'explique sans doute par le réalisme de Reid : lorsqu'il prend pour objet les corps inertes, le naturaliste peut tout à fait éviter de chercher une causalité « métaphysique », mais les régularités observées ne suffisent plus à tenir compte de la *réalité vivante* lorsqu'il étudie les phénomènes organiques (« animés »). De son point de vue, il n'y a pas là une faute méthodologique si la causalité originelle et immatérielle ne dispense pas de mener une enquête naturaliste sur les lois par lesquelles un tel agent immatériel opère (causes naturelles du mouvement vital ou du mouvement volontaire). Ainsi la distance entre l'approche d'inspiration humienne et celle de Reid est sensible : l'une refuse de faire

---

1. *Cf.* P. Wood, « introduction » à *Reid and the Animate Creation*, p. 6.

intervenir une origine transcendante dans la chaîne causale, mais admet que le jugement qui conçoit des causes est un fait de notre nature, l'autre pense le fait de nature comme ce qui vient d'une causalité originelle immatérielle.

Il reste que sur l'exemple des sciences de la vie on peut voir que les méthodologies différentes de Reid et Hume ne s'abîment ni dans un positivisme, ni dans un scepticisme, ni dans un instinctivisme. On devine également combien l'idée qu'il faudrait mettre à l'écart toute considération métaphysique pour qu'une méthodologie proprement naturaliste apparaisse est à nuancer. Le « naturel » garde chez eux le sens de « l'originel », c'est-à-dire d'un fait de nature, qui, en philosophie de l'esprit, se donne dans la pratique de notre esprit. La méthode de bonne conduite, pour l'esprit, ne peut ainsi résulter que d'une science qui ne dissout ce fait de nature ni par décomposition analytique ni par résolution causale.

Claire ETCHEGARAY

LA MÉTHODE DE LA MÉTAPHYSIQUE
SELON KANT

La critique est définie par Kant comme un « traité de la méthode », non « un système de la science elle-même », elle est un « essai de changer la démarche (*Verfahren*) jusqu'ici suivie en métaphysique »[1]. La critique a pour but de mettre la métaphysique sur « la voie sûre d'une science »[2], mais elle n'est pas encore elle-même la science dans son développement systématique – la science n'est pas autre chose que le système –, elle n'en est que la propédeutique[3]. La critique est donc tout entière méthode, élaboration de la méthode, et s'accomplit dans une Méthodologie transcendantale qui consigne les résultats de la Théorie des éléments. Plus qu'un moment préliminaire, indispensable à l'accès à la scientificité mais relativisé par la science proprement dite, la méthode devient avec le kantisme l'essentiel de la réflexion philosophique : une philosophie purement critique se confondrait avec une méthode, comprise non pas comme un ensemble de préceptes applicables à des objets donnés, mais comme un

---

1. *Critique de la raison pure* [*CRP*], Préface à la 2ᵉ édition, édition de l'Académie des sciences de Berlin [Ak.], t. III, p. 15. Lorsque le traducteur n'est pas mentionné, nous traduisons.

2. *CRP*, Préface à la 2ᵉ édition, Ak. III, 7, 11, 22.

3. *CRP*, Architectonique, Ak. III, 543-544. Cf. *Logique*, § 95 : « La connaissance, pour être une science, doit être organisée selon une méthode. Car la science est un tout de connaissance sous forme de système et non simplement sous forme d'agrégat. Elle requiert donc une connaissance systématique, donc constituée selon des règles réfléchies. » (trad. fr. L. Guillermit, Paris, Vrin, 2ᵉ éd., 1970, p. 149).

travail incessant, par la raison, de son rapport à sa propre origine ; ouvrage sans cesse remis sur le métier parce que cette origine ne peut être présentée dans une intuition. Toutefois la méthode ne se conçoit qu'en vue de la science, puisque c'est la méthode qui est le critère du scientifique, c'est-à-dire du systématique. La science se distingue en effet de la simple connaissance, collection de contenus de pensées partiels et rhapsodiques, par le fait qu'elle est ordonnée par une unité systématique ; l'art des systèmes, ou architectonique, est donc le moment essentiel d'une méthodologie[1].

Le lien entre méthode et science conduit à approfondir la nécessité, pour la métaphysique, de se fonder sur une critique. Qu'une science en général soit fondée sur une méthode, est un truisme qui ne signifie par grand-chose tant qu'on n'a pas explicité de quelle méthode, et de quelle science il s'agit. Si par méthode on entend un simple « ordre des pensées »[2] qui détermine de manière purement descriptive la manière de procéder dans une connaissance quelconque, il n'est pas nécessaire que cet ordre soit systématique, il suffit que la connexion entre les pensées obéisse à certaines règles, qui doivent pouvoir être explicitées préalablement ou indépendamment des contenus de pensée. Ainsi Kant parle-t-il, dans la *Logique*, de « méthode rhapsodique ou fragmentaire »[3], ce qui peut paraître une contradiction dans les termes ; mais il faut entendre par « méthode rhapsodique » plus un mode d'exposition qu'un mode de découverte ou de validation des vérités scientifiques. On peut exposer des vérités scientifiques sans reconstituer l'ordre de validation des énoncés, mais de telles vérités sont en réalité fondées dans un ordre systématique, c'est-à-dire la mise en œuvre de règles réfléchies. Par suite une méthode proprement scientifique est un ordre qui permet de disposer les énoncés de connaissance dans une suite qui, d'une part, fonde la validité de chaque énoncé, d'autre part, permette la découverte d'énoncés nouveaux ; elle vise à la perfection logique de la connaissance[4].

---

1. *CRP*, Architectonique, Ak. III, 538.
2. Meier, *Auszug aus der Vernunftlehre* [*extrait de la Doctrine de la raison*], § 414, reproduit dans Kant, *Reflexionen, Logik*, Ak. XVI, 776.
3. *Logique*, § 116, Ak. IX, 148.
4. *Logique*, § 97, Ak. IX, 139.

Une telle définition purement formelle de la méthode, qui tend à la confondre avec l'art de bien penser ou de disposer ses pensées avec ordre, donc avec la logique, est pourtant inadéquate pour comprendre le besoin d'une méthode pour la métaphysique. Car si la métaphysique a erré hors de « la voie sûre d'une science », ce n'est pas faute d'avoir suivi un ordre cohérent, voire un procédé rigoureux de démonstration qui l'apparente à une discipline mathématique. Les errements de la métaphysique viennent au contraire de ce qu'on a voulu lui appliquer une telle méthode d'origine mathématique ou logique, sans avoir au préalable réfléchi sur la nature de la scientificité impliquée par la métaphysique. L'erreur, qui fut celle de Descartes comme celle de Leibniz, consiste à penser la méthode de la métaphysique d'après le modèle d'une *mathesis universalis*, quelle que soit la définition de celle-ci, qu'elle procède de la forme du raisonnement ou de l'intuition des contenus. Le raisonnement fallacieux est le suivant : une méthode a montré l'excellence de ses résultats dans des domaines encore limités du savoir ; la véritable méthode est l'universalisation de cette méthode restreinte ; cette méthode doit s'appliquer au premier chef à la métaphysique qui est la science première. La métaphysique est alors définie à partir d'une définition de la généralité comme communauté, qui traite de manière univoque aussi bien les différents actes cognitifs que leurs différents objets, faisant de la science première celle qui a pour objet celui qui est le plus commun, parce qu'il est ce qui ne peut pas ne pas être pensé d'un objet en général, dès lors qu'on pense. Dès lors les conditions de la pensabilité en général deviennent les déterminations de l'objet le plus général de la pensée, et l'ontologie tend à se confondre avec la logique première, puisque les notions les plus générales déterminent les propriétés les plus générales de l'objet, confondu avec l'étant en tant qu'étant[1]. Pour comprendre la nature proprement kantienne de la définition de la méthode qui y

---

1. Cette conception de la métaphysique comme science transcendantale de l'étant en tant qu'étant fait l'objet des travaux devenus des références d'O. Boulnois, J.-F. Courtine et L. Honnefelder. De ce dernier, on retiendra tout particulièrement les pages sur Wolff de *Scientia transcendens,* Hamburg, Felix Meiner, 1990 et de *La métaphysique comme science transcendantale,* trad. fr. I. Mandrella, revue par O. Boulnois, Paris, P.U.F., 2002.

conduit, il convient donc de revenir un instant sur la manière dont Wolff conçoit l'apodicticité scientifique, afin de faire apparaître le point de divergence d'avec la critique.

La métaphysique que Kant reçoit de la tradition scolaire wolffienne, et qu'il prétend réformer, définit la connaissance de tout étant à partir des conditions de possibilité de la connaissance en général ; il en résulte que la méthode de la pensée, « l'ordre des pensées », compris dans ses déterminations les plus universelles et les plus nécessaires, convient immédiatement à la connaissance de l'objet le plus universel. C'est donc déjà par une révolution dans la méthode que Wolff imprimait sa marque à la métaphysique, en étendant l'apodicticité propre à la science démonstrative (selon un modèle qui, en deçà des Modernes, est trouvé chez Euclide et chez Aristote) à la science de l'étant en tant qu'étant, ainsi promue de manière à la fois architectonique et scientifique, métaphysique première parce que générale[1]. Wolff applique à la nature de l'étant en tant qu'étant la nécessité qui s'impose à la pensée lorsqu'elle progresse de manière démonstrative, autrement dit la nécessité du principe de contradiction. Cette extension de la nécessité de la pensée à la nécessité de l'être procède en deux moments : 1) elle passe de la pensée à la *connaissance* : parce que les principes de la pensée sont nécessaires, une *connaissance* apodictique est fondée sur eux. 2) Cette connaissance porte sur des objets. On peut donc passer de la pensée la plus nécessaire à l'objet le plus nécessaire de la pensée, ce qui confirme l'axiome dont se réclame Descartes : de la pensée à l'être la conséquence est bonne. Il faut ajouter : par la médiation de la science.

La science se confond pour Wolff avec la méthode scientifique, ou philosophique, c'est-à-dire « l'ordre que doit employer le

1. Ce point est mis en évidence par L. Honnefelder, dans *Scientia transcendens*, p. 298-317. La révolution wolffienne, préparée par la métaphysique scolaire allemande, consiste à appliquer à l'étant en tant qu'étant la méthode propre à « une science apodictique qu'Aristote décrit dans les *Seconds Analytiques* comme corrélation axiomatico-déductive des propositions » (*La métaphysique comme science transcendantale*, p. 92), et donc à faire de l'ontologie une *scientia propter quid*. Il ne nous semble pas possible toutefois d'affirmer que Kant prolonge cette définition de la métaphysique comme science.

philosophe dans l'exposition des dogmes »[1], qui permette de fonder tous les énoncés en « les inférant à partir de principes certains et immuables par une conséquence légitime »[2]. Par conséquent si l'on entend par système la concaténation de tous les énoncés scientifiques selon un ordre de connexion nécessaire qui les rattache à des principes premiers[3], la méthode fait de la science un système. Comme les premiers principes de la science sont eux-mêmes fondés dans l'ontologie[4], le système qui se déploie à partir de cette première partie est la métaphysique.

Il est donc impossible de reprocher à la métaphysique wolffienne d'avoir manqué de méthode, ou de s'être écartée de l'exigence de démonstration. D'ailleurs Kant, au moment même où il définit la révolution méthodologique dans la métaphysique, affirme que « la critique n'est pas opposée au procédé [*Verfahren*] dogmatique de la raison dans sa connaissance pure comme science (car celle-ci doit toujours être dogmatique, c'est-à-dire strictement démonstrative à partir de principes *a priori* sûrs) »[5]; et il précise quelques lignes plus bas : « Dans l'exécution du plan que prescrit la critique, c'est-à-dire dans le système futur de la métaphysique, nous devons suivre à l'avenir la méthode rigoureuse du célèbre Wolff, le plus grand parmi les philosophes dogmatiques ». Puisque Wolff a été le premier à montrer comment

1. Wolff, *Discursus praeliminaris de philosophia in genere*, § 115, Stuttgart, Froman-Holzbog, 1996, p. 53, cité par J.-P. Paccioni, *Cet esprit de profondeur. Christian Wolff, l'ontologie et la métaphysique*, Paris, Vrin, 2006, p. 13.

2. *Ibid.*, p. 32; trad. citée, p. 13. Sur la méthode de Wolff, voir aussi J.-P. Paccioni, « Leibniz, Wolff et la Métaphysique traitée selon la méthode scientifique », *Revue de synthèse*, tome 128, 6ᵉ série, n° 3-4, 2007, p. 295-310.

3. « Des vérités universelles ou des propositions universelles connectées entre elles constituent un *système doctrinaire*. » (Wolff, § 3 du *De differentia intellectus systematici et non systematici*, trad.fr. J.-P. Paccioni, dans l'article cité à la note précédente, p. 300).

4. « Toute la mathématique (*Mathesis*) se résout dans les *Éléments* d'Euclide et les éléments d'Euclide en principes ontologiques qu'Euclide pose comme valant pour des axiomes » (Wolff, *Horae subsecivae Marburgenses*, I, 1729, trimestre brumale, p. 332, cité par Paccioni, *op. cit.* p. 17).

5. *CRP*, Préface à la 2ᵉ édition, Ak. III, 21; trad. fr. Barni-Marty, dans Kant, *Œuvres philosophiques*, t. I, Paris, Gallimard, Bibliothèque de la Pléiade, 1980 [abrégé : Pléiade, I], p. 751.

« il faut suivre la voie sûre d'une science », faut-il comprendre que la critique se contente de restaurer la méthode de Wolff, négligée ou infléchie par ses successeurs ? Quelle est dans ce cas la portée du « changement de méthode » préconisé sur le modèle de la révolution copernicienne ? Comment Kant peut-il à la fois affirmer que la démarche [*Verfahren*] de la métaphysique « n'a été jusqu'ici qu'un simple tâtonnement »[1], et que cette même démarche, lorsqu'elle est dogmatique, est la seule possible ; que la métaphysique « n'a pas pu encore trouver une voie sûre de la science », et que pourtant, Wolff l'avait montrée ?

Cet éloge de Wolff a sans doute une visée polémique : il défend « l'esprit de profondeur », ou de solidité (le « *Geist der Gründlichkeit* ») contre le bavardage d'une philosophie mondaine ou exaltée, ou contre la haine sceptique de la raison. Il rappelle que la philosophie, même si elle est définie à partir d'une idée cosmique de la législation de la raison humaine qui ordonne toute activité rationnelle à des fins essentielles d'ordre pratique[2], n'a d'autre existence authentique que la culture de la science, l'effort pour établir un corps de doctrine cohérent qui puisse être transmis pour être amplifié, autrement dit un système, et que le lieu de cette élaboration et de cette diffusion de la science est l'École. L'esprit de profondeur dont Wolff est l'instigateur en Allemagne est l'idéal propre au concept scolastique de la philosophie, qui se donne pour but « l'unité systématique de ce savoir, et par conséquent la perfection *logique* de la connaissance »[3]. La métaphysique ne peut devenir une science que sous une forme rigoureuse, conforme aux exigences de l'École.

Cependant cet usage polémique de Wolff, s'il conduit, de manière encore trop indéterminée, à préférer une philosophie méthodique à une philosophie rhapsodique, n'explique pas la validité que Kant reconnaît à la méthode dogmatique proprement dite, ni le rapport qui existe entre cette méthode et la critique. La question demeure : si la méthode dogmatique est la bonne, à

---

1. *CRP*, Préface à la 2ᵉ édition, Ak. III, 11.
2. *CRP*, Architectonique, Ak. III, 542-543.
3. *Ibid.*

quoi sert la critique ? La réponse de Kant tient, au premier abord, dans la distinction qu'il fait entre la méthode dogmatique et le dogmatisme. Mais la différence entre les deux semble seulement reposer, si l'on poursuit le texte de la Préface, sur le fait que le dogmatisme procède sans critique préalable du pouvoir de la raison. À cette réserve près, le dogmatisme est défini comme l'usage de la méthode dogmatique, puisqu'il est « la prétention de pouvoir avancer dans une pure connaissance à partir de simples concepts (connaissance philosophique), selon des principes dont la raison a l'usage depuis longtemps »[1] – ce qui correspond à peu de près au « procédé dogmatique » évoqué dans la même phrase. Si le dogmatisme est la méthode dogmatique sans la critique, il s'ensuit que la critique serait la même méthode dogmatique sans le dogmatisme. On pourrait conclure hâtivement de cette arithmétique sommaire que la critique ne change rien à la méthode, nécessairement dogmatique, de la métaphysique comme science[2], qu'elle se contente de lui donner une légitimité fondée sur l'examen du pouvoir de la raison. Comment dans ce cas comprendre que la révolution copernicienne institue un changement dans la méthode ?

On peut remarquer que la distinction entre le dogmatisme et le procédé dogmatique relativise l'éloge de Wolff. Car si la « méthode rigoureuse du célèbre Wolff » indique par avance quelle sera la méthode de la science, et fournit un modèle à tous ceux qui veulent faire de la métaphysique une science, il n'en demeure pas moins que Wolff n'a pas échappé au défaut de dogmatisme, puisqu'il ne lui est pas « venu à l'esprit de se préparer d'abord le champ par la critique de l'instrument, c'est-à-dire de la raison pure elle-même »[3]. Sa méthode ne l'a donc pas empêché de tomber dans l'erreur propre à la façon de penser de son époque, même si cette erreur ne lui est pas personnellement

---

1. *CRP*, Préface à la 2ᵉ édition, Ak. III, 21.

2. « Une métaphysique solide doit nécessairement être exécutée de manière dogmatique et, conformément à une exigence des plus rigoureuses, systématique, par là selon la manière de l'École (pas selon la manière populaire) » (*Ibid.* Ak. III, 21-22).

3. *Ibid.* Ak. III, 22, Pléiade, I, p. 752.

imputable. Mais, quoi qu'il en soit de Wolff, cette distinction pose un problème concernant le statut de la critique : si la méthode de la métaphysique, ou de la science, est en définitive la méthode dogmatique, la critique semble réduite à n'être qu'une légitimation préliminaire à la mise en œuvre d'une méthode dont on connaîtrait déjà les règles. Cela limite la portée de la critique comme propédeutique méthodologique, et ne permet plus de comprendre en quoi la critique est un « traité de la méthode », ni en quoi la métaphysique se trouve changée après avoir été mise sur le chemin de la science ; car si la critique est seulement une condition de l'usage de cette méthode, elle rétablit entièrement cet usage dans son droit.

On pourrait sans doute reprocher au dogmatisme de n'avoir pas fondé la légitimité de sa méthode, mais en quoi est-ce un inconvénient qui mette en péril la pratique même de la métaphysique si cette méthode est la seule possible pour la science ? Après la critique, dans la phase proprement scientifique ou doctrinale de la métaphysique future, ce n'est pas une méthode critique, ou tirée de la critique, qui serait utilisée, mais bien la méthode de Wolff, la méthode de démonstration des mathématiciens fondée dans les premiers principes de la raison pure. Ainsi Kant, dans un des rares textes métaphysiques ou doctrinaux qui aient été rédigés après la CRP, dans les *Premiers principes métaphysiques d'une science de la nature*, a-t-il « imité la méthode mathématique » même s'il ne l'a pas fait, faute de temps, en toute rigueur. Il indique à ce propos qu'« un tel système [celui de la physique rationnelle ou métaphysique de la nature corporelle] est tout à fait capable de cette rigueur, et pourrait bien parvenir, avec le temps et grâce à des mains plus habiles, à cette perfection [la perfection logique de la connaissance qui correspond à l'esprit wolffien de profondeur]. »[1]. Ne peut-on voir dans ce retour de la méthode dogmatique le triomphe du dogmatisme, et non le « déclin de toute métaphysique dogmatique », dont les *Prolégomènes* annoncent le moment

---

1. *Premiers principes métaphysiques d'une science de la nature*, Préface, Ak. IV, 478.

arrivé[1] ? Une telle conclusion est évidemment incompatible avec les affirmations répétées de Kant, qu'avec la critique une nouvelle ère s'ouvre pour la métaphysique, qui rend caducs tous les essais de cette discipline[2]. Et c'est bien la méthode dogmatique qui est remise en question : « ce qui s'est appelé métaphysique jusqu'ici ne peut donner satisfaction à aucun esprit rigoureux »[3]. La validité de la méthode est la pierre de touche de la métaphysique ; Kant met au défi quiconque de trouver une seule proposition synthétique qui ait jamais été démontrée par la « méthode dogmatique », ce qui permet de conclure que « la métaphysique comme science n'a pas encore jamais existé jusqu'ici »[4].

Le statut de la méthode dogmatique une fois la critique effectuée conduit à mettre en question la portée exacte de celle-ci : est-ce que la critique permet à cette méthode, inopérante sans elle, de parvenir à démontrer des vérités métaphysiques, c'est-à-dire fondées sur une synthèse pure, à partir de simples concepts ? Ou bien ne faut-il pas envisager une autre fonction de la méthode ? Non plus de produire des énoncés concernant des objets de la raison pure, mais d'accorder le discours à la raison, ce qui peut s'entendre à nouveau en deux sens : prendre en considération, dans l'organisation des parties du discours, les fins essentielles de la raison ; et conduire le discours lui-même selon un enchaînement rigoureux, sans que, dans les deux cas, il s'agisse de produire une connaissance portant sur des objets. Ce

---

1. *Prolégomènes à toute métaphysique future qui pourra se présenter comme science*, Ak. IV, 367. Quelques lignes plus haut (Ak. IV, 366, l. 2), Kant avait appliqué à cette métaphysique dogmatique le terme péjoratif de bavardage (*Gewäsch = Geschwätz*), qui est généralement, par exemple dans la préface des mêmes *Prolégomènes* (Ak. IV, 256, l. 14) opposé à la solidité (*Gründlichkeit*). Dans le même contexte, il qualifie la « métaphysique scolaire habituelle » de « vieille et sophistique pseudo-science » (Ak. IV, 366, l. 8).

2. *Cf.* outre les textes cités dans la note précédente, le début des *Prolégomènes*, qui invite à considérer tout ce qui est advenu cette science comme non advenu (*alles bisher Geschehene als ungeschehen,* Ak. IV, 255), comme si la métaphysique n'avait eu jusqu'à la critique aucune histoire.

3. *Prolégomènes*, Ak. IV, 367.

4. *Ibid.,* Ak. IV, 368-369.

qui est en jeu, ce n'est donc pas tant l'efficacité de la méthode comme procédure d'invention, mais sa finalité, c'est-à-dire sa rectitude par rapport à l'essence de la raison, et par suite de la métaphysique, telle qu'elle est établie par la critique. Si la critique change la méthode, ce n'est pas tant en ce qu'elle dégagerait une nouvelle procédure, de nouvelles règles de progression discursive, mais en ce qu'elle donne une nouvelle définition de ce qu'est une méthode.

La contradiction relevée dans les textes de Kant sur le statut de la méthode dogmatique et sur son maintien après la critique, trouve une solution si l'on distingue la rigueur dans l'enchaînement des propositions – rigueur qui procède d'une exigence de cohérence dans l'exposition des énoncés métaphysiques, et qui n'institue pas en elle-même une consécution systématique, ni ne constitue des objets, avec l'indication d'une « épure complète (*ganzen Umriß*) »[1], qui en revanche, fournit l'ordre fondamental que doit suivre la science. Si « l'ordre des pensées », à l'intérieur d'un système métaphysique, peut obéir aux règles de la méthode rigoureuse wolffienne, en revanche la révolution copernicienne subordonne cet ordre méthodologique régional à un ordre plus fondamental, en faisant de l'examen des conditions de possibilité de la connaissance à partir des pouvoirs de la raison pure, le préalable à l'élaboration des objets de cette connaissance.

Il faut donc distinguer deux niveaux, subordonnés l'un à l'autre, à partir desquels peuvent être définies deux méthodes de la métaphysique, ou deux rapports de la métaphysique à la méthode : 1° la méthode interne au système, qui est le mode ordonné et scientifique des contenus propre à ce système – il s'agit du procédé dogmatique qui fonde la rigueur et la solidité de la métaphysique comme science; 2° la méthode qui fonde la systématicité ou la scientificité de ce système dans les pouvoirs de la raison pure. C'est à ce deuxième niveau qu'intervient la critique : elle ne donne pas une méthode à la métaphysique, mais elle lui assure de pouvoir, à certaines conditions et dans certaines

1. *CRP*, Préface à la 2ᵉ édition, Ak. III, 15.

limites, mettre en œuvre sa méthode dogmatique. L'erreur de méthode du dogmatisme ne consiste pas à suivre un ordre logique dans l'élaboration des objets de la raison pure, mais à ne pas suivre l'ordre qui règle les objets sur la connaissance.

Cette distinction conduit à préciser deux sens différents de la méthode, qui s'articulent, de manière complexe, à trois couples d'opposés : 1) technique et dogmatique, 2) systématique et rhapsodique, 3) technique et architectonique. Dans le premier sens, la méthode peut être définie, de manière traditionnelle et attendue, comme la *technique* d'un savoir, c'est-à-dire la discipline qui indique quelles règles ce savoir doit respecter pour parvenir à des énoncés valides. Chaque science procède selon un enchaînement qui applique à des objets spécifiques les règles de la logique générale. La « doctrine de la méthode » correspond ainsi à la partie technique de la logique ; elle est « un art logique au point de vue de la disposition, de l'expression technique et de la distinction logiques, permettant de faciliter l'action de l'entendement »[1]. La méthode contribue à la perfection logique de la science, et, si cette science est la métaphysique, elle procède du concept scolastique de la philosophie. La méthode, comme *technique*, s'oppose à la partie *dogmatique* d'un savoir, qui expose les contenus de ce savoir. Sur cette division logique entre le technique (ou pratique) et le dogmatique (ou théorique) est fondée la première articulation de la CRP, entre la Doctrine transcendantale des éléments et la Doctrine transcendantale de la méthode ou Méthodologie transcendantale. Kant précise au sujet de celle-ci : « nous exécuterons dans une perspective transcendantale ce que l'on tente dans les écoles sous le nom de *logique pratique* par rapport à l'entendement en général. »[2]

La « perspective transcendantale » change cependant la portée de la méthodologie ; en effet, comme le remarque Kant, la distinction entre la partie théorique et la partie pratique n'est pas pertinente pour la logique générale parce que celle-ci, étant purement formelle, ne se rapporte à aucun objet, donc à aucun contenu de

---

1. *Logique*, IX, 18, trad. fr. citée, p. 17.
2. *CRP*, Méthodologie, Ak. III, 465, Pléiade, p. 1294.

connaissance. Or une méthodologie est nécessairement ajustée à une espèce particulière de connaissance, puisqu'elle indique les règles par lesquelles l'entendement peut lui donner une forme systématique en coordonnant l'ensemble des énoncés particuliers selon un enchaînement dont l'ordre est approprié à la classe d'objets considérée. L'« art logique » intervient donc à partir de données de connaissance déjà dégagées par l'entendement, pour les disposer dans un ordre systématique. On ne peut concevoir, à partir de la logique formelle, de méthodologie générale, qui serait valable pour toutes les sciences possibles, avant même que l'on connaisse les objets qu'elles étudient, ou alors cette méthodologie se limiterait à « énumérer des intitulés pour des *méthodes possibles* »[1], autrement dit à relever, dans les sciences les plus diverses, les expressions techniques qui appartiennent à leur méthode, et à les rassembler abstraitement, en les isolant des objets pour lesquelles elles ont été conçues.

Lorsque les connaissances sont définies à partir d'objets particuliers, la systématisation opérée par la technique logique intervient, dans la réalité de leur développement, *a posteriori*, à partir de connaissances déjà disponibles. L'objet de toute méthodologie, qu'elle soit régionale ou générale, est de constituer une connaissance en science, en indiquant l'ordre qu'elle doit suivre dans son élaboration systématique, mais cette unité systématique n'est pas fournie de la même façon selon que l'art de la mise en forme systématique procède de la logique générale ou de la philosophie transcendantale. Cette différence requiert un examen plus approfondi. Dans les deux cas, le système s'oppose à l'agrégat, et la méthode est, d'une manière générale, l'art de transformer une diversité de connaissance en un tout systématique. Une manière de procéder rhapsodique indique une absence de méthode, même si, comme on l'a vu, l'expression contradictoire de « méthode rhapsodique » peut dans certains cas avoir une signification. La technique de la méthode vise à l'élaboration systématique d'une connaissance, par conséquent, dans toute science – qui se distingue précisément de la simple connaissance

1. *CRP*, Méthodologie, Ak. III, 465, Pléiade, p. 1294 [traduction modifiée].

par son caractère systématique[1] – l'ordre méthodique découle d'une idée du tout qui précède les parties ; cependant cette idée ne peut être découverte par une discipline particulière, c'est-à-dire par l'entendement qui élabore les concepts des objets qui lui sont spécifiques. Pour que les parties puissent être déterminées *a priori* par une idée, il faut que celle-ci soit dégagée par une autre activité rationnelle que celle de l'entendement, à savoir par la raison.

La connaissance qui, dans son rapport à l'objet, s'appuie sur l'entendement, a besoin de la raison pour accéder à « l'unité de la fin à laquelle se rapportent toutes les parties »[2]. Mais si la raison indique la fin, elle a besoin, pour être mise à exécution (*zur Ausführung*[3]) dans l'ordre et l'enchaînement des connaissances, d'un schème, autrement dit d'un procédé qui coordonne la diversité des concepts d'entendement correspondant aux objets étudiés à l'unité systématique. Cette schématisation, ou mise en œuvre de l'idée, est le moment proprement méthodologique d'une science : l'entendement seul ne peut produire que des connaissances rhapsodiques ou qu'un agrégat, mais l'unité rationnelle ne fonde une méthode que dans la mesure où elle s'inscrit effectivement dans la démarche rationnelle d'un savoir en acte. La méthode, comme art, est la recherche des règles qui permettent de traduire pour l'entendement l'orientation finale de l'idée, de façon à le guider dans sa progression cognitive. Or Kant envisage dans l'Architectonique[4] deux modes de schématisation, dont un seul est véritablement adéquat à la systématicité rationnelle. Soit l'orientation méthodique de la connaissance procède de l'ensemble des données déjà acquises par celle-ci, d'où est tirée empiriquement une unité projetée ensuite programmatiquement pour donner à la connaissance une ligne ordinatrice ; dans ce cas le schème n'est pas dessiné à partir d'une idée ; il forge une unité qui tient lieu d'idée, mais il ne procède pas de la raison. Une telle unité schématique est appelée

---

1. Cf. *Logique*, IX, 72, trad. fr. 80 ; et *CRP,* Architectonique, Ak. III, 538-539.

2. *CRP*, Architectonique, Ak. III, 539.

3. *Ibid.*

4. *Ibid.*

technique ; elle s'oppose à l'unité *architectonique*, fondée sur un schème « qui provient d'une idée (où la raison fournit *a priori* les fins et ne les attend pas empiriquement) »[1].

Seule l'unité architectonique définit, au sens strict, un système, par suite une science. Il s'ensuit qu'une définition purement technique de la méthode est insuffisante, voire aporétique. L'art peut bien inventer le procédé pour produire un objet conformément à une fin, mais il ne peut pas tirer de lui-même la fin ; les fins qu'il déduirait des résultats empiriques de la connaissance sont « extérieures et arbitraires ». À l'inverse l'idée de la raison est en elle-même architectonique et la véritable méthode consiste à partir de l'idée, d'une « unique fin suprême et interne », c'est-à-dire à subordonner l'élaboration conceptuelle de l'entendement à une direction rationnelle. Une science au sens propre du mot ne peut pas naître et se développer par un procédé technique, mais uniquement de manière architectonique[2]. Le second sens de la méthode, qui est un résultat essentiel de la critique, est donc architectonique : la méthode correspond très exactement à ce que Kant appelle « art des systèmes »[3] ; expression qui serait contradictoire si par le terme d'art on entendait un « art logique », tel qu'il est défini à partir de la logique générale. C'est parce que la critique a mis en œuvre une autre logique, une logique transcendantale, que la méthodologie prend un sens nouveau, et qu'elle peut effectivement définir une méthode qui ne soit pas limitée à un usage particulier de l'entendement.

La généralité de la logique formelle, est un procédé d'abstraction qui appartient à l'entendement, elle est d'une autre nature que la généralité de l'idée, qui est fondée *a priori* dans le pouvoir rationnel. Si l'art est l'invention de la règle en vue d'une fin, il prend un sens nouveau lorsque la fin résulte directement de l'exigence rationnelle d'unité, et n'est pas une fin arbitraire que l'art rencontre de manière extérieure ; l'art devient alors un authentique « art de la raison », c'est-à-dire la mise en œuvre

---

1. *CRP*, Architectonique, Ak. III, 539.
2. *Ibid.*
3. *Ibid.*, Ak. III, 538.

d'un schématisme tout à fait particulier, dans lequel la raison elle-même produit la règle de sa propre mise en œuvre : le schème de la science proprement dite, qui est l'opération de la méthode architectonique, « contient *a priori*, conformément à l'idée, l'épure (*monogramma*) du tout et son articulation en parties »[1]. Contrairement au schème qui fait la synthèse entre le concept et l'intuition, le schème rationnel ne provient pas de l'imagination ; il n'y a entre l'orientation rationnelle et l'ordre méthodique qui en découle aucune hétérogénéité. L'idée est elle-même « l'*analogon* d'un schème »[2]. Elle n'est pas un schème au sens défini dans le schématisme transcendantal, car celui-ci donne la règle qui permet de produire une représentation sensible, donc un phénomène, ou un objet, tandis que la raison ne fournit aucune connaissance d'un objet, mais « une règle ou principe de l'unité systématique de tout usage de l'entendement »[3]. Mais cette différence avec le schème proprement dit a pour conséquence l'autonomie de la raison dans son propre développement : le système rationnel croît à partir de soi, de l'intérieur, *per intussuceptionem*[4], il n'est pas l'accumulation empirique d'éléments épars rassemblés selon un ordre arbitraire.

La méthode qui est le résultat de la critique découle directement du pouvoir de la raison. « La raison est, par sa nature, architectonique »[5]. Elle produit par elle-même le schème d'un art originaire de la construction (architectonique), qui ouvre à une édification sans commune mesure avec la construction des sciences mathématisées. Or la critique, parce qu'elle est une évaluation du pouvoir de la raison, est la préparation sinon du système de la raison pure lui-même, du moins du procédé opératoire (la règle de l'art) qui permet de produire un tel système. Par conséquent, dans la mesure où la critique a pour but de mettre en lumière les limites, et en même temps les ressources propres de la raison, elle a, comme préparation à l'organon en lequel la raison trouverait son

---

1. *Ibid.*, Ak. III, 539.
2. *CRP*, Appendice à la Dialectique transcendantale, Ak. III, 440.
3. *Ibid.*
4. *CRP*, Architectonique, Ak. III, 539.
5. *CRP*, Antithétique, Ak. III, 329.

accomplissement, une vocation essentiellement *architectonique*. « La philosophie transcendantale est l'idée d'une science dont la critique de la raison pure doit tracer le plan tout entier de façon architectonique, c'est-à-dire à partir de principes, avec la pleine garantie du caractère complet et de la valeur sûre de toutes les pièces qui constituent cet édifice. »[1].

Les deux dimensions de la méthode, technique de l'entendement et architectonique de la raison, appellent une réflexion sur le terme d'art, qui peut, lui aussi, être orienté dans deux directions différentes. On a vu que la légitimité du procédé dogmatique, à la manière de Wolff, dans l'élaboration d'une science est fondée sur un idéal de solidité (*Gründlichkeit*) et de cohérence, que tout philosophe doit faire sien, puisqu'il correspond à la maxime de la raison, « penser toujours en accord avec soi-même »[2]. « Être *conséquent* est la plus grande obligation d'un philosophe »[3]. Ne rien avancer qui ne soit tiré, par un enchaînement rigoureux, des principes d'une science, telle est l'exigence dogmatique à laquelle la critique n'est pas opposée. Ce que Wolff appelle un dogme est une vérité certaine parce que démontrée, par opposition à une vérité admise par assentiment qui a seulement le statut de l'opinion, et la méthode est l'art de conduire ses pensées selon l'ordre qui produit des dogmes[4].

Cet art procède de la logique générale, de la syllogistique apodictique, qui est, depuis Aristote et Euclide, la méthode de la *mathesis*. Un philosophe qui suit le procédé dogmatique procède selon « l'art de la raison », il est un artisan, ou un technicien, de la raison, qui accomplit parfaitement le « concept scolastique » de la philosophie, « celui d'un système de la connaissance, qui n'est cherché que comme science »[5]. La restriction signifie que ce concept, ou cet idéal, tout à fait légitime dans son ordre, n'est pas pour autant l'accomplissement de la philosophie elle-même ; ou, pour expliciter davantage la formule de Kant : le système lui-même, qui est la norme à laquelle se mesure la science comme

---

1. *CRP*, Introduction, Ak. III, 44, Pléiade p. 778.
2. *Critique de la faculté de juger*, [abrégé : *CJ*], § 40, Ak. V, 293.
3. *Critique de la raison pratique*, § 3, Scolie I, Ak. V, 24.
4. Cf. *supra*, p. 163, notes 1 et 2.
5. *CRP*, Architectonique, Ak. III, 542.

telle, par rapport à la simple connaissance, a une portée qui dépasse cette fonction de constitution de la science. Un technicien de la raison, aussi loin qu'il puisse aller dans l'exposition et le développement d'une discipline rationnelle selon la rigueur de l'enchaînement conceptuel, n'est pas encore un philosophe au sens plein du terme, c'est-à-dire au sens « cosmique ». Il n'est pas un « maître dans l'idéal »[1].

L'art, entendu comme le procédé par lequel les concepts et les propositions sont enchaînés de manière cohérente, selon les règles du raisonnement ou du syllogisme démonstratif, reste un art logique, relevant de l'entendement; il n'est pas encore un véritable « art de la raison »[2]. Le philosophe doit, dans un cadre scolaire, pratiquer un tel art logique et penser méthodiquement en vue d'une exposition dogmatique; il évite ainsi la misologie, qui « prône l'abandon de tous les moyens techniques comme la *véritable méthode* pour étendre sa connaissance »[3]. Dans la mesure où il est contraint de « s'engager dans un développement méthodique et une combinaison systématique de concepts »[4], le philosophe n'a pas d'autre ressource que de s'atteler à une telle tâche artisanale et laborieuse. Il n'a pas à cet égard un statut différent de l'érudit en général, qu'il soit mathématicien, physicien, logicien[5], ou historien, philologue[6]. Le philosophe qui prétendrait atteindre directement l'idée ordinatrice du système, sans passer par les médiations des enchaînements conceptuels,

---

1. *Ibid.*

2. S'il y a un art de la méthode, qui procède de la logique, il n'y a pas de méthode de l'art, donc pas de méthodologie de la faculté de juger esthétique. « Il n'y a donc pour les Beaux-arts qu'une manière (*modus*), pas une méthode [*Lehrart*] (*methodus*). » (*CJ*, § 60, Ak. V, 355. Sur la distinction entre la manière et la méthode, *Cf.* également *Logique*, § 94, Ak. IX, 139). En effet le jugement par excellence qu'est le jugement de goût, qui ne procède d'aucune détermination extérieure à l'acte même de juger, ne découle d'aucun concept, et n'aboutit à aucune science. Il ne peut donc être explicité par un ensemble de préceptes qu'il suffirait d'appliquer pour produire un objet qui puisse être jugé beau. La critique n'implique une méthode que dans la mesure où elle prépare à une science.

3. *CRP*, Histoire de la raison, Ak. III, 551, Pléiade, p. 1401.

4. *Sur un ton supérieur nouvellement adopté en philosophie*, Ak. VIII, 390; trad. fr. A. Renaut, Pléiade, III, 397.

5. *CRP*, Architectonique, Ak. III, 542.

6. *Sur un ton supérieur...*, *loc. cit.*

confond l'idée avec l'intuition, et la raison avec le sentiment, ce qui ne peut avoir que des effets désastreux pour la scientificité de la philosophie. Mais il ne doit pas pour autant confondre cette technique avec l'architectonique, qui est la subordination du travail conceptuel à des fins essentielles de la raison ; le système de la philosophie n'unifie la science dans une totalité de sens que parce qu'il relève d'une législation de la raison qui excède les exigences purement scolaires de la philosophie. Le philosophe proprement dit, qui n'est pas un simple artisan de la raison, rapporte toutes les connaissances, y compris les systèmes philosophiques considérés comme des élaborations logiques des pensées selon une unité technique, aux fins essentielles de la raison humaine[1]. Cet art supérieur, dont nul individu philosophant, *a fortiori* nul philosophe scolaire, ne peut se dire dépositaire – le philosophe véritable « ne se rencontre nulle part »[2] – est le véritable « art des systèmes », la véritable méthode.

On pourrait se demander quelle peut être l'utilité d'une telle méthode, ou d'une telle systématicité, dont aucune activité conceptuelle, aucune science particulière, ne peuvent donner l'exemple. Si, en définitive, la philosophie est logée à la même enseigne que n'importe quelle branche de l'érudition scolaire, en quoi est-elle, plus que n'importe quelle discipline scientifique, chargée du système ? À quoi bon un art des systèmes qui ne débouche sur aucun système, une critique de la raison qui en reste à la propédeutique, et qui, en dernier ressort, en revient à l'ancien procédé dogmatique pour définir la méthode de la métaphysique future ? Nous retrouvons donc ici la question que nous posions plus haut sur la portée de la critique pour la méthode de la métaphysique, mais vue sous un autre angle : il semblait alors contradictoire de condamner les errements de la métaphysique passée (le dogmatisme), tout en approuvant une méthode (dogmatique) qui n'avait pas permis de les éviter ; ce qui pose problème maintenant, c'est l'inutilité apparente d'une

1. *CRP*, Architectonique, Ak. III, 542.
2. *Ibid.*, Ak. III, 543.

architectonique qui ne joue aucun rôle dans le développement systématique des sciences effectives. Ce problème met en cause le projet même de la critique, dans la mesure où celui-ci vise à fournir la méthode de la métaphysique[1].

Le premier élément de réponse avait conduit à distinguer deux niveaux méthodologiques : la méthode comme procédé discursif qui enchaîne l'ensemble des propositions d'une science à des principes, et la méthode comme orientation du savoir vers la fin qui lui donne son unité systématique. Or la difficulté que nous rencontrons tient maintenant à la dissociation entre ces deux versants de la méthode, le versant logique et le versant rationnel, pour reprendre une distinction de Cournot. Si l'élaboration systématique d'une science n'est pas guidée par son orientation finale, on ne comprend pas comment la raison joue effectivement un rôle architectonique. Il conviendrait que la fin ordinatrice soit prise comme principe discursif; mais ce n'est pas le cas. Kant reconnaît que « dans l'élaboration d'une science, le schème et même la définition que l'on donne dès le début de cette science ne correspondent que rarement à son idée. »[2]. L'architectonique indique comment les sciences devraient se développer à partir d'un

---

1. Le projet d'une réforme de la métaphysique, devant conduire à une révolution dans la méthode de celle-ci (ce que la lettre à Lambert du 31 décembre 1765, évoque comme « la grande révolution des sciences, si longtemps souhaitée ») a été conçu très tôt. Dans la lettre citée, Kant écrit : « Je suis à la fin parvenu à tenir pour assurée la méthode que l'on doit observer si l'on veut échapper à cette illusion du savoir qui fait que l'on croit pour à chaque instant être parvenu au point décisif, alors que l'on doit autant de fois revenir sur son chemin. [...] Tous ces efforts débouchent sur la méthode propre à la métaphysique. » (Ak. X, 56; traduction Rivelaygue, Pléiade I, p. 596-597). À Mendelssohn, il annonce, le 8 avril 1766, un changement radical de la méthode de la métaphysique, afin de « lui retirer son vêtement dogmatique ». Il faut des génies, afin « de créer une époque nouvelle dans cette science, d'en renouveler totalement les règles et de tracer avec maîtrise le plan de cette *discipline* bâtie, à présent encore, selon l'arbitraire pur. ». Il poursuit : « S'il m'est permis de mentionner quelques-uns de mes propres efforts à cet égard, je crois être parvenu en cette discipline, depuis le temps où je n'ai fourni aucune composition de cette espèce, à des lumières importantes, qui fixent sa méthode, et ne consistent pas seulement en vues générales, mais sont utilisables dans l'application commune comme étalon de mesure approprié. » (Ak. X, 70-71 ; traduction citée, Pléiade I, p. 600-601).

2. *CRP*, Architectonique, Ak. III, 539, Pléiade, p. 1385-1386.

germe rationnel, mais pas comment elles naissent et progressent effectivement. Pourtant les systèmes formés par tâtonnements successifs, par une « *generatio aequivoca*, d'une simple conjonction de concepts réunis »[1], ne sont pas de véritables systèmes rationnels, par conséquent ce ne sont pas des véritables sciences. Il leur manque non pas les concepts pertinents pour connaître leurs objets, mais une discipline qui les oriente dans une téléologie rationnelle. Une telle discipline est la métaphysique[2]. Le défaut de systématicité ne vient donc pas des lacunes de la science particulière considérée, mais de l'inconsistance, du point de vue scientifique, de la métaphysique. Ce qui est requis, pour que toutes les sciences puissent se conformer à l'idée rationnelle qui se trouve enveloppée et cachée en elles comme un germe, c'est que la métaphysique elle-même devienne une science, ou du moins soit mise sur « la voie sûre d'une science ». De la scientificité de la métaphysique dépend la systématicité de toutes les sciences particulières. C'est par la métaphysique que doit s'opérer la jonction entre la discursivité et la finalité, qui sont les deux aspects de la raison.

Pour la métaphysique la systématicité est l'exigence absolue. Il est inacceptable que la métaphysique déploie ses enchaînements de propositions à partir de principes, si elle ne s'est pas d'abord assurée des principes, si elle ne les a pas fondés dans les fins essentielles de la raison. Faute de cette orientation préalable, elle se construit sur du sable, et la rigueur logique de ses raisonnements ne peut que la confirmer dans des illusions. Par conséquent la critique, comme propédeutique architectonique à la métaphysique, n'est pas un préliminaire méthodologique abstrait et superflu, qui resterait en dehors de ce qu'il y a de proprement métaphysique ; au contraire la critique a affaire à ce qu'il y a de plus éminemment métaphysique dans la métaphysique, elle peut être légitimement appelée

---

1. *CRP*, Architectonique, Ak. III, 540, Pléiade, p. 1386.
2. Cf. *Premiers principes métaphysiques d'une science de la nature*, Préface, Ak. IV, 468-470. « Ce qu'on peut appeler science de la nature *au sens propre du terme* présuppose une métaphysique de la nature. » (Ak. IV, 469).

« métaphysique de la métaphysique »[1], précisément parce qu'elle est un « traité de la méthode ». Ce qui est vrai de toutes sciences[2], l'est *a fortiori* de la métaphysique : le plus important dans la métaphysique est la méthode ; or la critique montre que la méthode consiste dans un ordre fondamental de hiérarchisation normative et organique des facultés supérieures de connaître, qui subordonne l'entendement à la raison, le concept à l'idée, le technique à l'architectonique, le scolastique au cosmique, le théorique au pratique, *etc.* La métaphysique est l'articulation des deux parties de la division, elle part « du point où la racine commune de notre faculté de connaître se divise, pour former deux branches, dont l'une est la raison »[3]. La critique quant à elle fournit le plan pour l'édification de la métaphysique à partir des matériaux fournis par la doctrine des éléments[4]. Le plan est le schème par lequel la raison devance l'exécution d'une œuvre, et fait connaître ses prescriptions *a priori*, sans attendre que l'expérience lui indique où porter ses regards[5].

Le plan rationnel doit devancer le travail logique d'édification du système par l'enchaînement des propositions. La critique est un « traité de la méthode » non pas parce qu'elle indiquerait les règles du procès logique qui part des principes pour aboutir aux conséquences, mais parce qu'elle fournit le plan du système. L'erreur du dogmatisme est d'avoir cru que les règles les plus générales de la pensée fournissaient en même temps les premiers principes de la métaphysique ; que la logique était non seulement un canon pour évaluer la justesse du procédé de déduction d'une proposition à partir d'une autre, mais un organon pour donner à la science un fondement ; qu'il suffisait de bien raisonner pour que l'objet sur lequel porte le raisonnement apparaisse,

---

1. Lettre à Herz du 11 mai 1781, Ak. X, 269.
2. « Toute considération sur la méthode est le plus important d'une science » (Réflexion 5061 ; Ak. XVIII, 76).
3. *CRP*, Architectonique, Ak. III, 540, Pléiade, p. 1387.
4. *CRP*, Méthodologie, Ak. 465.
5. Ainsi la physique devient rationnelle lorsque le savant interroge la nature avec un « plan tracé d'avance » : « la raison n'aperçoit que ce qu'elle produit elle-même d'après son projet. » (*CRP*, Préface à la 2ᵉ édition, Ak. III, 10).

comme ce qu'on ne peut pas ne pas penser. L'illusion de la raison dogmatique est de poser que son procédé logique, dont la validité, comme mode de développement et d'exposition, est incontestée, a en lui-même une portée objectivante. La critique montre au contraire, dans l'Analytique transcendantale, que la validité objective du conceptuel est limitée au champ de l'expérience. Qu'un concept obéisse nécessairement à des conditions logiques de possibilité, qu'il ne soit pas contradictoire, ne suffit pas à faire qu'il ait un objet possible[1]. Est possible, un objet qui « s'accorde avec les conditions formelles de l'expérience »[2]. Cela exclut que la raison puisse se donner à elle-même ses objets. Les concepts proprement rationnels, les idées, qui délimitent très exactement le domaine de la métaphysique *stricto sensu,* n'ont pas de valeur constitutive et ne peuvent donc pas donner lieu à une connaissance objective, dont la pierre de touche serait donnée dans l'expérience[3]. Cependant la métaphysique, ramenée par la critique à sa destination, n'est pas une constitution d'objets, elle est une régulation de connaissances. La raison « ne *crée* pas de concepts (d'objets), mais elle les *ordonne* seulement et leur donne cette unité qu'ils peuvent avoir dans leur plus grande extension possible, c'est-à-dire par rapport à la totalité des séries »[4].

1. « Que, dans un tel concept, il ne doive se trouver aucune contradiction, c'est assurément une condition logique nécessaire ; mais il s'en faut que cela suffise à la réalité objective du concept, c'est-à-dire à la possibilité d'un objet tel qu'il est pensé par le concept. » (*CRP*, Les postulats de la pensée empirique, Ak. III, 187 ; Pléiade, p. 950).

2. *Ibid.* Ak. III, 185.

3. « Outre les concepts de la nature qui trouvent toujours leur application dans l'expérience, la métaphysique a encore affaire à des concepts purs de la raison, qui ne peuvent jamais être donnés dans aucune expérience, pas même une expérience possible, donc à des concepts dont la réalité objective (leur évitant d'être de simples chimères), ainsi qu'à des affirmations dont la vérité ou la fausseté ne peuvent être confirmées ni découvertes par aucune expérience ; et cette partie de la métaphysique est de surcroît précisément celle qui constitue sa fin essentielle […] » (*Prolégomènes*, § 40, Ak. IV, 327, trad. fr. L. Guillermit, Paris, Vrin, 1986, p. 101-102).

4. *CRP*, De l'usage régulateur des idées de la raison pure, Ak. III, 427 ; Pléiade, p. 1247. *Cf.* Réflexion 4853, Ak. XVIII, 10 : « La métaphysique ne traite pas d'objets, mais de connaissances. ».

La mise en ordre régulatrice est le plan que la raison se donne à elle-même, et par là à l'ensemble de la connaissance. Il confère à celle-ci une complétude qui permet d'évaluer la pertinence de tous les contenus qui viennent s'y insérer[1]. L'architectonique est la méthode, qui ne se confond pas avec un procédé discursif pour progresser dans le déploiement des énoncés conceptuels d'une science. Cette distinction devrait permettre d'expliquer pourquoi Kant affirme d'un côté que « la critique n'est pas opposée au procédé dogmatique de la raison dans sa connaissance pure comme science » et que « celle-ci doit toujours être dogmatique, c'est-à-dire strictement démonstrative à partir de principes *a priori* sûrs »[2], de l'autre que « toute méthode dogmatique, qu'elle soit empruntée au mathématicien ou qu'elle doive être une manière spécifique, est en tant que telle inappropriée »[3].

En effet cette dernière proposition clôt de manière surprenante un développement consacré à différencier la méthode métaphysique de la méthode mathématique, selon un motif très ancien de la pensée kantienne[4]. On pourrait s'attendre, dans la continuité de la « discipline de la raison pure du point de vue dogmatique », à ce que Kant réserve à la métaphysique une méthode dogmatique distincte de celle des mathématiques, mais pas à ce qu'il exclue totalement une telle méthode. La différence entre les *dogmata* et les *mathemata*[5], permet certes de répondre par la négative à la question initialement posée : « la méthode pour parvenir à la certitude apodictique, que, dans cette dernière

---

1. Cf. *CRP*, Introduction à l'Analytique transcendantale, Ak. III, 83.

2. *CRP*, Préface à la 2ᵉ édition, Ak. III, 21.

3. *CRP*, Discipline de la raison pure dans l'usage dogmatique, Ak. III, 483. Le réfléchi « für sich » exclut que l'antécédent soit « l'usage spéculatif de la raison » (on aurait « für es » ou « für dieses »), comme le comprennent aussi bien Barni-Delamarre (« ne saurait lui convenir » avec un antécédent vague) que Renaut (« n'est pas adaptée à un tel usage »).

4. Depuis la *Recherche sur l'évidence des principes de la théologie naturelle et de la morale* de 1763, qui oppose la méthode synthétique (*in concreto*) des mathématiques à la méthode analytique (*in abstracto*) de la métaphysique, distinction qui, sous une forme renouvelée par l'Esthétique transcendantale, aboutira à celle entre la connaissance rationnelle par construction de concepts et la connaissance rationnelle par concepts.

5. *CRP*, Discipline de la raison pure dans l'usage dogmatique, Ak. III, 482.

science [la mathématique] on appelle *mathématique*, est-elle identique avec celle par laquelle on cherche la même certitude en philosophie, méthode qui devrait, dans cette science, être appelée *dogmatique ?* »[1]. Mais cette formule laisse planer une indétermination sur le sens de « dogmatique » : Kant désigne-t-il comme dogmatique la méthode qui atteint une certitude en philosophie *par l'usage du même procédé* que celui qui a fait ses preuves en mathématique – autrement dit est dogmatique la méthode qui applique en philosophie la même méthode que les mathématiques ? Ou bien dogmatique est-il simplement le nom de la méthode qui parvient à la certitude en philosophie, quel qu'en soit le procédé ?

Une fois qu'il a été montré que la philosophie ne peut pas imiter la méthode mathématique, on peut en tirer deux conclusions différentes, selon le sens que l'on donne à « dogmatique » : soit la méthode dogmatique est totalement impossible, parce que la philosophie ne dispose pas d'une intuition pure pour construire les concepts et en donner une représentation immédiatement adéquate à leur définition ; soit la méthode dogmatique reste possible, à condition qu'on puisse atteindre l'apodicticité à partir des seuls concepts. Si « la solidité (*Gründlichkeit*) des mathématiques, repose sur des définitions, des axiomes et des démonstrations »[2], elle est totalement exclue de la philosophie, puisque chacun de ces éléments repose exclusivement sur l'usage de l'intuition pure comme procédé de présentation immédiate de l'universel dans une représentation particulière, voire singulière[3]. C'est cette immédiateté d'instanciation qui donne à la mathématique la possibilité de se déployer dès les premières propositions qu'elle pose dans la certitude de ses objets et de

1. *Ibid.*, Ak. III, 469.
2. *Ibid.*, Ak. III, 477.
3. Comme l'a montré Hintikka (notamment dans « Kant on the Mathematical Method », *The Monist*, t. 51, 1967, p. 352-375 ; traduit par Corinne Hoogaert sous le titre « Kant et la méthode mathématique », dans *La philosophie des mathématiques chez Kant*, Paris, P.U.F., 1996, p. 105-134), ce qui donne à la synthèse mathématique une valeur démonstrative, ce n'est pas le recours à un élément sensible, mais le procédé de particularisation, que dénote le terme même d'intuition.

progresser ensuite dans la continuité de cette certitude initiale, et qui fait entièrement défaut à la discursivité philosophique, qui doit justifier ses définitions (qui ne sont que des expositions programmatiques d'un objet), déduire ses principes discursifs et se contenter de preuves acroamatiques. Kant relève que le terme de démonstration comporte une « monstration », si bien que « les démonstrations procèdent dans l'intuition de l'objet »[1] ; mais si la philosophie, c'est-à-dire la métaphysique, est privée d'un tel accès à l'apodicticité, cela vient du fait qu'elle n'a pas immédiatement affaire à des objets, mais à des connaissances. Les objets ne lui sont accessibles que par la médiation de pensées.

Qu'il soit par suite impossible à la philosophie de « se décorer des titres et des insignes de la mathématique »[2], n'implique pas qu'il ne puisse y avoir une manière de procéder qui, en philosophie, conduise, par d'autres voies que les mathématiques, à une certitude. Le terme de dogme, que Kant emprunte à Wolff[3], devrait être réservé à la connaissance philosophique : « seuls les jugements à partir de concepts, et non pas les jugements à partir de construction de concepts, peuvent être appelés dogmatiques. »[4]. Mais Kant exclut qu'il puisse y avoir des « jugements directement synthétiques par concepts », donc qu'il puisse y avoir des dogmes[5]. « Directement » est ici le terme décisif et signifie une synthèse immédiatement objective. Or il n'y a que deux manières de procurer immédiatement un objet à un concept : soit la construction mathématique, soit l'expérience ; aucune des deux ne convient à la philosophie pure, ou métaphysique. Les propositions transcendantales sont bien synthétiques et *a priori*[6], mais elles ne se rapportent pas directement à un objet : « nous ne pouvons avoir *a priori* que les concepts indéterminés de la synthèse de

---

1. *CRP*, Ak. III, 482.
2. *Ibid.*
3. *Cf.* Paccioni, *op. cit.* note 11.
4. *CRP*, Ak. III, 482.
5. *CRP*, Ak. III, 483.
6. « Une proposition transcendantale est une connaissance rationnelle synthétique selon des simples concepts » (*CRP*, Ak. III, 474).

sensations possibles »[1]. Ce statut de la synthèse conceptuelle a une conséquence importante pour la méthode de la philosophie, qu'on l'entende au sens de philosophie transcendantale ou au sens de métaphysique. Une méthode dogmatique serait un procédé rationnel pour parvenir à des dogmes, à des vérités universelles et apodictiques portant sur des objets de la pure pensée, la certitude provenant du fait que les objets seraient toujours immédiatement disponibles pour la pensée, quel que soit le mode de présentation de ces objets. Si la philosophie pouvait imiter la méthode des mathématiques et l'appliquer à de tels objets, elle disposerait d'une telle méthode dogmatique – mais ce n'est pas le cas. Si, d'un autre côté, la philosophie pouvait atteindre, par la seule nécessité de la pensée, à partir des règles de la logique générale, un objet quelconque, elle pourrait également, selon un mode qui lui serait spécifique, parvenir à des dogmes – mais ce n'est pas non plus le cas.

Le dogmatisme est une philosophie qui, faute d'un examen préalable de la raison, croit pouvoir produire des dogmes – que ce soit par imitation de la méthode mathématique ou par le seul pouvoir ontologique de la pensée[2]. Une telle philosophie, qui correspond à celle de Wolff, est vouée à l'échec. Que reste-t-il alors du « procédé dogmatique », auquel la critique ne soit pas opposée, une fois que la « méthode dogmatique » a été exclue ? Que reste-t-il de « l'esprit de solidité » si sa lettre ne peut être suivie ? Il reste un procédé d'exposition rigoureux de principes à conséquences selon les règles de la logique générale. Mais un tel

---

1. *CRP*, Ak. III, 475.

2. La distinction entre la méthode dogmatique propre à la philosophie et la méthode imitée des mathématiques, qui toutes deux présupposent la possibilité pour la raison de produire une science complète de ses objets à partir de la seule nécessité de sa progression discursive, est relativisée par rapport à la distinction plus fondamentale entre la méthode comme technique et la méthode comme architectonique. Une fois le système établi dans son plan, on peut revenir à la démarche dogmatique comme mode d'exposition des propositions de la métaphysique, même sous une forme pourtant explicitement condamnée dans la Discipline, c'est-à-dire par l'imitation des mathématiques, comme le fait Kant dans les *Premiers principes métaphysiques d'une science de la nature*. Cf. *supra*, p. 166, note 1.

procédé d'une part est dénué de tout pouvoir constitutif d'objets ; d'autre part – et c'est le point le plus important – il ne constitue pas la méthode proprement dite de la philosophie. Car cette méthode est appelée par Kant, au moment où il exclut la méthode dogmatique, « systématique »[1] ; or ce terme ne désigne pas, comme nous l'avons vu, une progression discursive à l'intérieur d'un système déjà établi sur ses principes, mais une planification architectonique qui définit l'ordre du système lui-même. « En effet, ajoute Kant, notre raison est elle-même (subjectivement) un système »[2]. Elle serait objectivement un système si elle pouvait actualiser l'ensemble des propositions appelées par l'ordre architectonique ; c'est ce que visait la méthode dogmatique. L'objectivité du système est seulement l'horizon de l'exécution discursive selon le procédé dogmatique. En revanche le système subjectif est le pouvoir même de la raison comme faculté des fins ; il constitue un guide sans cesse en éveil qui oriente la raison dans sa progression discursive. C'est pourquoi Kant l'appelle un « système de la recherche »[3] : il conduit la raison dans des directions qui sont appelées par un rapport avec des fins essentielles, et selon un chemin qui peut désormais être défini comme « le chemin sûr d'une science »[4].

La « méthode systématique » ne découle pas d'un pouvoir de synthèse, qu'il soit direct, comme en mathématique, ou indirect, comme dans la philosophie transcendantale, préparée par

---

1. *CRP*, Ak. III, 483.

2. *Ibid.* Sur la différence entre l'unité systématique considérée subjectivement, comme méthode, et objectivement, *Cf. CRP*, Appendice à la Dialectique transcendantale, Ak. III, 430.

3. *Ibid.*

4. On trouvera un exemple de cet usage à la fois méthodique et heuristique du système dans la lettre de Kant à Reinhold du 28 décembre 1787, où il écrit, à propos de la systématicité des pouvoirs de l'esprit qui sera exposée dans la *Critique de la faculté de juger* : « si quelquefois je ne sais pas employer correctement la méthode de recherche convenant à un objet déterminé, il me suffit de jeter un regard rétrospectif sur le tableau universel des éléments de la connaissance et sur les pouvoirs de l'esprit qui s'y rapportent pour obtenir des éclaircissements auxquels je ne m'attendais pas. » (Ak. X, 514 ; trad. fr. J. Rivelaygue, Pléiade, II, 550).

l'Analytique transcendantale. Elle n'a pas en vue la constitution des objets, mais l'ordre fondé sur des idées. Or pour pouvoir appréhender non un objet, mais « l'intérêt de la raison en vue d'une certaine perfection possible de la connaissance de cet objet »[1], ce qui est le propre des « principes subjectifs » ou maximes qui appartiennent à un « système de la recherche », il faut s'élever au-dessus du champ de l'expérience. La méthode est donc bien celle de la métaphysique, science qui se déploie à partir des idées et non des concepts. Les idées nous sont prescrites, comme tâches ou comme problèmes[2], et la méthode consiste à se laisser guider par cette prescription.

Yves-Jean HARDER

---

1. *CRP*, Appendice à la Dialectique transcendantale, Ak. III, 440.
2. *CRP*, Des idées transcendantales, Ak. III, 254.

DÉMONTRER *SPÉCULATIVEMENT*
LA MÉTHODE D'UNE SCIENCE ABSOLUE

Les textes de Hegel sont en général d'une grande densité, et ceux qui portent sur la méthode le sont tout particulièrement. Prenons celui-ci :

> L'Idée pure, dans laquelle la déterminité ou réalité du concept elle-même est élevée au concept, est bien plutôt une *libération* absolue, pour laquelle il n'y a plus aucune détermination immédiate qui ne soit pas tout autant *posée* et le concept ; c'est pourquoi, dans cette liberté, aucun passage [en autre chose] ne trouve place ; l'être simple auquel l'Idée se détermine lui demeure parfaitement transparent et il est le concept qui demeure auprès de lui-même dans sa détermination[1].

Pour Hegel, être libre c'est se comprendre soi-même, et la méthode ne saurait contredire cette liberté. La méthode, qui s'amplifie en système, en « cercle de cercles », constitue la sève de l'autocompréhension spéculative dans la mesure où en elle il n'est pas question de comprendre une chose par une autre mais, pour le Soi, de se comprendre comme identité *médiatisée* avec soi. Elle est l'idée du connaître absolu qui est le concept pur, parvenu à « la saisie de cette conception de soi-même »[2]. La compréhension philosophique l'emporte, selon le critère du concept ainsi défini, sur les jugements des sciences formelles et

1. Hegel, *Science de la logique, La logique subjective* ou *la Théorie du concept* <*Log.* III>, trad. fr. B. Bourgeois, Paris, Vrin, 2016, p. 321.
2. *Log.* III, p. 320.

expérimentales qui apparaissent comme des modes inachevés et incomplets d'accès au vrai. Une pensée définie d'après les normes du particulier, extérieure et formelle, est non vraie conjointement parce qu'elle ne se pense pas du point de vue de la totalité et parce qu'elle s'arrête précocement sur un cheminement de pensée dont elle représente la contradiction immédiate, non dialectisée. La pensée en cercle, dans laquelle le point de départ rejoint le résultat, exprime toute la cohérence et la rationalité du mouvement dialectique comme démonstrativité authentique : ne pas aller au terme de la pensée revient à l'isoler dans une immédiateté figée, spatialisée et quantifiée. La philosophie montre le chemin inverse, celui d'une pensée qui n'est pas rabotée en des territoires clos, où elle se voit fermée en son langage, au lieu de l'être en son sens.

La méthode d'une pensée spéculative, c'est-à-dire la spéculation même, est à la fois une donation absolue de sens (l'esprit, qui est « plus que vivant ») et une création qui tranche avec la version mécanique ou finaliste de la méthode habituellement entendue : en tant que méthode absolue, elle produit la vérité comme liberté, non comme rencontre extérieure de la pensée et de la réalité (extériorité qui caractérise aussi bien l'empirisme que le criticisme) ou simple développement analytique de ce qui est déjà présent dans le concept. Le concept démontre en créant, en libérant l'être, qui n'est l'être que parce qu'il s'identifie négativement à la pensée. La créativité de la méthode découle en conséquence de celle du concept, dont la vérité prend la figure cruciale du correspondre avec soi.

En ce sens, le vrai philosophique, qui rassemble et dépasse toutes les positions finies du vrai en devenir (vérité/adéquation ou vérité formelle), ne résulte pas de l'accord de la pensée avec le réel mais du réel (être-pensé) avec la pensée. Se comprendre, c'est donc pouvoir se déterminer par soi-même, l'esprit se choisit, mais il ne peut pas se choisir autrement que comme esprit dès lors que ce choix est absolument libre. Seulement il n'y a ni vérité ni liberté sans une compréhension correcte de la contradiction, laquelle n'est pas simplement tolérée par le système mais à la fois surmontée et maintenue en lui. Le système qui se pense lui-même et se fonde en se produisant, ne peut *procéder* que dialectiquement.

Expliquer l'idée hégélienne de méthode revient au fond à montrer pourquoi elle coïncide avec la logique, la dialectique, la spéculation, c'est-à-dire la philosophie elle-même ou le système, car la logique décrit l'automouvement de l'idée absolue, qui a la forme infinie (donc elle-même) pour contenu. En d'autres termes, le contenu de la logique est une forme, un développement, l'« universel de la forme du contenu »[1]. Le dernier moment de la logique subjective, ou logique du concept, est l'Idée absolue, la méthode ou l'idée qui se connaît elle-même absolument. La méthode montre par là comment le connaître traverse l'être, est présent en lui comme énergie et moteur immanents. Il est clair que Hegel met là en cause de manière radicale l'idée que la méthode serait seulement une modalité du connaître qui pourrait demeurer étrangère à l'être. L'être étant toujours déjà pensée, il est animé par la forme, dialectique, la force de différenciation :

> le cours tout entier de celui-ci, dans lequel se sont présentées toutes les figures d'un contenu donné et des objets, a montré leur passage [en autre chose] et leur non- vérité, et, au lieu qu'un objet donné ait pu être la base à laquelle la forme absolue se serait rapportée seulement comme une détermination extérieure et contingente, cette forme s'est bien plutôt démontrée comme la base absolue et la vérité ultime[2].

La méthode est le mouvement du concept comme totalité et *activité* universelle absolue. Parce qu'elle est aussi bien intérieure qu'extérieure, une puissance totale de l'universel, sans limitation, sans reste et sans manque, elle est la forme infinie « telle qu'aucun objet, pour autant qu'il se présente comme quelque chose d'extérieur, éloigné de la raison et indépendant d'elle, ne pourrait lui opposer de la résistance, être par rapport à elle

---

1. *Log.* III, p. 370.

2. *Ibid.* Le concept est la norme de la méthode, parce que l'être est lui-même concept : « C'est dans cette nature constitutive de ce qui est, à savoir : être, dans son être, son concept, que consiste, somme toute, la *nécessité logique ;* elle seule est le rationnel et le rythme du tout organique, elle est tout autant *savoir* du contenu que le contenu est *concept* et *essence*, ou encore : elle seule est le *spéculatif* » (Hegel, *Phénoménologie de l'esprit <PhE>*, Préface, trad. fr. B. Bourgeois, Paris, Vrin, 2018, éd. poche, p. 132).

d'une nature particulière, et n'être pas pénétré par elle »[1]. C'est pourquoi quelque chose n'est véritablement compris et connu que lorsqu'il est parfaitement soumis à la méthode. La méthode du système est celle de l'idéalisme authentiquement absolu, dans la mesure où le vrai unifie le Soi du concept (se comprenant lui-même) et la « substantialité des choses », l'immédiateté de l'identité de l'être et de la pensée se produit en même temps dialectiquement comme résultat, qui s'avère en reconnaissant dans l'autre de soi la position nécessairement médiate de soi comme être-divisé. L'être ne se divise donc pas, comme essence, pour se retrouver, mais c'est parce qu'il est médiatement (et donc rationnellement) un qu'il peut et veut se diviser. Le concept ne se comprendrait pas lui-même parfaitement sans cette division, mais il n'a pas besoin de cette division pour atteindre son être-vrai : c'est plutôt la division elle-même qui nécessite l'unité pour exister dans toute son amplitude négative. Autrement dit, la méthode n'est autre chose que la spéculation accédant à la conscience d'elle-même, s'étant déployée rationnellement en toute particularité (référée à l'universel), et montrant dans l'objectivité la présence du Soi s'autodéterminant en elle. La raison n'a pas à rejoindre une objectivité qu'elle ne serait pas ou ne détiendrait pas elle-même, car la subjectivité est aussi bien cette objectivité, et réciproquement, cette substantialité subjectivité absolue. Comprendre la chose pour le concept (spéculatif), c'est toujours se comprendre lui-même, c'est-à-dire connaître purement et simplement. Hors de cette jonction absolue de soi avec soi, le connaître demeure en reste, il manque à la fois la totalité du savoir (et savoir c'est savoir totalement) et la scientificité d'une démarche propre à établir la position du résultat. L'indétermination des savoirs particuliers dépend finalement d'une détermination absolue du sens qui ne peut être qu'une autodétermination du sujet dans l'objet. À travers sa conception de la méthode, Hegel peut ainsi apparaître comme le penseur d'un sens nouveau et formidablement fécond de la compréhension, en tant que celle-ci est médiatisée par le sens et non par la forme linguistique.

---

1. *Log.* III, p. 302.

En effet, si le résultat du procès du Soi est concret, c'est parce qu'il résulte de l'activité immanente du concept et du discours tenu par « la chose même » : sans ce retour sur soi, l'analycité de la démonstration conduit à une fixation de la contradiction du concept et de la chose, à accroître leur différence à force de vouloir la chasser dans les deux pôles, de les considérer dans leur univocité stricte, chacun de son côté. Le manque de liberté, c'est considérer l'autre seulement comme autre ou relier l'autre à soi seulement comme l'extérieur à soi, par exemple comme le vrai est habituellement opposé au faux. La déduction est une médiation, non un rapport juxtaposant où aucun des côtés n'est en mesure de se reconnaître dans l'autre et de se déterminer par rapport à lui. C'est pourquoi la dialectique finit toujours par faire de l'intérieur un extérieur et de l'extérieur un intérieur, la raison d'une chose tombe dans son opposé et se laisse déterminer par lui comme lui par elle. Ne pas pouvoir faire le tour du raisonnement, c'est-à-dire penser en cercle, c'est laisser la pensée indéterminée en elle-même et traiter une partie de la pensée comme impensable, ou introduire de l'impensable dans la pensée. On arrive alors à rendre la contradiction insurmontable, alors que c'est la pensée de la contradiction qui est « le moment essentiel du concept »[1].

Mais penser en cercle veut dire que l'être n'est pas indépendant du penser, que le commencement n'est authentiquement lui-même qu'à la fin et que cette fin est anticipée dans le commencement, comme immédiateté déjà médiatisée, qui est abstraitement tout ce qu'il sera au terme du développement. Selon une telle méthode, avancer signifie régresser, la fondation régressive va vers le résultat non en comblant un manque mais en avérant un contenu (détermination progressive) qui demande à venir au jour selon sa puissance propre : la méthode est la puissance libre de l'universel.

Ainsi la progression n'est-elle pas guidée par la lacune mais pas le surplus, par l'excès de sens[2], car il appartient au sens d'être toujours en débordement par rapport à lui-même. Tel est

---

1. *Ibid.*, p. 312.
2. Voir sur ce point le texte de Bernard Bourgeois « Dialectique et structure dans la philosophie de Hegel », dans *Études hégéliennes. Raison et décision*, Paris, P.U.F., 1992, p. 120.

le spéculatif : un excès de sens qui ne peut pas ne pas devenir effectivité et qui sous-tend tout devenir réel (qui est diction du rationnel). C'est une totalité qui se déplie et non un particulier qui s'agglutine à un autre pour bâtir un système complet, pour essayer de rejoindre le tout ou la chose. La pensée de Hegel n'est pas une tentative mais une réalisation. D'ailleurs on réussit rarement si on n'a pas déjà réussi « au commencement » : au commencement est la fin, le résultat, le vrai. Mais cette vérité a aussi à se montrer, à « s'advenir », elle ne se contente pas de cette certitude seulement subjective d'elle-même, elle doit avérer l'unité du sujet et de l'objet qu'elle est et se rejoindre, par là s'établir, l'intuition de soi n'a de sens que comme absolue déduction de soi. Car « [...] le mouvement de la progression consiste, bien plutôt, en ce que l'universel se détermine lui-même et est *pour soi* l'universel, c'est-à-dire tout autant, un singulier et un sujet. C'est seulement dans son achèvement qu'il est l'absolu »[1].

Ainsi rien n'est plus étranger à l'idéalisme absolu que l'idée d'une coupure ou même d'une différence entre la méthode et la vérité à laquelle celle-ci est supposée conduire : en cela, la méthode définie par Hegel ne se démarque pas seulement des attentes les plus communes concernant ce concept mais de toutes les manières antérieures et postérieures à lui de traiter la question : « On peut bien dire que la Logique *est* la science de la *pensée*, de ses *déterminations* et *lois*, mais la pensée comme telle constitue seulement la *déterminité universelle* – ou l'*élément* – dans laquelle est l'Idée en tant que logique. L'Idée est la pensée, non pas en tant que pensée formelle mais en tant qu'elle est la totalité en développement de ses déterminations et lois propres, qu'elle se donne à elle-même, qu'elle n'*a* pas et ne trouve pas déjà là en elle-même »[2]. Connaître, c'est toujours « savoir un

---

1. *Log*. III, p. 305.
2. Hegel, *Encyclopédie des sciences philosophiques* I, La science de la logique <*Enc*. I>, Concept préliminaire, trad. fr. B. Bourgeois, Paris, Vrin, 1986, § 19, p. 283.

ob-jet selon son contenu déterminé »[1]. Ce n'est donc jamais la pensée comme simple forme qui fixe les conditions du vrai mais le contenu comme être-pensé, et la dialectique, qui déploie ce mouvement des déterminations, ne s'applique pas à un objet qu'elle trouve ou qui lui fait face – comme finit par le dire toute philosophie non absolument idéaliste, qui sera naïvement empirique, critique ou réflexive, c'est-à-dire toute philosophie qui ne s'est pas encore comprise vraiment elle-même comme philosophie – mais elle est le contenu en tant qu'il devient. Quel type de rapport entre science et philosophie est ainsi en jeu dans une telle conception de la méthode ? Que dénonce Hegel exactement lorsqu'il critique la méthode mathématique au nom de l'absolue unité du point de départ et du point final du raisonnement ? Car indépendamment de la reconnaissance d'un absolu de la philosophie et dans la philosophie, la réflexion hégélienne sur la nature de la scientificité va au-delà du seul terrain occupé par les sciences telles qu'elles se donnent à voir historiquement : l'histoire de la science a un précédent dans la science du concept.

On l'a dit, la logique spéculative se distingue des conceptions antérieures de la logique (celles qui ont notamment été développées par Aristote et Kant, toute définition de la logique impliquant une conception idoine de la philosophie) par le fait qu'elle redistribue et réengendre des déterminations habituellement saisies de façon séparée et isolée pour les rapporter au concept total ou à l'universel. De cette façon, l'empirique, le donné, s'unit véritablement à l'*a priori* qu'il est en mesure de dire et de faire apparaître. La logique est l'exposition du rationnel du réel, de l'*a priori* que montre l'*a posteriori*, du rapport immanent qu'est l'être. Mais la différenciation de l'être n'est pas autre chose qu'une autodifférenciation du concept, ou le concept qui se comprend lui-même en s'opposant et en revenant à soi. La dialectique est donc toujours déjà spéculation. Méthodologiquement (philosophiquement), la dialectique ne conduit au spéculatif que parce que le spéculatif est premier

1. *Ibid.*, § 46, p. 305.

et contient en lui son moment dialectique, la négation de sa négation. La méthode absolue est celle d'un système de pensée qui se fonde aussi bien sur le cercle qui va du commencement au résultat qui revient sur lui-même en ayant totalement déterminé son sens (le quatrième temps de la dialectique[1]) que sur celui qui va de l'être-apparaissant à l'essentialité qui, là encore, convergent en leur commencement comme en leur fin. Le rapport de l'être à son apparaître, qui s'unifie en manifestation, suit lui-même le même mouvement (méthode) que l'immédiat aboutissant au spéculatif comme médiation revenue sur elle-même : chaque fois se donne à penser l'absence de présupposition (formelle) et la jonction du penser avec lui-même (vérité du système).

Le commencement n'est en effet ni le résultat comme tel, ni une simple hypothèse[2]. Ce n'est pas une hypothèse susceptible d'être validée par le résultat, car le commencement est déjà résultat du résultat, résultat de ce qui en lui est présupposé : la médiation. De la même façon, le résultat est un immédiat revenu sur lui-même, donc qui médiatise le commencement, par là aussi bien intériorisé qu'extériorisé en son immédiateté : « La méthode de la vérité, elle aussi, sait le commencement comme quelque chose d'imparfait parce qu'il est le commencement, mais elle sait en même temps ce quelque chose d'imparfait en général comme quelque chose de nécessaire, parce que la vérité est seulement la venue à soi-même moyennant la négativité de l'immédiateté »[3]. L'entrée dans le système est intégrée dans le système même, il n'y a pas de discours préalable au système qui en indiquerait le fonctionnement ou les conditions de la compréhension car, bien que Hegel se soit exprimé dans un

---

1. *Log.* III, p. 315.

2. « La méthode qui s'entrelace par là en un cercle ne peut, dans un développement temporel, anticiper ceci, à savoir que le commencement déjà en tant que tel serait quelque chose de dérivé ; pour lui, dans son immédiateté, suffit le fait qu'il est universalité simple. Pour autant qu'il est cela, il a sa condition complète ; et il n'y a pas à déprécier le fait que l'on puisse bien l'admettre de façon seulement *provisoire* et *hypothétique* » (*Log.* III, p. 318). Voir aussi *PhE*, Préface, p. 97 et 99.

3. *Log.* III, p. 319.

certain nombre de préfaces et d'introductions sur le concept de la science, ce qui permet au lecteur de comprendre le système reste la prise de connaissance de son déroulement. Or suivre ce système c'est découvrir l'immanence de la forme dans le contenu, la mise en œuvre de la méthode dans le procès du Soi. Le logique lui-même est à entendre dans une « temporalité » logique qui est la dialectique, le mouvement dicté par le concept. L'idée d'une forme autosuffisante, indépendante d'un contenu, est une idée absurde, une corruption de la raison. Il ne s'agit pas pour Hegel de connaître selon les conditions de l'expérience mais de voir dans l'expérience la réalisation (des conditions) de la connaissance spéculative : ce n'est nullement la raison seule, monologuant en son intérieur, qui nous assure de la possibilité du connaître, mais bien la réalité phénoménale elle-même. On peut bien en ce sens prouver par l'expérience (puisque l'expérience reflète la vie concrète de la conscience, devenant plus qu'elle-même, et savoir total, dans l'esprit). La séparation de la méthode et de la connaissance proprement dite manifeste autant l'occlusion du sujet que du réel replié sur soi et impensé dans son apparaître propre, en d'autres termes, il n'y a pas de sens sans un apparaître total, justement sans réserve cachée, de ce sens. Il faut par conséquent remplacer l'idée (kantienne) d'une théorie de la méthode par l'idée d'une méthode absolue, d'une méthode qui se fait système.

En raison de cette systématicité, les deux commencements de la science chez Hegel, celui de la *Phénoménologie de l'esprit* et celui de la *Science de la logique*, doivent être entendus comme étant en réalité conjoints, dans la mesure toutefois où toute unité n'est véritablement unité qu'à partir d'une séparation rationnelle et réelle : le système seul, sans devenir de l'expérience de la conscience, ne *se comprendrait* pas totalement, il serait à la fois incomplet et ineffectif. Il faut se faire pour être. Les deux commencements sont donc à la fois le même et nécessairement différents. Le premier permet d'accéder à la science dans le concept de son unité absolue, c'est alors que la conscience devenue esprit se comprenant lui-même peut s'engager dans le déroulement du savoir selon les pures essentialités logiques, qui étaient cependant actives dans le procès phénoménologique mais, pour ainsi dire, dans le dos de la conscience. Au terme du savoir absolu (de la Phénoménologie), le système se réengendre rationnellement et recompose, du point de vue du système, la logique conceptuelle au travail dans toute expérience. Ainsi, de même que la logique n'est jamais coupée de tout rapport à la chose et à l'expérience, réciproquement, l'expérience n'est jamais séparée du devenir du concept. Seulement, ce que le discours philosophique met en première ligne peut être ce même mouvement du point de vue d'une conscience se formant au savoir ou du point de vue du savoir s'exposant lui-même dans l'élément de l'universel. Dans tous les cas, l'effectif est l'universel, ou le procès de l'universel. Depuis l'esprit, la conscience est déjà un résultat, et sa progression est la révélation par elle-même et pour elle-même de son être-médiatisé. La conscience et le monde se font face, mais l'une et l'autre position abstraite n'est pas seulement une instance médiatisante (car l'une va médiatiser l'autre et réciproquement, alternativement, en surmontant la phase antérieure), elles sont médiatisées en soi (puis elles le seront aussi pour elles-mêmes). L'apparaître pour l'esprit n'est jamais une nécessité en vue de son intelligibilité : l'esprit n'apparaît pas pour gagner du sens mais parce que le sens de l'absolu produit par lui-même sa réalité phénoménale, ne peut pas être sans apparaître, et cela, parce qu'il est déjà concept, lequel est donc premier et source des deux autres. La manière dont le concept se développe est déjà le sens de l'absolu.

Si connaître revient à déterminer les propriétés du réel, ou tout simplement si l'objet a des propriétés, c'est qu'il n'est pas seulement et séparément objet mais sens, et ce sens est saisi faussement s'il ne l'est pas circulairement, dans le cercle spéculatif de l'immédiat, médiatisé et négateur de la négation, et comme sens qui se donne dans le réel phénoménal et se comprend finalement lui-même comme vérité de la chose, c'est-à-dire concept :

> En vertu de la nature montrée de la méthode, la science s'expose comme un *cercle* entrelacé dans soi, dans le commencement duquel – le fondement simple – la médiation fait s'entrelacer par retour la fin ; en sus, ce cercle est un *cercle de cercles* ; car chaque membre singulier, en tant que moment pénétré d'âme de la méthode, est la réflexion-en-soi qui, tandis qu'elle fait retour dans le commencement, est en même temps le commencement d'un nouveau membre. Des fragments de cette chaîne, telles sont les sciences singulières,

dont chacune a un *avant* et un *après*, – ou, pour parler de façon plus exacte : *a*
seulement l'avant et, dans son syllogisme même, *montre* son *après*[1].

La méthode est le concept pur qui ne se rapporte qu'à lui-même ; elle est, par
conséquent, la *relation simple à soi* qu'est l'*être*. Mais celui-ci est maintenant
aussi l'*être rempli*, le *concept* qui se *conçoit*, l'être en tant que la totalité
concrète, aussi bien purement et simplement *intensive*[2].

C'est spécialement dans la doctrine de l'essence que Hegel
procède à la résolution de la différence indifférente qui caractérise
la pensée d'entendement, à travers les oppositions de la condition
et du fondement, de l'essence et de l'existence, de la cause et de
l'effet, de la forme et de la matière. La sphère de l'être est celle
de la représentation en général, l'essence est la négation et la
vérité de la représentation, c'est-à-dire réflexion. Le moment du
fondement permet véritablement d'engager le dépassement de
la binarité, des relations qualitatives et quantitatives qui se sont
exprimées dans l'Être, de l'influence du nombre sur la pensée et
sa tendance à la formalisation et à la mécanisation de la pensée.
Pour cela, il faut que l'opposition, la négativité, affecte non plus le
contenu mais la forme, que la totalité soit dite par le mouvement
des parties, l'unité par le mouvement de la différenciation. Le
concept (ou le manifester) sera le retour sur soi montrant qu'on
ne peut être soi qu'en s'étant réfléchi dans l'autre de soi. Par
exemple à propos du phénomène, lorsqu'on affirme que le supra-
sensible *n'est pas* le phénomène, on isole l'une de l'autre deux
conceptions de l'être, l'apparence et l'effectivité, sans interroger
les conditions auxquelles l'acte même de séparation est ordonné.
Dès lors que le supra-sensible n'est *pas* le phénomène, il ne
considère pas le phénomène comme structure apparente, il le
prend pour ce qu'il est lui-même, pour quelque chose qui est ; à
l'inverse, le supra-sensible se montre comme être repoussant hors
de soi un être au regard duquel il est un non-être, quelque chose
de vide, c'est-à-dire qu'il ne tire son sens et sa subsistance que de
l'être phénoménal. En réalité, parce que le phénomène n'est pas
détermination simple de l'apparence (unilatéralité de la relation
de l'être avec le non-être) mais l'intériorisation du rapport de

1. *Log.* III, p. 320.
2. *Ibid.*

l'apparaître et du disparaître, il n'est plus ce pour quoi il était pris, à savoir, un monde de l'immédiateté, mais le phénomène fait de sa division une réflexion en soi. Les conditions de la connaissance ne reposent alors plus sur une séparation entre le sens phénoménal et le sens absolu de l'être : en fait, on ne peut porter la médiation à l'absolu (faire de la médiation une médiation absolue) que parce que l'absolu est médiation.

Hegel explique qu'il n'y a pas de pensée qui puisse se donner pour contenu de simples formes, ou alors il faut reconnaître dans ces formes un contenu, de telle sorte qu'il ne peut plus être question d'une science formelle, qui ne produit et ne pense aucun contenu propre[1]. Plus le rôle de la méthode est prégnant dans sa dimension formelle, chez Kant spécialement, plus on perd finalement le concept de la forme authentique qu'est la dialectique. Seulement, sans dialectique, c'est-à-dire sans méthode qui soit méthode d'une totalité, le risque qu'on fait prendre à la rationalité consiste à la faire tomber dans un mécanisme de la répétition, une idolâtrie du formel envahissant tout le champ scientifique, une violence sur l'objet qui finit en violence sur l'esprit. Remettre la science à un mime ou une mécanique réitérative (qui ne sait aller que du même au même ou trouver du contingent) c'est substituer une version décharnée de la science à sa version pleine, puissante et créative comme science du tout, c'est-à-dire de quelque chose. L'approche seulement subjective de la logique, par exemple avec Kant, a ainsi fait tomber le contenu de la science en dehors de cette science : « Le concept de la logique qui a eu cours jusqu'à maintenant repose sur la séparation, présupposée une fois pour toutes dans la conscience ordinaire, du contenu de la connaissance et de la forme de celle-ci, ou de la vérité et de la certitude »[2].

Tout le développement qui suit recense les visages plus déterminés de cette extériorité : en résumé, *vacuité du penser* en attente d'un matériau posé en dehors de lui ; *effectivité* du matériau et auto-suffisance de celui-ci, qui

---

1. *Science de la logique*, L'Être <*Log.* I>, trad. fr. B. Bourgeois, Paris, Vrin, 2015, p. 51.

2. *Ibid.*

oblige le penser, qui en est dépourvu, à s'adapter à lui ; *fixité* du rapport du sujet et de l'objet, absence de débordement du penser sur l'objet, de réflexion du sujet dans l'objet, l'un et l'autre restant séparés et repliés sur eux-mêmes[1].

Le formalisme, ou la méconnaissance de la méthode du système, prend ainsi divers visages : l'incapacité de connaître la chose en soi, la polarité schellingienne dans la philosophie de la nature ou la manière mathématique de démontrer. Dans la Préface de la *Phénoménologie de l'esprit* comme dans l'introduction à la *Science de la logique*, Hegel explique que la forme n'est pas correctement comprise lorsqu'elle est ramenée à un schéma sans vie, l'organisation scientifique ne peut pas consister en un tableau qui manifeste toujours un recul de la scientificité (les tables sont comme des quantifications du conceptuel, là où on dénombre, il ne peut y avoir de véritable travail de l'esprit : l'esprit n'est pas un *quantum*). Ainsi, au lieu que les déterminations de pensée soient engendrées les unes à partir des autres, la pensée s'applique extérieurement à un objet qui lui est, aussi bien logiquement que réellement, étranger – c'est du reste cette opération que Kant qualifiait de « construction »[2]. Connaître ne signifie pas ranger des objets dans des boîtes, faire du langage un substitut des choses (le triomphe du signe), des tours de passe-passe[3], convertir extérieurement du vivant en noms, désigner au lieu de comprendre, codifier au lieu d'inventer. Le modèle, ou le fantasme, de cette manière d'envisager le connaître (avec d'un côté une logique qui ne peut se prononcer sur son contenu, puisqu'elle n'en a pas, de

---

1. Voir aussi les développements consacrés au criticisme dans les deux versions du Concept préliminaire de *l'Encyclopédie des sciences philosophiques*, par exemple le paragraphe 33 : « Le criticisme kantien est par conséquent seulement une philosophie de la subjectivité, un idéalisme subjectif ; cette philosophie s'écarte de l'empirisme simplement eu égard à ce qui constituerait l'*expérience*, mais elle s'accorde totalement avec lui en ceci, que la raison ne connaîtrait rien de supra-sensible, rien de rationnel et de divin. Elle demeure prise dans ce qui est fini et non-vrai, à savoir dans une *connaissance* qui, seulement subjective, a pour condition une extériorité et une *chose-en-soi* qui est l'abstraction de ce qui est sans forme, un au-delà vide » (*Enc.* I, p. 197).

2. *PhE*, Préface, p. 125.

3. *PhE*, Préface, p. 127.

l'autre une connaissance qui détermine le simple phénomène à partir d'outils extérieurs : Hegel vise là plus particulièrement la pensée de Schelling, mais c'est en réalité toute une conception de la science qui est en cause) c'est bien l'enterrement en bonne place d'un cadavre, d'une réalité privée de vie et de mouvement. Tel est le spectacle que donne la science lorsqu'elle parvient à dire que l'entendement est de l'électricité ou l'animal de l'azote.

> Ce que produit cette méthode qui consiste à coller sur toute réalité céleste et terrestre, sur toutes les figures naturelles et spirituelles, les quelques déterminations du schéma général, et à tout arranger de cette manière, n'est rien de moins qu'un Rapport clair comme le jour sur l'organisme de l'univers, c'est-à-dire un tableau ressemblant à un squelette sur lequel sont collés de petits écriteaux, ou aux rangées de boîtes fermées, avec leurs étiquettes apposées, dans une petite boutique d'épicier détaillant ; un tel tableau est aussi distinct que ce que l'on a là-bas et ici, et – tout comme, dans le premier exemple, on a ôté aux os la chair et le sang tandis que, s'agissant du second, la Chose qui n'est pas alors non plus vivante est cachée dans les boîtes – il a laissé de côté ou caché aussi l'essence vivante de la Chose[1].

Or la pensée n'atteint son but (l'unité) que si les termes qu'elle relie ne sont pas traités comme étrangers mais *compris* comme opposés et se déterminant l'un par l'autre. Un empirisme trivial se tient toujours derrière le formalisme, avec l'idée que la pensée n'est rien sans un contenu, que le contenu (le réel), ainsi abstraitement valorisé, est ce à quoi la pensée doit se conformer. Hegel dit qu'on ne peut véritablement commencer à penser qu'en se débarrassant de ces préjugés, c'est-à-dire d'une mauvaise manière d'interpréter la relation du sujet et de l'objet, dans laquelle l'objet reste ce que la pensée n'est pas, ne rejoint pas, ne devient pas. Cela veut dire également que le concept de méthode, ou la pensée dialectique, découle du sens de l'absolu lui-même.

La cause plus profonde de cette représentation mutilée du savoir se trouve en effet dans le conflit non résolu des déterminations d'entendement. Une pensée qui voit dans la raison une contradiction en soi et une incapacité à résoudre la contradiction, et donc qui ne peut connaître qu'en tant qu'elle ne connaît pas, est une pensée qui n'a pas été menée à son

1. *PhE*, Préface, p. 129.

terme. Car aller jusqu'à son terme, c'est pour la pensée dépasser l'entendement dans la raison au lieu de se réfugier, résignée, dans « l'effectivité sensible ». Sans cet aboutissement, la faculté de pensée ne sert qu'à penser le non-vrai comme phénomène (non l'en soi[1]). L'idée que les catégories de l'entendement n'auraient pas d'application aux choses en soi est si peu rationnelle qu'elle aurait dû conduire Kant à les reconsidérer dans leur nature et leur fonctionnement. Le conflit entre les déterminations du fini et de l'infini qui produit un conflit à l'intérieur de la raison elle-même montre d'ailleurs que *ce qui pense* ne peut pas rester un avec lui-même si ce qu'il contient ne l'est pas, la forme est toujours son propre contenu, la forme n'est que le rapport qu'on découvre dans le contenu considéré, ou le contenu tel qu'il est et devient. La contradiction n'est décelée ainsi dans l'objet qu'à proportion de celle qui anime l'esprit : « car l'ob-jet n'a en lui la contradiction que par et suivant ces déterminations-là »[2].

Alors, au lieu d'être rejetée du système de la logique, la contradiction apparaît plutôt comme ce qui anime la processualité des essences, qui se trouvent concrètement déterminées dans leur sens, c'est-à-dire dans leur rapport à l'effectivité. Les catégories ne doivent pas être trouvées, posées là en attendant d'être remplies, mais déduites et engendrées les unes par les autres : la chose même

---

1. « Mais, en tant que, de l'autre côté, cette connaissance se sait comme la connaissance seulement de ce qui apparaît, est avoué ce qu'il y a d'insatisfaisant en elle ; toutefois, il est, en même temps, présupposé qu'il en est comme si l'on avait une connaissance juste, certes non pas des choses-en-soi, mais néanmoins à l'intérieur de la sphère du phénomène, – comme si, pour ainsi dire, seule l'espèce des objets connus différait et que, certes non pas l'une des espèces, à savoir les choses en soi, mais néanmoins l'autre espèce, à savoir les phénomènes, tombait dans le [champ de] la connaissance. C'est comme si l'on attribuait un discernement juste à un homme, en ajoutant qu'il ne serait pourtant pas capable de discerner quoi que ce soit de vrai, mais seulement du non-vrai. Autant serait absurde ce dernier cas, autant est absurde le cas d'une connaissance vraie qui ne connaîtrait pas l'ob-jet tel qu'il est en soi. » (*Log* I, p. 53). « Mais, de même qu'on en est resté au côté négatif du dialectique, de même le résultat est seulement ce qui est bien connu, à savoir que la raison serait incapable de connaître l'infini ; – c'est un résultat singulier, en tant que l'infini est le rationnel, que de dire que la raison n'est pas capable de connaître l'infini. » (*Log*. I, p. 28).

2. *Log*. I, p. 53.

est pensée quand le mouvement de la détermination réciproque des concepts découle de l'identité absolue de l'identique et du non-identique, quand c'est ce mouvement qui donne à la logique son contenu. La forme se caractérise par un débordement qui produit l'altération (l'extériorisation, l'aliénation) du contenu se séparant d'avec soi et engendrant par là sa simplicité comme déterminée.

La philosophie de Kant et la science mathématique ont finalement en commun une méconnaissance du rôle positif de la contradiction dans la pensée en tant qu'identité à soi effective, une surévaluation du symbolique (de l'espace, du quantitatif, de la différence extérieure) au détriment du processuel dialectique (négativité déterminée et déterminante) et une mécanisation de la pensée qui découle d'une conception statique de la forme, indifférente au contenu. Le rapport n'est plus déterminé en fonction de la totalité mais figé comme duplicata de l'extériorité du sujet et du prédicat, du concept et de l'intuition. La dialectique du jugement au contraire est portée et animée par la totalité, non par l'exclusion réciproque des déterminations. Un jugement qui fige la séparation entre le concept et le prédicat en considérant que l'un se rapporte toujours à l'autre seulement comme à son autre ne peut pas produire le vrai[1] : le langage de la logique ne dit le vrai que s'il n'est plus simple langage mais spéculation, laquelle est seule à même de déterminer subjectivement le rapport (réflexif) du singulier et de l'universel et de fonder ainsi la réalité du concept. Puisque le concept ne se comprend pas lui-même comme un autre, puisqu'il s'exprime tel qu'il est et se comprend *lui-même*, il ne peut se dire dans une simple proposition (dans laquelle le rapport étant extérieur, reste contingent) mais dans un raisonnement ou syllogisme spéculatif, qui met en œuvre la nécessité logique. On ne comprend jamais véritablement « un autre » que soi, comprendre, c'est se comprendre totalement, parce que le soi qui se comprend est en même temps absolument médiatisé et différencié.

Autrement dit, ce n'est pas un contenu différent par nature du concept qui rend le jugement vrai ou faux, car les déterminations conceptuelles sont déjà le contenu, le vrai est le correspondre avec soi du concept. Saisies dans leur stricte immédiateté et fixité, les

---

1. *Log.* III, p. 71.

déterminations de pensée sont appréhendées de manière non-libre. L'absence de mouvement dans l'objet entraîne une suppression de la liberté dans l'activité de pensée : c'est pourquoi la pensée d'entendement a une tendance naturelle au mécanisme. Dans le discours spéculatif, la détermination elle-même devient sujet, elle se meut depuis la liberté qui définit le penser infini. Pour être posée et dépassée, la contradiction doit être intériorisée, non rejetée ou redoutée (le manque de liberté est un signe de faiblesse). Les antinomies kantiennes immobilisent la contradiction alors qu'il faudrait reconnaître que le fini et l'infini ne sauraient se déterminer indépendamment l'un de l'autre; cette détermination réciproque est néanmoins portée par l'infini car l'esprit ne peut pas « devoir être » autrement que tel qu'il veut être. Le concept comme contenu qui est parfaitement sujet résout ainsi par sa nature même la question du point de départ de la science et de la démonstrativité. À l'inverse, lorsque le contradictoire est traité comme le faux, et le vrai non déterminé en sa négativité, la contradiction retourne dans le sujet et se présente comme impuissance à connaître.

La différence cruciale entre la pensée d'entendement et le spéculatif doit en outre être clairement conçue et maintenue si l'on veut légitimer la première malgré son opposition au second et la destruction qu'elle y subit. Le cheminement dialectique (entendement, raison négative, raison positive) ne permet pas seulement de relativiser la pensée finie mais de la fonder, ce qu'elle n'est pas capable de faire elle-même, aussi bien comme savoir en général de la quantité que dans ses preuves plus déterminées, lorsqu'elle produit un résultat.

En ce qui concerne l'acte de connaître, on ne discerne pas, pour commencer, la nécessité de la construction. Elle ne procède pas du concept du théorème, mais elle est imposée, et l'on a à obéir aveuglément à cette prescription de tirer précisément ces lignes, telles qu'on pourrait en tirer une infinité d'autres, sans rien savoir d'autre si ce n'est qu'on a bien confiance que cela sera approprié à la fin, qui est la conduite de la preuve. Après coup, cette finalité se révèle bien, elle aussi, elle qui n'est qu'une finalité extérieure pour cette raison qu'elle se révèle seulement après coup, au cours de la preuve. – De même, cette preuve suit un chemin qui commence quelque part, sans qu'on sache encore dans quelle relation <c'est> avec le résultat qui doit en sortir. En sa progression, elle accueille *ces* déterminations et relations, et elle en délaisse d'autres, sans que l'on discerne immédiatement selon quelle nécessité <cela se fait>; un but extérieur régit ce mouvement[1].

La compréhension philosophique l'emporte là encore sur la démonstration mathématique dans la mesure où le mouvement conceptuel justifie autant ce qu'il est que ce qu'il n'est pas. Comme savoir de la totalité, il développe un contenu qui ne lui est extérieur que pour autant qu'il se l'oppose, porte au jour et analyse les contradictions qui l'animent. En l'absence d'une considération spéculative de la contradiction, en commençant par celle du vrai et du faux, la pensée d'entendement produit une connaissance sans nécessité logique propre, elle ne peut se comprendre qu'en se déposant dans un autre (la négation de sa finité), son infériorité par rapport au spéculatif tient à cette incapacité à se comprendre soi-même autrement qu'en se séparant de soi[2]. Pour cette raison, les propositions des mathématiques peuvent en même temps être vues comme fausses, dès lors qu'elles supposent, comme c'est le cas pour les propriétés par exemple du triangle, un « démantèlement » de l'objet, une « mise en pièces » suivie de reconstitution, sans véritable unification (de même que les déterminations de la preuve ne sont pas concrètement articulées au résultat, mais peuvent s'en détacher). Par ailleurs, l'absence de mouvement et de connexion nécessaire entre les parties se manifeste encore dans le milieu dans lequel le concept travaille : l'espace, qui est traité comme un élément mort et vide. La preuve en mathématiques reste superficielle parce qu'elle ne touche que la surface des choses (leur substitut symbolique, leurs rapports pour le sujet seul) et non la chose même. Sans connexion nécessaire, la pensée peut s'arrêter arbitrairement sur n'importe quel terme, et sans mouvement, elle ne présente en réalité ni début ni terme.

> Car ce qui est mort, parce qu'il ne se meut pas lui-même, ne parvient pas à des différences de l'essence, pas à l'opposition ou inégalité essentielle, donc pas au passage de l'opposé dans l'opposé, pas au mouvement qualitatif,

---

1. *PhE*, Préface, p. 111-113.
2. *PhE*, Préface, p. 109.

immanent, pas à l'auto-mouvement. Car c'est uniquement la grandeur, la différence inessentielle, que considère la mathématique[1].

Le savoir mathématique est certes clair, mais justement parce qu'il n'affronte pas la complexité de la compréhension des choses mêmes. Que ce soit dans sa forme, sa manière (extérieure, arbitraire, mécanique) de prouver ou dans sa matière (l'espace et le Un), la mathématique traite son objet comme un objet mort. Elle ne voit pas que les déterminations conceptuelles expriment une vie, un mouvement, une énergie capable de justifier ce qui, chez elle, est seulement donné ou imposé. La mathématique travaille abstraitement sur l'abstrait, ne voit de l'existence que dans ce qu'elle fait exister, alors que pour la philosophie, « ce n'est pas l'abstrait ou ineffectif qui est son élément et contenu, mais l'*effectif*, ce qui se pose soi-même et qui vit dans soi, l'être-là dans son concept »[2].

La mécanique du calcul, comme la démonstration en géométrie, nie la fusion du sujet et de l'objet, et ce faisant exerce une action violente sur la chose, la violence consistant à traiter précisément le vivant comme le mort et à agir arbitrairement : mais nier la fusion du sujet et de l'objet conduit forcément à une manipulation extérieure au penser véritable, à une limitation du pouvoir de l'esprit auquel on substitue le pouvoir de la forme, de la technique, du résultat qu'on récolte en ayant abandonné la marche dont il résulte. Ce n'est donc qu'en reconnaissant l'activité dans la chose même (méthode spéculative) que le sujet peut à son tour montrer son contenu et sa détermination propre. Une méthode seulement analytique aboutit à décharner l'activité

---

1. *PhE*, Préface, p. 115. « Le sens plus précis de ce qui seul peut être la véritable méthode de la science philosophique tombe dans le Traité même de la logique ; car la méthode est la conscience prise de la forme de son auto-mouvement intérieur. » (*Log*. I, p. 61).

2. *PhE*, Préface, p. 117. « La vérité est son propre mouvement à même elle-même ; tandis que la méthode dont on vient de parler est la connaissance qui est extérieure au matériau. C'est pourquoi cette méthode est caractéristique de la mathématique – laquelle, comme il a été remarqué, a pour principe le rapport, sans concept, de la grandeur, et pour matériau l'espace mort ainsi que l'Un pareillement mort et il faut le lui laisser. » (*PhE.*, p. 121).

de pensée, à reporter l'indétermination de la chose dans le sujet lui-même.

C'est pour toutes ces raisons que la science ne s'organise rationnellement qu'en développant la vie immanente du concept[1]. La méthode spéculative repose sur deux négatifs, le premier opère la différenciation et le passage de l'être à l'être-là, le second le retour sur soi qui produit la simplicité déterminée. Dans ces conditions, ce n'est pas d'autre chose que de soi que le contenu reçoit la déterminité. L'automouvement du contenu veut donc dire qu'en produisant négativement sa déterminité le contenu se place lui-même sur le cheminement conceptuel, il *s'y comprend*. La méthode n'est pas ce dont un sujet se sert pour expliquer ou décrire du dehors un objet mais l'activité immanente de l'objet consciente d'elle-même. Alors la négation n'est pas négation formelle, elle a un contenu, elle est à la fois déterminée (négation de quelque chose, dépassement de la particularité) et déterminante (position du contenu en sa déterminité revenue à soi). Le moteur de la dialectique, c'est cette énergie, ce surcroît d'être du concept qui le dirige plus avant : elle est un négatif qui se trouve à l'intérieur de la Chose, par quoi la méthode n'est pas différente du savoir lui-même. Les méthodes autres que la spéculation ne parviennent pas à penser le sujet dans sa capacité à tenir et à comprendre le négatif, à penser le devenir et à être lui-même devenir, elles ne s'appliquent qu'à l'être, immobile et abstrait, leur comprendre reste un comprendre de ce que la Chose fondamentalement n'est pas.

> Au contraire, ainsi qu'on l'a montré tout à l'heure, dans la pensée concevante, le négatif appartient au contenu lui-même, et il est, aussi bien en tant que son mouvement et sa détermination en leur sens *immanent* qu'en tant que leur *tout*, ce qui est *positif*. Appréhendé comme résultat, il est le négatif provenant de ce mouvement, le négatif *déterminé*, et, par là, aussi bien un contenu positif[2].

> C'est dans ce dialectique tel qu'il est pris ici, et, par là, dans la saisie de l'opposé dans son unité, ou du positif dans le négatif, que consiste le spéculatif[3].

---

1. *PhE*, Préface, p. 131.
2. *PhE*, Préface, p. 145.
3. *Log.* I, p. 64.

> Maintenir ferme le positif dans *son* sens négatif, le contenu de la présupposition dans le résultat, c'est là ce qu'il y a de plus important dans la connaissance rationnelle ; il suffit en même temps de la réflexion la plus simple pour se persuader de l'absolue vérité et nécessité de cette exigence, et, quant à ce qui concerne les *exemples* de preuves ordonnées à cet effet, c'est en cela que consiste la Logique tout entière [1].

La proposition spéculative supprime la différence du sujet et du prédicat pour dérouler l'unité des deux qui n'apparaît plus comme une matière différente de sa forme, c'est cette séparation que détruit le concept en se donnant, dialectiquement, son propre remplissement et en faisant du prédicat le sujet. Le mot, le symbole, la proposition d'entendement ne peuvent jamais *comme tels* être remplis, le langage est un leurre pour la science s'il n'est pas déterminé comme concept. Le mouvement dialectique intègre de ce fait nécessairement aussi un arrêt de la dialectisation, une dialectisation ou négation du dialectique qui se repose dans le spéculatif. Le spéculatif n'est pas la pérennité de l'être se séparant mais se rassemblant au contraire totalement en soi : « La *proposition* doit exprimer *ce qu'*est le vrai, mais il est essentiellement sujet ; en tant qu'un tel sujet, il est seulement le mouvement dialectique, cette marche qui s'engendre elle-même, se conduit elle-même plus avant, et revient en elle-même »[2]. Le négatif, ou l'être en tant qu'il devient et se nie lui-même, a donc un contenu. C'est un néant déterminé, engendré, enrichi, car le vrai ne découle et ne dépend pas de la méthode, c'est la méthode qui découle du vrai : le mouvement de la pensée (*Entwicklung*) ne peut être considéré comme l'inessentiel, comme quelque chose qui n'a que la valeur de moyen tourné vers une fin qui possède seule une dignité authentique. Sans présupposition de l'absolu, c'est-à-dire de la coïncidence entre point de départ et résultat final, la vérité dépend de quelque chose qu'elle n'est pas et ne pose pas.

> Ainsi, davantage encore, l'esprit absolu, qui se donne comme la vérité concrète et ultime suprême de tout être, est connue comme esprit qui, à la fin du

---

1. *Log.* III, p. 310.
2. *PhE*, Préface, p. 155.

développement, s'aliène librement et, se déprenant de son Soi, laissera celui-ci aller en la figure d'une conscience immédiate, en tant qu'il sera la conscience d'un être lui faisant face comme un Autre. L'essentiel, à proprement parler, n'est pas que quelque chose de purement immédiat soit le commencement, mais que le tout soit dans lui-même un cercle dans lequel ce qui est premier devient aussi ce qui est dernier, et ce qui est dernier aussi ce qui est premier [1].

C'est par là seulement qu'un résultat est fondé, lorsqu'il est lui-même fondement, seule la philosophie peut être fondatrice, parce qu'elle dépasse toutes les déterminations particulières qui se donnent ponctuellement comme résultat scientifique. La science est science du sens, n'a de sens qu'au regard d'une totalité de sens ou d'un sens total, auquel on ne saurait remonter pas à pas, en accumulant des résultats : la démarche scientifique est bien historiquement une progression régulière, faite en même temps d'à-coups et de ruptures, mais on ne peut gagner en rationalité sans se donner le sens plein du rationnel. Le formalisme logique au contraire s'appuie toujours sur une conception mutilée du langage comme langage qui n'est que langage, incapable de pouvoir s'avérer, seul, spéculativement comme concept. Le Concept est la totalisation de toutes les déterminations de la Chose, qui pense la chose selon la vérité de son concept : la vérité est la conformité à soi du concept, il n'y a donc pas de contradiction chez Hegel entre l'intuition de l'essence et le devenir-autre, la médiation, c'est-à-dire la forme.

Contre Kant, Fichte et Schelling, Hegel affirme qu'il n'y a pas de véritable système si le principe reste extérieur au développement de la science. En ce cas, le système se fonde sur quelque chose qui n'est que le commencement et non le résultat du système, sur ce que le système n'est pas, celui-ci devient alors contradictoire. Avec Hegel la coupure entre le principe de la philosophie et la philosophie elle-même est brisée. L'absolu est esprit, ce qui est en et pour soi, ce qui demeure soi par-delà son extériorisation. On accède par là à une conception vivante, organique, du développement des essentialités pures : d'où le fait que Hegel considère la logique comme la suite de la Phénoménologie, c'est-à-dire le mouvement dans lequel le sujet lui-même est déjà intégré à la détermination de pensée. Dans ces conditions seulement, la méthode appartient à la Logique, elle est la

1. *Log.* I, p. 84-85.

Logique : « Car la méthode n'est rien d'autre que la construction du tout, érigée en sa pure essentialité »[1].

La subjectivation de l'objet, qui provient du redoublement du négatif, permet l'intériorisation de la méthode, ou montre la méthode comme un intérieur. En effet, le premier négatif est l'âme « dialectique que tout vrai a en lui-même ». « Le *deuxième* négatif, le négatif du négatif, auquel nous sommes parvenus, est une telle suppression de la contradiction, toutefois il n'est pas plus que la contradiction un *agir d'une réflexion extérieure*, mais le moment *le plus intérieur, le plus objectif,* de la vie et de l'esprit, moyennant lequel il y a un *sujet,* une *personne,* un être *libre* »[2]. La liberté suppose la capacité à faire être et disparaître la contradiction (la conservation est destructrice). Le retournement de la méthode effectue le retour (ainsi prouvé) au commencement comme immédiateté démontrée et médiatisée : dès lors que le résultat établit le commencement, et se démontre par là même, le contenu appartient à la méthode qui peut s'élargir en système. Ainsi, et réciproquement, le commencement n'est pas seulement déterminé mais aussi justifié en son immédiateté, comme l'unité seulement abstraite de l'immédiat et du médiat (l'immédiat est aussi le dépassement du médiat dont il résulte).

> Le concept, dans la méthode absolue, se *conserve* dans son être-autre, l'universel dans sa particularisation, dans le jugement et la réalité ; cet universel élève à chaque degré de la détermination poursuivie la masse tout entière de son contenu précédent, et, par sa progression dialectique, non seulement il ne perd rien ni ne laisse quelque chose en arrière, mais il porte avec soi tout ce qui a été acquis et il s'enrichit et se condense au-dedans de soi[3].

1. *PhE*, Préface, p. 119. « La connaissance d'entendement finie procède, en l'occurrence, de telle sorte que, ce qu'elle a laissé de côté en engendrant par abstraction un tel universel, elle le reprend maintenant de façon tout aussi extérieure. La méthode absolue, en revanche, ne se comporte pas comme une réflexion extérieure, mais tire de son ob-jet même ce qui est déterminé, puisqu'elle-même est le principe immanent et l'âme de cet ob-jet. » (*Log*. III, p. 306).

2. *Log*. III, p. 312. « Pour autant que ces deux déterminations sont, suivant un Rapport quelconque, prises comme étant mises en relation de façon extérieure, ce négatif est seulement le facteur *formel* médiatisant ; mais, en tant que la négativité absolue, le moment négatif de la médiation absolue est l'unité qui est la subjectivité et l'âme » (*Log*. III, p. 312).

3. *Log*. III, p. 317.

Dans le concept absolu, l'extension coïncide avec la compréhension, le sens se réalise autant qu'il se détermine, la pensée s'extériorise à proportion de la densité de son sens ou de sa compréhension. Tenir le négatif, le regarder en face (être libre) c'est pour le concept se maintenir, conserver et produire en dedans de soi la négation de soi.

> Mais l'esprit devient ob-jet, car il est ce mouvement de devenir *à soi-même* un *Autre*, c'est-à-dire *ob-jet de son Soi*, et de supprimer cet être-autre. Et l'on désigne par l'expérience précisément ce mouvement dans lequel l'immédiat, ce dont on n'a pas l'expérience, c'est-à-dire l'abstrait, que ce soit l'être sensible ou celui du simple seulement pensé, se sépare de lui-même en se rendant étranger à lui-même, puis fait retour, d'une telle séparation, à lui-même, et par là est seulement maintenant présenté dans son effectivité et vérité, de même qu'il est aussi propriété de la conscience [1].

La dialectique se différencie par là en ses trois moments : d'abord la position abstraite d'entendement, qui « s'en tient à la déterminité fixe et à son caractère différentiel par rapport à d'autres, et un tel abstrait borné vaut pour elle comme subsistant et étant pour lui-même »[2]. Il s'agit de l'attitude propre aux systèmes qui ont été précédemment critiqués (Kant, l'idéalisme absolu non hégélien, le mysticisme), en tant qu'ils présentent le concept sans vie. Le deuxième moment, la raison négative, est « la propre auto-suppression de telles déterminations et leur passage dans leurs opposées. ». Ce moment supprime l'écart figé entre les déterminations : l'opposition devient différenciation et détermination réciproque. On passe ce faisant du sens formel de la forme à son sens dialectique (autodifférenciation du contenu). Le troisième moment est la raison positive, réconciliatrice : « Le *spéculatif* ou *positivement-rationnel* appréhende l'unité des déterminations dans leur opposition, l'*affirmatif* qui est contenu dans leur résolution et leur passage <en autre chose> »[3]. Si le vrai est système (et réciproquement), c'est parce que l'être (la substance) est sujet, le vrai est sujet, ce par quoi la spéculation se fonde elle-même. Au formalisme schellingien de l'absolu Hegel

1. *PhE*, Préface, p. 99 et 101.
2. *Enc.* I, § 80, p. 343.
3. *Ibid.*, p. 344.

oppose le concept d'effectivité absolue, c'est-à-dire un absolu totalement déterminé et donc déterminable par la philosophie. Il s'agit désormais de penser l'absolu comme contenu et pas seulement comme forme ou de la forme : « Cette nature de la méthode scientifique, qui consiste, pour celle-ci, d'une part à ne pas être séparée du contenu, d'autre part à se déterminer par elle-même son rythme, a, ainsi qu'il a déjà été rappelé, sa présentation propre dans la philosophie spéculative »[1]. En produisant le vrai comme résultat, la pensée spéculative le redonne aussi en sa simplicité, la réconciliation a le sens du dépassement de l'opposition dans l'unité, c'est pourquoi le devenir se simplifie aussi dans l'unité avec soi du concept. Seul l'absolu peut devenir ce qu'il est et être ce devenir, faire de la contradiction un moteur, parce qu'il peut intégrer la contradiction sans devenir extérieur à lui-même, pour lui, se contredire, c'est se développer. Les défauts dans la compréhension du résultat et du vrai sont les mêmes que ceux qui concernent le commencement (axiome, principe premier, immédiat détaché du reste) : à chaque fois, en raison de l'absence de pensée circulaire, la linéarité dans l'enchaînement des pensées fait qu'on ne part jamais vraiment et qu'on n'arrive en même temps à aucun résultat véritable. Le mouvement de s'opposer n'est pas la position d'un être-opposé qui revient à demeurer opposé à soi. La méthode ne peut donc être que la philosophie :

> Mais cette résolution la première à se présenter de l'Idée pure, qui consiste, pour celle-ci, à se déterminer comme Idée extérieure, ne fait par là que se donner la médiation à partir de laquelle le concept s'élève comme une existence libre, qui est allée au-dedans d'elle-même à partir de l'extériorité, puis achève par lui-même, *dans la science* de l'*esprit*, sa libération, et trouve le concept suprême de lui-même dans la science de la logique en tant qu'elle est le concept pur qui se conçoit lui-même[2].

L'autocompréhension signifie que la vérité s'entend comme liberté, qui n'est pas le choix paradoxal du « *ou bien – ou bien* » de « l'entendement métaphysique »[3], mais un acte affirmatif de

1. *PhE*, Préface, p. 139.
2. *Log*. III, p. 322.
3. *Enc*. I, § 65, p. 330.

soi, toute position extérieurement excluante de la pensée revenant à faire vivre à l'esprit une sorte de rejet de lui-même, comme on préfère le mort plutôt que de supporter d'être libre. Il n'y a donc de connaissance que dans l'agir absolu qu'est la vie de l'esprit, ou plutôt et avant toute autre chose, la vie comme esprit.

Isabel WEISS

NIETZSCHE
LA MÉTHODE COMME *ETHOS*
ET COMME ÉTHIQUE

INTRODUCTION

Selon l'un des préjugés régulièrement attachés à la philosophie de Nietzsche, celle-ci se caractériserait non seulement par l'absence, mais encore par le *refus* délibéré de toute méthode. On a cru d'ailleurs pouvoir faire par là l'étrange éloge d'une pensée dont la « vigueur » serait à la mesure de l'absence de « rigueur » : peu soucieuse de l'ordre des raisons, s'attachant à suggérer et persuader plutôt qu'à démontrer, la philosophie de Nietzsche devrait sa force propre à son caractère « non méthodique »[1]. Interroger ici la notion de méthode ne pourrait dès lors conduire qu'à constater sa mise à l'écart et son absence radicales – ou à étudier le cas manifestement paradoxal d'un philosophe qui n'aurait pour méthode que le refus de toute méthode. Il est vrai que Nietzsche lui-même semble y inviter son lecteur, en récusant ce qui constitue le contenu attendu de celle-ci. Quelle méthode en effet pourrait bien demeurer, pour un auteur qui estime que tout « argument éveille la méfiance »[2], que « [c]e qui doit être

---

1. W. Dilthey, *Le Monde de l'esprit*, Paris, Aubier-Montaigne, 1947, t. 1, p. 370-371.

2. Nietzsche, *Humain, trop humain* (désormais : *HTH*) *II*, « Opinions et Sentences mêlées », § 295. Sauf mention contraire, nous citons les *Œuvres Philosophiques complètes* établies par Colli et Montinari (Paris, Gallimard, 18 vol., 1968-1997). Les *Fragments Posthumes* sont indiqués par l'abréviation *FP*, suivie du numéro du volume ou du titre de l'œuvre concernés et du numéro du fragment cité.

démontré ne vaut pas grand-chose»[1] ; qui considère l'usage de la « forme mathématique » en philosophie comme une « supercherie »[2], toute « volonté de système » comme synonyme d'un « manque d'intégrité »[3] ? Et comment en somme penser encore aucune exigence méthodique au sein d'une philosophie qui entend montrer que ce que nous nommons « vérité » n'est jamais qu'un cas particulier de l'erreur[4] et qu'ainsi en toute rigueur : « il n'y a pas de "vérité" »[5] ? Ce dédain affiché pour tout souci théorique et de rationalité semblerait bien signer le refus nietzschéen de la méthode en tant que telle, et confirmer ainsi le jugement précédent.

Il faut dire pourtant que celui-ci repose sur un double préjugé concernant la notion même de méthode. Il repose, d'une part, sur l'articulation présupposée de cette dernière à une volonté de vérité, c'est-à-dire à une visée seulement théorique ; et d'autre part sur l'immédiate assimilation de celle-ci à une exigence de certitude, d'ordre, de clarté, que permettraient d'atteindre la rationalité et ses règles propres. Or cette double détermination ne va nullement de soi – comme en pourraient témoigner l'origine et l'histoire de la notion de méthode[6] –, et Nietzsche s'attache justement à montrer que la distinction absolue du théorique et du pratique, et la survalorisation de la raison, sont autant de préjugés que nul jusqu'ici ne s'est soucié de justifier. Surgit alors une exigence nouvelle : la mise en œuvre d'un questionnement plus radical *et plus méthodique* que ne l'a été le questionnement philosophique

1. Nietzsche, *Crépuscule des Idoles* (*CId*), « Le problème de Socrate », § 5, trad. fr. P. Wotling, Paris, Flammarion, 2005.

2. Nietzsche, *Par-delà Bien et Mal* (*PBM*), § 5, trad. fr. P. Wotling, Paris, Flammarion, 2000.

3. *CId*, « Maximes et Flèches », § 26.

4. *FP XI*, 34 [253] : « La vérité est ce type d'erreur sans laquelle une certaine espèce d'êtres vivants ne saurait vivre. ».

5. *FP XII*, 2 [108].

6. Rappelons seulement que le terme *methodos* apparaît avec Platon, et qu'il n'est alors ni uniquement articulé à une exigence théorique, ni déterminé de façon univoque comme ordre linéaire conduisant à une certitude – la « méthode » platonicienne impliquant d'accepter le risque de l'erreur et de l'errance. Voir M. Dixsaut, *Platon et la question de la pensée*, I, Paris, Vrin, 2000, p. 175-189.

jusqu'ici doit conduire à remettre en cause cela qui a été trop rapidement tenu pour le contenu nécessaire de toute méthode. En d'autres termes, et à l'inverse de ce que pourrait laisser croire une lecture trop rapide : mettre en question l'exigence rationnelle, de déduction ou de systématicité, n'implique pas nécessairement de renoncer à *toute* exigence de méthode, si celle-ci ne se réduit pas nécessairement aux précédentes. Tout comme les reproches adressés par Nietzsche aux philosophies passées n'impliquent nul renoncement à la philosophie même, la mise en évidence de l'insuffisance des méthodes antérieures n'implique en rien qu'il faille renoncer au souci méthodique en tant que tel. C'est donc sans incohérence aucune que Nietzsche peut tout à la fois critiquer les premières, et affirmer la valeur et la nécessité du second :

> Ce que l'on découvre de plus précieux est toujours ce que l'on découvre en dernier : mais les découvertes les plus précieuses, ce sont les *méthodes*. [...] les méthodes, on ne le répétera jamais assez, *sont* l'essentiel, et aussi le plus difficile, ce qui se heurte le plus longtemps aux habitudes et à la paresse [1].

Cette double affirmation indique clairement quelle est ici l'orientation du questionnement de Nietzsche : l'importance qu'il accorde à la méthode implique précisément de mettre en question la manière dont on l'a usuellement conçue, les croyances qui lui ont été jusqu'ici attachées par « habitude » ou par « paresse ». La spécificité de son propos consistera donc en ce qu'il entend penser une exigence de méthode d'une radicalité telle, qu'elle est susceptible de se retourner contre les méthodes sur lesquelles on a cru pouvoir s'accorder jusqu'ici.

Mais nous devinons que se pose alors ici une difficulté qui demande à être résolue, et que l'on peut envisager selon trois points de vue ayant chacun un degré de radicalité distinct. Tout d'abord, il faut bien sûr se demander quel contenu Nietzsche entend donner à la – et à sa – méthode, si se trouve en effet mis à bas tout ce qui jusqu'ici donnait pour nous un sens à cette notion ; l'exigence méthodique ne se trouve-t-elle pas en danger de n'être plus qu'une exigence vaine ? Ou encore : si en effet Nietzsche

---

1. Nietzsche, *L'antéchrist* (*AC*), § 13 et 59.

entend déterminer de nouvelles exigences méthodiques, parvient-il néanmoins à échapper à la faute même qu'il reproche à ses prédécesseurs, c'est-à-dire aux préjugés et au dogmatisme en la matière – sans quoi sa critique devrait naturellement lui être par nous retournée ? Autrement dit : à quelle aune, ou suivant quels critères, Nietzsche peut-il prétendre évaluer et critiquer telle exigence singulière, et comment à l'inverse peut-il prétendre déterminer une méthode nouvelle ? En se refusant à tenir pour acquise la valeur des méthodes antérieures, ne se trouvera-t-il pas confronté au problème – apparemment insoluble – d'une régression à l'infini, que pointait déjà la philosophie classique : pour prétendre évaluer ou déterminer rigoureusement une méthode, ne faut-il pas *déjà* en effet disposer d'une méthode ? Pour formuler encore autrement la difficulté : Nietzsche ne devra-t-il pas nécessairement nous donner les *raisons* qui lui permettent de remettre en cause par exemple l'exigence de *rendre raison*, et ne nous trouverons-nous pas ainsi conduits par lui à une inévitable contradiction ?

Nous verrons que c'est à vrai dire en concevant à nouveaux frais la notion même de méthode, en se refusant surtout à en réduire arbitrairement le sens, que Nietzsche parvient à échapper à ce diallèle qui n'est inexorable qu'en apparence ; et que c'est, non en prétendant à la création *ex nihilo* d'une méthode nouvelle, mais en examinant et évaluant les méthodes passées, qu'il s'essaye dans le même temps à penser, à la fois avec et contre ses prédécesseurs, des exigences méthodiques nouvelles – de sorte que c'est l'exigence philosophique ou scientifique de méthode elle-même qui, dans le moment même où elle est conduite à examiner les diverses manières dont elle s'est jusqu'ici réalisée, est conduite à se dépasser elle-même en les surpassant.

L'AUTODÉPASSEMENT DE *LA MÉTHODE* :
DE LA VOLONTÉ DE VÉRITÉ
AUX « VERTUS » MÉTHODIQUES

La réflexion de Nietzsche sur la méthode prend assurément dans un premier temps un tour critique : c'est que jusqu'ici les penseurs, semblables en cela au « philistin » moqué par la première *Inactuelle*, ont eu une foi excessive en eux-mêmes « et donc dans les moyens et méthodes » qu'ils prétendaient mettre en œuvre[1], par exemple dans la « méthode rationnelle »[2] qui semble dominer la culture occidentale depuis Socrate. Plus précisément, le paradoxe de l'entreprise de ceux que Nietzsche nomme parfois les « grands méthodologues » (parmi lesquels il cite Aristote, Bacon, Descartes, et A. Comte)[3], vient de ce qu'ils ont généralement affirmé vouloir s'abstenir de toute croyance et atteindre à une vérité absolue, en mettant en œuvre telle méthode déterminée, sans s'apercevoir cependant que leur entreprise et leur méthode mêmes reposaient sur des présupposés inaperçus. Le cas de Descartes se révèle à cet égard éclairant, et ce d'autant plus qu'il est considéré comme l'exemple par excellence d'un penseur soucieux à la fois de méthode et de radicalité. Tout en ayant la prétention de mettre en œuvre une méthode qui lui permette de s'affranchir de tout préjugé, et ainsi d'atteindre à une connaissance certaine, il a négligé cependant de mettre suffisamment en question ce besoin même de trouver une certitude, comme aussi les présupposés sur lesquels repose la méthode qu'il voulut mettre en œuvre à cette fin. Le privilège accordé à « l'ordre », à « la clarté », la *croyance* selon laquelle il y a ou il *doit* y avoir de l'ordre et de la clarté, ne sont-ils pas à vrai dire l'effet d'un « *préjugé fondamental* » qu'il a finalement négligé de mettre en doute ? En tout ceci, Descartes ne fut pas « suffisamment radical », ce pourquoi il nous faut apprendre à être « plus prudents » et à « mieux douter que

---

1. Nietzsche, *Considérations Inactuelles (CIn)* I, § 8, p. 58.
2. Nietzsche, *La Naissance de la tragédie*, § 12.
3. *FP XII*, 9 [61].

Descartes »[1]. Ceci peut être dit de la plupart des penseurs, qui ont prétendu lutter contre tout dogmatisme, tout en cédant eux-mêmes ce que l'on pourrait désigner ici comme un « dogmatisme méthodique ».

C'est cette difficulté que résume un aphorisme de *Humain, trop humain*, qui nous indique que la plupart des hommes « de la pensée scientifique » ne sont en réalité bien souvent que des hommes « à convictions » :

> Une conviction est la croyance d'être, sur un point quelconque de la connaissance, en possession de la vérité absolue. Cette croyance suppose donc qu'il existe des vérités absolues ; que l'on a également trouvé ces méthodes parfaites qui permettent d'y accéder ; enfin que quiconque a des convictions applique ces méthodes parfaites. Ces trois propositions montrent aussitôt que l'homme à convictions n'est pas l'homme de la pensée scientifique ; nous le voyons à l'âge de l'innocence théorique, c'est un enfant, tout adulte qu'il puisse être par ailleurs[2].

La neutralité et la prudence prétendues des questionnements méthodiques antérieurs ont pourtant toujours laissé subsister ces deux imprudentes présuppositions : qu'il *existe* une vérité absolue, qu'il est *possible* d'y atteindre par une méthode qu'on lui suppose adéquate, et dont on ne laisse pas de déterminer d'ailleurs rapidement la nature et le contenu – deux fort peu minces suppositions, qui n'ont assurément par elles-mêmes rien de nécessaire, et dont Nietzsche entend montrer qu'elles sont à vrai dire contradictoires. L'idée d'une vérité absolue, d'une « connaissance en soi », sont en effet des contradictions dans les termes[3] : toute connaissance *nous* concerne dans la mesure où elle implique que *nous* entrions « en relation conditionnelle avec quelque chose », de sorte qu'à « supposer même qu'il y ait un en-soi, de ce fait il ne pourrait justement *pas être connu* »[4]. Une vérité absolue serait donc, si ce n'est absurde, du moins impensable pour nous. L'usuelle volonté de vérité ne peut dès lors que se retourner contre elle-même, puisqu'il lui faut reconnaître que l'idée même d'une « connaissance en soi » est un « concept

---

1. *FP XI,* 40 [9], [10], [23] et [25].
2. *HTH I,* § 630.
3. Cf. *PBM,* § 16.
4. *FP XII,* 2 [154].

contradictoire »[1] dont il convient de se défaire. Loin de tout désintéressement et de toute neutralité prétendue, pensée et connaissance doivent être aperçues comme autant de réponses à des besoins déterminés, comme autant de conditions d'existence relatives aux types particuliers d'êtres vivants que nous sommes : la « manière dont les hommes *appréhendent les choses* » n'est jamais qu'une « interprétation déterminée par ce que nous sommes et par nos besoins »[2]. A ceci bien sûr la philosophie, et ses exigences méthodiques traditionnelles, ne font pas exception :

> […] on doit encore ranger la plus grande partie de la pensée consciente parmi les activités instinctives, et ce jusque dans le cas de la pensée philosophique […]. Derrière toute logique aussi et son apparente souveraineté de mouvement se trouvent des évaluations, […] des exigences physiologiques liées à la conservation d'une espèce déterminée de vie[3].

Le choix d'une méthode déterminée, loin d'être rationnel et libre, est toujours le fruit d'un besoin ou instinct particuliers, à l'égard desquels le soi-disant « intellect pur » ne joue que le rôle d'un « instrument »[4]. Or tout ceci entraîne quatre conséquences qui vont nous conduire à repenser avec Nietzsche la signification du terme même de « méthode ».

On voit tout d'abord qu'il convient de renoncer ici à la « *dangereuse distinction entre "théorie" et "pratique"* » : puisqu'il n'est pas de connaissance désintéressée, ce que nous qualifions usuellement comme « théorique » a d'emblée et toujours un enjeu pratique. Penser est déjà « une manière *d'agir* », et « agir présuppose toujours une pensée »[5] : la croyance à l'autonomie du théorique comme de la pratique doit être abandonnée.

Ce dépassement du dualisme du savoir et de l'agir, de la pensée et de la vie, implique à son tour que l'idée de méthode ne peut désormais plus être articulée à la seule recherche d'une connaissance « pure », désormais caduque : puisque toute théorie est *en elle-même* pratique, la méthode doit elle aussi

---

1. Nietzsche, *La généalogie de la morale* (*GM*) III, § 12, trad. fr. P. Wotling, Paris, Livre de poche, 2000, p. 213.
2. *FP XI*, 39 [14].
3. *PBM*, § 3.
4. *Aurore* (*A*), § 109.
5. *FP XIV*, 14 [107].

être envisagée comme condition tout à la fois d'une manière de penser, et d'une façon de vivre. C'est la raison pour laquelle Nietzsche affirme que la méthode, loin d'appartenir à un intellect pur, provient « spontanément de notre instinct »[1], s'inscrit dans les « muscles », les « articulations », le corps tout entier[2], de sorte que son apprentissage aussi suppose, non pas la seule acquisition consciente de règles théoriques, mais une pratique répétée qui fasse d'elle une habitude si bien « incorporée »[3] qu'elle engendre un type de comportement tout instinctif, quasi réflexe[4]. De même que l'on ne devient pas excellent médecin en apprenant par cœur des traités de physiologie et les « meilleures méthodes » décrites par les théoriciens, mais au sein d'une pratique qui entraîne à ces « rapides conclusions de l'effet à la cause qui font la gloire des diagnosticiens »[5], on ne saurait s'éduquer à la rigueur méthodique par le biais de « méthodologies », c'est-à-dire de simples *discours sur* la méthode. Penser, décrire, connaître une méthode, ce n'est pas encore se montrer effectivement méthodique – et à cet égard ce qui n'appartient qu'à la seule conscience ne peut que demeurer insuffisant, car superficiel[6].

On voit par suite que la méthode ne saurait plus être pensée comme une suite de règles formelles susceptibles de s'appliquer à un contenu de connaissance distinct d'elle – la distinction entre forme et matière étant d'ailleurs dénoncée par Nietzsche dès les *Inactuelles* comme l'une des causes de l'affaiblissement de l'homme et de sa pensée[7]. On ne saurait donc jamais penser et apprendre une méthode qu'au sein d'une pratique dont elle

---

1. *FP X*, 25 [135].

2. Cf. *HTH I*, § 250, et *HTH II*, « Le voyageur et son ombre », § 123.

3. Le terme d'« incorporation » (*Einverleibung*), spécifiant celui d'« assimilation » (*Aneignung*), désigne la manière dont doit s'effectuer toute transformation de l'homme, conçu non pas sur un mode dualiste comme « corps et esprit » mais comme étant « corps, et rien de plus », l'esprit comme n'étant qu'un aspect (le plus superficiel) du corps. Sur cette idée, voir P. Wotling, *Nietzsche et le problème de la civilisation*, Paris, P.U.F., 1995, p. 228-229.

4. Cf. *FP X*, 25 [135], et *PBM*, § 213.

5. *HTH I*, § 243. Cf. *CId*, « Ce qui abandonne les Allemands », § 7.

6. Cf. *FP XIV*, 14 [131] et [132].

7. Cf. *CIn II*, § 4 et 5.

n'est pas réellement distincte, et nous verrons que, pour cette raison même, Nietzsche use d'un mode de discours singulier (philologique et métaphorique) pour dire la spécificité de ses exigences de méthode.

Enfin, la dernière – mais non la moindre – conséquence consiste en ce que la détermination d'une méthode doit impliquer de nouveau, non pas les seuls critères de vérité qui ont révélé leur insuffisance, mais suivre d'un questionnement qui prenne en compte sa double dimension, théorique et pratique. Ainsi le principe méthodique selon lequel on doit chercher partout de l'unité, reconduire de manière analytique tout ce qui apparaît complexe à des éléments simples, peut-il être doublement aperçu comme l'effet d'un préjugé théorique (que Nietzsche dénonce sous le nom de préjugé ou « besoin atomiste »[1]), puisque l'on présuppose ici non seulement qu'*il existe* de tels éléments absolument simples, mais en outre que le simple a davantage de valeur (qu'il est « plus clair » et « plus certain ») que le complexe ; tandis que ce préjugé apparaît à son tour comme un signe de faiblesse ou de lâcheté, puisqu'il n'a d'autre justification qu'un besoin d'éviter d'affronter la complexité du réel. Évaluation théorique et pratique ne sont, on le voit, pas simplement juxtaposées, mais étroitement entrelacées.

C'est dans ce contexte nouveau qu'il faut penser le sens de l'éloge nietzschéen de l'« esprit scientifique »[2], éloge dont la compréhension nous permettra en retour d'approfondir la question de la méthode. Cet éloge est à première vue étonnant, pour qui connaît du moins la critique que Nietzsche conduit par ailleurs à l'égard de la science et des savants. Mais c'est précisément que, de même que *la* méthode n'a pas à se voir d'emblée réduite à la seule « méthode rationnelle », de même ce que Nietzsche nomme « sens » ou « esprit scientifique » ne s'identifie, ni avec les contenus, ni avec les méthodes déterminées de telle science particulière. Ils doivent bien plutôt être pensés – comme y invite d'ailleurs plus immédiatement l'adjectif allemand, « *wissenschaftlich* » – comme une exigence générale de rigueur,

---

1. *PBM*, § 12. Cf. *CId*, « Les quatre grandes erreurs », § 3.
2. Cf. *HTH I*, § 3, 26, 631, 635 ; et *AC*, § 13 et 59.

comme un *esprit de méthode* pourrait-on dire, qui de par sa nature même implique que l'on ne présuppose pas d'emblée la valeur absolue de telle méthode singulière. Cet « esprit » des sciences repose avant tout, écrit Nietzsche, sur une « intelligence de la méthode » ; par quoi il faut entendre que ce que les sciences ont de plus précieux à nous apprendre n'est pas le détail de leurs « résultats », mais le souci méthodique comme tel, auquel elles nous *exercent* plutôt qu'elles ne nous l'*enseignent* :

> Des gens intelligents peuvent bien apprendre tout ce qu'ils veulent des résultats de la science, on n'en remarque pas moins à leur conversation, et notamment aux hypothèses qui y paraissent, que l'esprit scientifique leur fait défaut : ils n'ont pas cette méfiance instinctive pour les aberrations de la pensée qui a pris racine dans l'âme à la suite d'un long exercice. [...] – C'est pourquoi tout le monde devrait aujourd'hui connaître à fond au moins *une* science ; on saurait tout de même ce que c'est que la méthode, et tout ce qu'il y faut d'extrême circonspection[1].

Ce que Nietzsche entend emprunter à la science, ce n'est pas le détail de sa *lettre*, mais son *esprit*, qui est avant tout esprit *de méthode* et ne s'acquiert que par un « long exercice ». Il faut encore lire à cet égard l'aphorisme suivant :

> *Où on s'exerce par la science au pouvoir, non au savoir.* – La valeur d'avoir pendant quelque temps pratiqué avec rigueur une *science rigoureuse* ne réside pas seulement dans ses résultats [...]. Mais on en retire un surcroît d'énergie, de capacité à conclure, de ténacité dans l'effort soutenu ; on a appris à atteindre un *but par des moyens adaptés à ce but*. C'est en ce sens qu'il est très précieux [...] d'avoir été une fois sa vie homme de science[2].

On voit confirmé ici que la méthode doit se comprendre comme un certain « esprit » indissociable d'un « pouvoir » qui engendre une manière particulière de se comporter en toutes circonstances. S'il faut selon Nietzsche avoir pratiqué une « *science rigoureuse* », c'est dans la mesure où elle peut être pensée comme une pratique qui engendre une *habitude* conduisant à une certaine *attitude*[3]. Quelles que puissent être les insuffisances de la science par

---

1. *HTH I*, § 635.
2. *HTH I*, § 256, traduction modifiée.
3. *Cf.* J. Granier, *Le problème de la vérité dans la philosophie de Nietzsche*, Paris, Seuil, 1966, p. 76 ; et G. Vattimo, *Introduction à Nietzsche*, Paris-Bruxelles, De Boeck & Larcier, 1991, p. 42-43.

ailleurs, ce souci méthodique qui l'habite reste l'une des forces propres de « notre civilisation actuelle », ce en quoi elle surpasse en effet la fruste volonté de défendre une vérité absolue « par des paroles et des œuvres de violence »[1].

Ceci explique que Nietzsche puisse affirmer de manière radicale que la philosophie a toujours souffert d'un « *manque absolu de méthode* », qu'« il n'*y a* dans toute [son histoire] aucune probité intellectuelle ». C'est que, substituant à toute pratique susceptible d'exercer à la méthode une réflexion *méthodologique*, les philosophes ont réduit la méthode à sa lettre et en ont perdu l'esprit : « leur *rigueur scientifique* n'est jamais qu'une chose *consciente* » qui ne s'est pas encore « faite instinct », elle n'est en eux qu'« une pièce rapportée, une "bonne intention" »[2] qui demeure lettre morte. La plupart en cela se sont montrés « hypocrites », « tartufes » qui parlent de vertus qu'ils ne possèdent pas, et que leur discours leur évite précisément de chercher à acquérir[3]. Une simple *affectation* de méthode s'est ici substituée à toute *effectivité* de la rigueur méthodique.

C'est pourquoi Nietzsche repense à l'inverse l'esprit de méthode comme consistant, non en un ensemble de règles logiques, mais de « vertus » : cette « attitude » implique une perpétuelle exigence de sérieux, de rigueur, mais plus précisément alors aussi les vertus d'indépendance ou de liberté, de prudence, de patience, et tout à la fois de courage – autant de « vertus » que Nietzsche rassemble synthétiquement sous le nom de « probité » ou d'« honnêteté », et qui permettront en effet au penseur de faire preuve d'un authentique « esprit de recherche »[4]. Pourquoi penser la méthode comme ensemble de « vertus » ? C'est que ce terme a d'emblée une connotation pratique propre à indiquer en quel sens Nietzsche entend penser désormais la méthode : il ne peut y avoir de véritable « *probité intellectuelle* » que là où

---

1. *HTH I,* § 633. *Cf.* aussi § 3.
2. *FP XIV,* 14 [109] et [132].
3. Cf. *PBM,* § 5 ; *FP XI,* 35 [31] à [33] ; et *HTH II,* « Opinions et Sentences mêlées », § 12.
4. *HTH I,* § 225. Les vertus évoquées ici sont celles que Nietzsche attribue au philosophe et « esprit libre », Voir *Le Gai Savoir* (désormais : *GS*), § 98, trad. fr. P. Wotling, Paris, Flammarion, 1997, rééd. 2007 ; et *FP XIV,* 22 [24].

celle-ci, provenant de la « force de l'instinct », se fait « vertu *incarnée* [*einverleibt*] »[1] plutôt que vain mot d'ordre. Mais là ne s'arrête pas sa portée polémique. En faisant usage de termes moraux pour signifier le propre de ses exigences méthodiques (ainsi lorsqu'il évoque également la « morale de la méthode », « la conscience morale en matière intellectuelle »[2]), Nietzsche nous indique tout d'abord que les philosophes ont doublement manqué de cohérence : si d'un côté ils ont parlé de méthode sans pourtant se montrer suffisamment méthodiques, d'un autre côté ils ont prétendu penser des exigences morales – de véracité et d'honnêteté par exemple – qu'ils n'ont pas davantage su mettre en œuvre au sein de leur propre activité. C'est bien à une sorte de contradiction performative que nous assistons – et l'on peut penser que la distinction sans cesse affirmée entre théorie et pratique a constitué l'un des leviers qui ont permis aux philosophes de continuer avec bonne conscience de ne pas agir conformément à leurs discours, de ne pas se montrer, comme le voulait déjà Platon, des hommes « dignes du discours qu'ils tiennent »[3]. À l'inverse, en reprenant à son compte ces termes moraux, Nietzsche entend montrer qu'à se réaliser pleinement, ces exigences morales conduisent à leur propre dépassement, de sorte qu'il faut convenir de « l'immoralité » des vertus morales elles-mêmes[4] :

> la morale elle-même exige avant tout la vérité et la probité et ainsi s'est elle-même passé la corde au cou avec laquelle elle peut être étranglée – avec laquelle *il faut* qu'elle le soit : le *suicide de la morale* est sa propre et dernière exigence morale ![5]

Tel est cet « autodépassement »[6] que nous évoquions dès notre introduction : tout comme un authentique esprit de méthode doit conduire à dénoncer l'insuffisance des conceptions méthodiques traditionnelles, l'exigence morale de vérité, d'honnêteté, conduit

---

1. *FP XIV,* 14 [132].
2. *PBM,* § 36, et *GS,* § 2.
3. Platon, *Lachès,* 188c.
4. Cf. *FP XIV,* 14 [37] et [115] ; *PBM,* § 32, 44, et 227.
5. *FP GS,* 15 [15]
6. Cf. *A,* Préf., § 4 ; *PBM,* § 32 ; *GM,* III, § 27.

à renoncer à l'idée de vérité et de moralité absolues. On voit qu'il ne s'agit pas tant pour Nietzsche, de détruire de l'extérieur la moralité ou la volonté de vérité, que d'éclairer ce mouvement interne de dépassement auquel doit nécessairement les conduire leur rigueur même. Ce faisant, elles ne s'abolissent pas mais se voient finalement « traduite[s] et sublimée[s] en conscience scientifique, en droiture intellectuelle à tout prix »[1]. De même c'est, finalement, la « méfiance méthodique » que revendiquaient ses prédécesseurs à des fins de vérité qui, enfin radicalement mise en œuvre, doit conduire à renoncer au « droit de parler de vérités au sens absolu », à « la croyance à la cognoscibilité des choses, comme [à] la croyance à la connaissance »[2].

Tout ceci permet de comprendre pourquoi le propos de Nietzsche échappe à toute contradiction comme à tout risque d'une régression à l'infini : c'est qu'il ne prétend nullement faire table rase des méthodes antérieures avant de prétendre imposer une méthode nouvelle – mais mettre au jour la nécessité interne, pour toute exigence de vérité et de méthode cohérente, d'en venir au dépassement de ses précédentes actualisations, de se retourner contre elle-même pour se surpasser elle-même. Pour cette raison, Nietzsche précise que l'époque moderne ne doit pas être caractérisée par un renoncement radical à l'égard de toute science, non plus que par une servile soumission à l'égard des sciences dominantes, mais plus spécifiquement par une victoire *de la méthode scientifique sur la science elle-même* :

> Ce n'est pas la victoire de la science qui distingue notre XIXe siècle, mais *la victoire de la méthode scientifique sur la science*[3].

Tout le paradoxe du propos de Nietzsche consiste en ce qu'il entend penser une « scientificité » qui conduit à mettre en question les sciences jusqu'ici reconnues, des « vertus » qui conduisent au dépassement de la morale traditionnelle – et une exigence de méthode qui se retourne contre les méthodes jusqu'ici admises.

---

1. *GS*, § 357.
2. *FP XI,* 38 [14].
3. *FP XIV*, 15 [51].

L'ÉVALUATION DES MÉTHODES :
DU DOGMATISME AU SCEPTICISME ?

C'est ce paradoxe même qui permet de penser la cohérence du rejet nietzschéen de l'exigence rationnelle, de ce qu'il désigne parfois, en accordant à ce terme ce sens très général, du nom de « manières dialectiques ». Nietzsche n'est de fait pas celui qui se contredit en demandant, à qui cherche des raisons, la raison de cette recherche, mais c'est le « dialecticien » en personne qui, poussant son exigence jusqu'à ses ultimes conséquences, doit être conduit à poser la question : *pourquoi* vouloir toujours chercher un *pourquoi* ? Seuls les plus fins d'entre eux, ainsi de Socrate selon le § 191 de *Par-delà Bien et Mal*, reconnaissent quoique sans toujours le dire que leur exigence ne se suffit pas à elle-même mais renvoie à des besoins ou instincts plus profonds. Les autres restent, à la manière de Descartes, des penseurs « superficiels » qui manquent de cohérence et tout simplement d'honnêteté :

> ils défendent au fond, comme avec des raisons cherchées après coup, un principe posé d'avance, un caprice […] : – ce sont, tous autant qu'ils sont, des avocats qui récusent cette dénomination, et même, pour la plupart, des porte-parole retors de leurs préjugés, qu'ils baptisent "vérités" – à mille lieues de ce bon goût du courage qui s'avoue ce point[1].

La critique nietzschéenne des méthodes traditionnelles repose ainsi sur un examen de leur cohérence interne, qui implique des critères d'évaluation indissolublement théoriques et pratiques. Car si le penseur rationaliste par exemple va au bout de son questionnement propre, il doit nécessairement en venir à chercher – en vain – la *raison* de son exigence de *rendre raison*, et apercevoir que cette exigence résulte de besoins ou d'affects déterminés – ainsi du besoin d'assigner une cause pour échapper à l'incertitude et à la peur : si nous sommes souvent si « avides de raisons », c'est que « les raisons soulagent »[2] de l'incertitude que nous n'avons pas la force de supporter. Loin d'être elle-même dogmatique, l'affirmation de Nietzsche suivant laquelle « ce qui

---

1. *PBM*, § 5.
2. *GM* III, § 20. Cf. *CId*, « Les quatre grandes erreurs », § 5, et *GS*, § 112.

a besoin d'être démontré ne vaut pas grand-chose »[1], signifie que l'exigence rationnelle souffre d'un manque de cohérence interne, qu'elle est par là même l'indice d'un manque de rigueur, mais alors aussi de force et de courage[2].

Il en va de même en ce qui concerne l'exigence conceptuelle et de systématicité. La pensée conceptuelle est en effet celle qui cherche toujours à réduire le multiple à l'un, le différent à l'identique[3]; or rien ne justifie cette recherche, que notre besoin de rendre simple ce qui apparaît pourtant complexe, de réduire toujours l'inconnu à du bien connu – la « logique » provenant d'un « penchant illogique », la « connaissance » d'un besoin de « reconnaissance », qui sont autant d'indices d'une incapacité à affronter toute singularité et nouveauté[4]. La volonté de système, qui n'est à vrai dire qu'une forme radicalisée du besoin conceptuel, repose elle aussi sur le besoin et la présupposition d'une possibilité de penser un monde unifié, ordonné, sans obscurités ni lacunes[5]. Le systématique est par excellence celui qui veut réduire la diversité du monde à un seul de ses aspects en le reconduisant à un principe unique, qui se refuse dès lors à tenir compte de ce qui ne peut y être soumis, dont la pensée demeure en conséquence bornée puisqu'elle s'attache à se détourner de tout ce qui pourrait porter atteinte à la belle harmonie du système[6]. « Je ne suis pas assez borné pour un système », écrira Nietzsche, « – pas même pour *mon* système… »[7].

La découverte des insuffisances inhérentes aux méthodes jusqu'ici privilégiées permet cependant de commencer d'apercevoir quelles exigences doivent aussi permettre de les surpasser : au besoin de simplifier et à la superficialité propres au rationalisme, il convient d'opposer une exigence de radicalité,

---

1. *CId*, « Le problème de Socrate », § 5.
2. *Ibid.*, § 10 : « Le fanatisme avec lequel toute la réflexion grecque se jette sur la rationalité trahit une situation d'urgence : on était en danger, on n'avait qu'un seul choix : périr ou – *être rationnel jusqu'à l'absurdité…* ».
3. Cf. *Vérité et mensonge au sens extra-moral*, § 1.
4. *GS*, § 111 et 355.
5. Cf. *FP XI*, 40 [9].
6. Cf. *GM* III, § 20 et 23 ; *FP XI*, 34 [247] ; *FP XIII*, 9 [188].
7. *FP XIII*, 10 [146].

et d'attention à la complexité et la totalité des apparences ; à la partialité du systématique, il faut substituer un mode de recherche qui ne se ferme pas d'emblée à l'appréhension de ce qui apparaît nouveau, irréductible au déjà connu, qui ne veuille pas d'emblée plier la totalité du réel à quelque présupposé particulier : l'exigence de cohérence n'a pas à être d'emblée interprétée comme exigence de réduction à un principe.

Or il faut remarquer que telle est aussi la manière dont Nietzsche procède l'égard de la, ou plutôt des méthodes elles-mêmes : loin d'affirmer d'abord la nécessité de telle méthode nouvelle, loin de jeter immédiatement l'anathème sur l'ensemble des méthodes passées, ou encore de critiquer de manière univoque telle méthode par le moyen et au profit de telle autre, il s'efforce à l'inverse d'examiner la diversité *des* méthodes, et de questionner les présupposés et conséquences de chacune. La probité philosophique implique que l'on substitue, à l'affirmation dogmatique de la valeur et de la perfection absolues d'*une* méthode, un examen et une évaluation nuancés *des* méthodes, tant il est vrai que c'est d'abord une telle diversité – et pour ainsi dire un tel « état de guerre » – que manifestent la philosophie et les sciences. Il est significatif en ce sens de noter que, lorsque Nietzsche aborde la question de « la » méthode, c'est à vrai dire sur un mode le plus souvent *pluriel*, ainsi qu'il apparaît dans nombre des textes que nous avons jusqu'ici évoqués. Tout comme il oppose à la volonté de rechercher une connaissance absolue l'exigence d'évaluer la multiplicité des interprétations possibles de la « réalité », Nietzsche oppose, à la prétention de détenir *une* méthode parfaite, l'exigence d'étudier et hiérarchiser la multiplicité des méthodes jusqu'ici envisagées[1], à titre de symptômes relatifs à un degré de force ou de faiblesse donné. Précisons donc encore notre propos : si Nietzsche échappe à la fois au danger du dogmatisme, et à l'abîme d'une impossible régression à l'infini, c'est que, ne prenant pour point de départ de sa réflexion que les méthodes jusqu'ici admises, il montre

---

1. Cf. *A*, § 342 : « Aucune méthode scientifique n'est la seule à pouvoir donner accès à la connaissance » ; *PBM*, § 41.

en quoi la plupart demeurent insuffisantes et doivent conduire à leur propre dépassement – dépassement de soi qui doit être compris, non comme simple mouvement de négation, mais comme transformation de soi qui implique que, si certaines des exigences anciennes devront être abandonnées, certaines d'entre elles à l'inverse pourraient bien faire la preuve de leur rigueur, et perdurer.

On trouve un exemple important de ce double mouvement de l'évaluation nietzschéenne – mouvement tout à la fois de reprise et de modification d'une exigence méthodique passée – dans la manière dont Nietzsche se réfère, dans une perspective méthodique, au scepticisme et à son exigence de « suspension du jugement » (*épochè* ou *ephexis*). Les penseurs sceptiques sont les seuls qui ont su, dans l'histoire de la philosophie, se montrer authentiquement probes, courageux et simultanément méfiants. Le penseur « *éphectique* » est celui qui « demeure volontiers confronté à des problèmes non résolus », qui « refuse le type de satisfaction qui comporte le fait d'arrondir, de remplir, de boucher un trou avec n'importe quel morceau d'étoupe »[1], qui se refuse à trouver protection en s'enfermant dans la « prison » de ses « convictions ». Si « les grands esprits sont des sceptiques », c'est qu'en prenant en compte la diversité des thèses en présence au lieu de s'attacher à une seule, en demeurant donc indépendant à l'égard même des croyances les plus séduisantes, le sceptique fait preuve, contre tout dogmatisme, d'une « liberté issue de la puissance et du surplus de la puissance de l'esprit »[2]. Il s'agit bien ici de célébrer, non la vérité du scepticisme, mais la force d'une certaine attitude, que l'on peut d'ailleurs aussi trouver au sein de la pratique scientifique[3]. Parmi les « pulsions et [l]es vertus » propres du philosophe devra figurer la pulsion « éphectique »[4], gage de son indépendance. On voit d'ailleurs que c'est en quelque sorte cette vertu même qui conduit Nietzsche a ne pas prendre pour acquis quelque méthode que ce soit : l'« *ephexis* » peut être

1. *FP XI,* 35 [29].
2. *AC*, § 54.
3. Cf. *GS*, § 344.
4. *GM*, III, § 9, p. 202.

tenue pour un moment nécessaire de la méthode philosophique, dans la mesure où elle apparaît comme condition nécessaire de toute interrogation sur la méthode elle-même.

Mais ceci ne signifie pas que le scepticisme et l'*épochè* se suffisent à eux-mêmes. Nietzsche montre au contraire que les sceptiques n'ont pas été assez loin : *nier* toute possibilité de connaissance pour la raison qu'aucune n'est absolument vraie et certaine, c'est encore *croire* à l'idée de vérité et de certitude[1]. Une *épochè* vraiment radicale doit conduire à « suspendre son jugement » à l'égard de cette croyance même, et par là à un examen de la *valeur* des interprétations, qui se substitue à leur simple négation. C'est en ce sens que Nietzsche entend penser un « *ultime scepticisme* »[2], une « espèce de scepticisme différente et plus forte »[3], qui soit capable d'évaluer, hiérarchiser et choisir parmi la diversité des modes de pensée qui s'offrent à lui, au lieu d'en démontrer seulement l'égale incertitude. L'*ephexis* sceptique apparaît alors sans doute comme un moment nécessaire de la méthode philosophique selon Nietzsche – non comme son tout : elle n'est qu'un « instrument », le moyen de parvenir à questionner la valeur et de faire choix des pensées susceptibles d'accroître la santé de l'humanité. Penser *avec* le scepticisme conduit à aller *au-delà* du scepticisme, au-delà de sa seule « timide épochistique et théorie de l'abstinence »[4] restée prisonnière de la croyance à la vérité, et à lui opposer la « réponse » ainsi formulée par Nietzsche :

> Je me félicite de tout scepticisme auquel il m'est permis de répondre : « faisons l'essai ! ». Mais je ne veux plus entendre parler de ces choses et de ces questions qui n'admettent plus l'expérience.
> Scepticisme ! Oui, mais un scepticisme *expérimental !* non l'inertie du désespoir[5].

1. Cf. *FP A*, 3 [29] : « Tous les hommes d'autrefois "possédaient la vérité". Même les sceptiques ».
2. *GS*, § 265.
3. *PBM*, § 209.
4. *Ibid.*, § 204.
5. *GS*, § 51 ; *FP A*, 6 [356].

EXPÉRIENCE, HISTOIRE ET GÉNÉALOGIE :
LA RECHERCHE D'UNE « MÉTHODE RÉGULATRICE »

L'*ephexis* sceptique est repensée par Nietzsche comme simple instrument de la tâche positive d'évaluation. Celle-ci recouvre dans le même temps une exigence d'« expérimentation » (*Experiment*), puisque ce n'est plus seulement en tant que théories pures, mais aussi en tant que conditions favorisant une manière de vivre et un certain degré de santé, qu'une interprétation, et dans le même temps la méthode qui la sous-tend, doit être interrogée. Parce que « la *force* des connaissances ne tient pas à leur degré de vérité mais à leur ancienneté, au fait qu'elles sont incorporées, à leur caractère des conditions de vie », le type de questionnement qui leur convient doit consister en une tentative (*Versuch*) qui permette d'apercevoir si elles servent la vie en la conservant seulement, si elles favorisent plutôt son affaiblissement ou son accroissement[1].

Il n'est de questionnement philosophique et axiologique rigoureux qu'à user d'un critère que Nietzsche qualifie comme « expérimental »[2], et qui peut être pensé par référence à la sémiotique médicale : un « *médecin* philosophe » envisagera désormais toute pensée comme « symptôme[s] de corps », de leur degré de « santé » ou de « puissance »[3]. Cette exigence doit avoir en outre une double orientation : le penseur probe se doit de mettre en question, non seulement les thèses d'autres penseurs, mais aussi bien, s'il veut éviter de se contredire, les siennes propres. C'est en ce sens que Nietzsche évoque aussi régulièrement la nécessité pour chacun de prêter attention à l'« expérience vécue » (*Erlebnis*), c'est-à-dire d'envisager aussi ses propres pensées dans la perspective de la vie. Le philosophe doit être aussi *pour lui-même* un objet d'« expérimentation » :

---

1. *GS,* § 110. *Cf.* § 51.
2. *Cf. FP XIV,* 16 [32].
3. *GS,* Préf., § 2. Le « *médecin* philosophe » est aussi bien présenté comme un « psychologue » : en raison du dépassement du dualisme de l'âme et du corps, la psychologie n'est que l'autre nom de la physiologie. *Cf.* P. Wotling, *La pensée du sous-sol*, Paris, Allia, 1999.

> [...] nous [...] voulons regarder nos expériences vécues dans les yeux, avec autant de rigueur qu'une expérimentation scientifique, heure par heure, jour après jour! Nous voulons être pour nous-mêmes nos expériences et nos cobayes [*Versuchs-Thiere*]![1].

L'*Erlebnis* du penseur devient *Experiment* dès lors qu'elle devient pour lui-même objet d'interrogation et d'évaluation – l'authentique philosophe et esprit libre se caractérisant en ce sens par sa capacité de mener des tentatives ou expérimentations nouvelles, susceptibles de transformer et surpasser les valeurs et modes de vie anciens[2]. Encore reste-t-il à comprendre que le questionnement sur soi est indissociable du questionnement sur l'autre, que l'on ne saurait évaluer ses propres thèses sans les confronter aussi à la diversité des autres interprétations possibles : c'est précisément l'ignorance de cette altérité et de cette diversité, c'est-à-dire le caractère indûment borné du champ de pensée et d'expérimentation, qui a conduit la plupart des penseurs à demeurer des « hommes à convictions ».

C'est pourquoi Nietzsche pense cette exigence d'« expérimentation » en relation avec une autre, qu'il qualifie d'« historique » : l'histoire doit précisément constituer pour le penseur ce « grand *laboratoire* »[3] qui permet d'envisager les hommes et leurs valeurs dans toute leur diversité, s'opposant ainsi à la tentation de penser *une* essence *invariable* de l'humain. Nietzsche accorde en effet à l'« histoire », à ce qu'il nomme aussi le « sens historique » et désigne comme « la plus récente de toutes les méthodes philosophiques »[4], un sens singulier. Parce qu'il pense l'histoire sur le fond de sa double signification ancienne, et parce qu'il considère que l'homme n'est qu'un fragment de nature, Nietzsche repense l'histoire comme « enquête » (*historia*) qui peut porter sur la nature tout entière (comme « histoire naturelle », donc), et par là même aussi sur les phénomènes relatifs à l'homme, qu'il s'agisse de connaissance ou de moralité. L'enquête et la méthode « historiques » apparaissent alors

---

1. *GS*, § 319.
2. Cf. *FP A*, 1 [38].
3. *FP X*, 26 [90].
4. *HTH I*, § 1.

nécessaires pour deux raisons : parce qu'elles se déterminent, contre toute réduction à un principe, par une attention prêtée au singulier, au caractère différencié et changeant de la réalité ; parce qu'elles invitent à penser toute réalité comme devenue, et la réalité humaine entre autres comme renvoyant toujours à des *processus* (pulsionnels) multiples plutôt que simples. Une « probité *in historicis* »[1] doit être opposée à ce « péché originel des philosophes » qu'est le « manque de sens historique », c'est-à-dire à la tentation de penser l'homme comme un être toujours identique à lui-même, en se fondant sur une étude tronquée de l'humanité[2]. Parce que l'histoire se caractérise en outre comme souci de ce qui nous est étranger et lointain, elle est ce qui permet de cheminer du propre vers l'étranger, de l'altérité vers l'ipséité ; or ceci seul nous apprend à « ressentir comme étranger ce qui [nous] est le plus proche »[3], et ainsi à le questionner et l'évaluer – ce qui n'est en effet possible que sur le fond d'une activité de différenciation et de comparaison dont l'enquête historique est la condition nécessaire[4]. Loin du « sérieux empesé » de ceux qui prétendirent fonder *la* morale (qui n'était autre généralement que *leur* morale), Nietzsche exige donc que le philosophe, en cela à la fois plus modeste et plus rigoureux, s'attache à mener une description (une « *typologie* ») de la diversité *des* morales, des besoins nuancés et muables qui les sous-tendent : car ce n'est à vrai dire qu'à « la faveur de la comparaison de nombreuses morales » que peuvent seulement venir au jour « les véritables problèmes de

1. *AC*, § 26.
2. *HTH I*, § 2. Il faut noter que le « sens historique », comme l'« *epochè* » sceptique, n'est qu'un moyen : raison pour laquelle il peut arriver (comme c'est le cas dans la deuxième *Inactuelle*) que Nietzsche critique l'*excès* de sens historique, devenu fin en soi plutôt que moyen du questionnement axiologique accordé à une visée pratique.
3. *FP CIn I-II*, 23 [23]. *Cf.* aussi *HTH I*, Préface, § 5, et « Opinions et Sentences mêlées », § 227.
4. Il arrive que Nietzsche renvoie à cet égard aux « sciences naturelles » (*GS*, § 355), puisqu'il n'existe plus de distinction essentielle entre histoire et histoire naturelle, sciences de la nature et sciences de l'homme. Cf. *HTH I*, § 1 : « La philosophie historique [...] ne peut plus se concevoir du tout séparée des sciences de la nature ».

la morale »[1]. C'est cette exigence, à la fois « expérimentale » et
« historique », que Nietzsche traduit, et retraduit successivement
au fil de son œuvre, par les formules suivantes :

> Éléments pour l'histoire des sentiments moraux,
> Éléments pour l'histoire naturelle de la morale[2],

et enfin :

> *Éléments pour une généalogie de la morale,*

le terme de « généalogie » étant celui dont Nietzsche fait
finalement choix en 1887, comme étant le plus apte à dire de
façon synthétique la nécessité de l'enquête « historique » et celle
du questionnement axiologique. La « méthode » généalogique
consiste en effet interroger « *la valeur de [nos] valeurs* », ce
pourquoi il est nécessaire d'avoir une connaissance de leur
diversité, de leurs sources et de leur devenir[3].

On voit ici se poursuivre et se refermer le cercle nécessaire
de l'interrogation de Nietzsche sur la méthode, puisque c'est
manifestement en interrogeant « historiquement » et de manière
« expérimentale » les méthodes passées que Nietzsche peut aussi
tenter de déterminer quelles sont les « meilleures méthodes ». La
valeur des méthodes ne se révèle que par et dans leur exercice
effectif, et l'expérimentation et l'histoire révèlent ici leur puissance
dans la mesure où elles permettent de penser et questionner toute
la diversité des méthodes – et aussi bien elles-mêmes.

Il est alors également significatif de voir Nietzsche, non pas
tenter de penser *ex nihilo* une méthode nouvelle, mais déterminer,
parmi les multiples méthodes historiquement « expérimentées »,
laquelle peut être dite avoir été *jusqu'ici* la plus probe, et la
découvrir au sein de l'interprétation mécaniste du monde. La
croyance à la causalité efficiente, la distinction entre « cause »
et « effet », doivent certes être aperçues comme issues du besoin
« atomiste », et comme un corrélat de notre tendance (qu'impose
et renforce à long terme le langage) à nous considérer nous-mêmes

---

1. *PBM,* § 186. Sur la relation entre sens historique et capacité d'évaluation,
voir aussi le § 224.

2. Respectivement : titre de la deuxième section de *HTH I*, et de la cinquième
partie de *PBM.*

3. *GM*, Préf., § 6.

comme des sujets susceptibles d'être causes de leurs actions, de poursuivre librement des fins[1]. En ce sens Nietzsche ne laisse pas de critiquer la croyance à la *réalité* de la causalité, soit la naïveté qui consiste à « *chosifier* »[2] la notion de cause, qui fait qu'en dernier recours la causalité efficiente reste solidaire d'une croyance finaliste, et d'une perspective moralisante inaperçues[3]. En d'autres termes, la causalité reste « un concept dangereux, aussi longtemps que l'on pense un *quelque chose qui* cause et un *quelque chose* sur lequel s'exerce l'effet »[4]. Mais il n'en reste pas moins qu'à repenser le mécanisme en tant que simple *description* ou *interprétation* du monde, il convient de lui reconnaître un certain degré de rigueur – et même le plus haut degré, eu égard aux interprétations et méthodes jusqu'ici privilégiées : une fois affranchie de la croyance à la réalité substantielle de la causalité, c'est-à-dire de la croyance au « sujet », à « la » volonté et à leurs « fins », la théorie mécaniste apparaît paradoxalement comme ce qui permet de lutter contre l'interprétation finaliste et moralisante du monde en favorisant l'appréhension d'une stricte nécessité[5], et comme ce qui rend possible l'investigation de la diversité et de la variabilité des apparences. C'est en ce sens que Nietzsche peut faire dès l'un de ses premiers écrits philosophiques l'éloge de la pensée d'Anaxagore qui, guidé par « le plus pur esprit de la méthode scientifique », sut renoncer « à poser la question de la finalité des choses » au profit de la « question de la causalité (causalité efficiente) »[6]. Et il continue d'affirmer en 1884 que

la méthode qui considère le monde du point de vue mécanique est pour le moment de loin *la plus honnête* : la bonne volonté de contrôler tout ce qui peut l'être, toutes les fonctions logiques de contrôle, tout ce qui ne ment ni ne trompe, sont ici à l'œuvre[7].

1. *GS*, § 127. Cf. *CId*, « Les quatre grandes erreurs », § 4 ; *FP XIV*, 14 [98].

2. *PBM*, § 21.

3. Cf. *FP XII*, 2 [83], et 5 [9].

4. *FP XIII*, 9 [91]. Sur le statut seulement descriptif de la notion de cause, voir aussi *GS*, § 112, et *PBM*, § 21.

5. *FP IX*, 7 [121] : « parvenir à l'innocence du devenir en excluant les finalités. Nécessité, causalité – rien de plus ! ».

6. *La Philosophie à l'époque tragique des Grecs* (*PETG*), § 19, p. 272.

7. *FP X*, 25 [448].

Le mécanisme est bien envisagé ici comme une *méthode*, comme un moyen d'aborder la diversité des apparences sans la réduire d'emblée à un fondement unique et inapparent, sans réduire tout devenir au profit de l'être, puisque la « notion », ou plutôt la description causale, n'interdit nullement de questionner des processus et de rechercher des causes multiples et variées. En cela c'est elle qui a manifesté jusqu'ici le plus haut degré de probité intellectuelle, et Nietzsche lui attribue alors un statut bien particulier :

> Mettre en premier la représentation mécaniste, comme principe régulateur de méthode. Non pas comme la théorie cosmologique *la plus démontrée*, mais comme celle qui exige le plus de force et de discipline et rejette le plus toute sentimentalité. En même temps une pierre de touche pour la réussite physique et psychologique : des races malvenues et de volonté faible périssent à cause d'elle, de sensualité ou de mélancolie [...][1].

La représentation ou méthode mécanistes supposent un haut degré de force, et par là sont susceptibles de jouer comme « pierre de touche », c'est-à-dire comme test expérimental décisif à l'égard d'une culture donnée. La reconnaissance de leur valeur théorique, indissociable de celle de leur valeur pratique, doit conduire à les penser comme un « principe régulateur de la méthode », c'est-à-dire : non comme la théorie *la plus démontrée*, mais comme celle qui est susceptible de constituer un modèle et un guide, au moins provisoire, quant au mode d'appréhension du monde le plus rigoureux et le plus puissant qu'il nous est possible d'envisager. L'usage déplacé du terme – kantien – de « principe régulateur » est ici significatif : c'est à présent la causalité efficiente elle-même qui doit être pensée comme une hypothèse heuristique qui guide notre exploration de la « réalité » sans pouvoir prétendre constituer une connaissance objective de celle-ci. Nietzsche peut encore écrire à cet égard :

> Mécanique, une sorte d'*Idéal*, en tant que méthode régulatrice – pas plus[2].

1. *FP XI*, 34 [76].
2. *Ibid.*, 43 [2].

Si « l'idéal » désigne chez Kant la présentation (non la re-présentation) sensible d'une Idée morale, c'est-à-dire un exemple qui nous indique l'absolu vers quoi nous pouvons tendre quoique sans jamais l'atteindre, alors il faut comprendre que la méthode mécaniste est, non à proprement parler un modèle de pensée, mais bien l'exemple qui nous indique une direction de recherche – celle qui doit permettre de tendre vers une interprétation plus forte et plus probe.

Or ce qui fait, de l'aveu même de Nietzsche, la force propre de la théorie mécaniste, ce qui permet de la caractériser comme un « *Idéal* », c'est avant tout sa puissance de synthèse, son aptitude à « expliquer *le plus* possible avec *le moins* possible »[1], c'est-à-dire à favoriser la plus grande *économie* de pensée. En cela la méthode mécaniste constitue, non certes un « système » dont nous devrions désormais nous contenter, mais un ensemble de « *conjectures* » concernant la méthode, susceptibles, non de constituer en elles-mêmes le but de la recherche, mais plutôt de « fournir le fil conducteur du travail que nous voulons faire : comme le pilote qui maintient sur l'océan une certaine direction »[2]. Ce sont alors pour finir cette « méthode régulatrice », et cette requête d'un « fil directeur » de la recherche, qui permettent de comprendre quelles exigences méthodiques informent l'interprétation nouvelle de la « réalité » à laquelle Nietzsche entend à son tour s'essayer.

LE PRINCIPE MÉTHODIQUE D'ÉCONOMIE ET LE CORPS COMME « FIL CONDUCTEUR »

L'homme et la pensée les plus puissants, au double sens du terme, sont ceux qui, ne cédant ni au besoin de réduire la multiplicité à l'un, ni au pur et simple égarement en une diversité chaotique, se présentent comme une « totalité unifiant une diversité », ceux que caractérise en d'autres termes la plus grande « aptitude

---

1. *Ibid.*, 34 [56].
2. *FP X*, 25 [449].

synthétique »[1]. C'est dans ce contexte qu'il faut comprendre la valeur que Nietzsche accorde au principe d'économie : loin de reprendre arbitrairement, sans l'avoir évalué, un principe des plus traditionnels[2], Nietzsche en repense la valeur dans la mesure où ce principe implique tout à la fois, en vertu de son exigence de maximalisation (« expliquer le plus possible... »), que la pensée s'ouvre à toute la diversité et la complexité de la réalité, tout en la soumettant à un impératif de prudence : celui de se garder de tout « principe superflu »[3], c'est-à-dire d'inventer et ajouter à la réalité apparente des principes qui ne s'y trouvent nullement et ne sont en rien nécessaires à son appréhension (« avec le moins possible »). Pour cette raison Nietzsche fait de cette exigence d'économie, qui garantit « le libre jeu des possibles » tout en interdisant « la moindre part d'arbitraire »[4], le propre du « plus pur esprit de la méthode scientifique »[5]. La « méthode » écrira-t-il dans *Par-delà Bien et Mal*, est « *essentiellement économie de principes* »[6], et l'on comprend alors pourquoi Nietzsche use de manière réitérée, à titre d'avertissement pour son lecteur, de la formule : « et *rien de plus* », qui n'est qu'une autre manière d'exprimer cette même exigence.

Cette volonté d'économie est « essentielle », parce qu'elle est tout à la fois la condition *de la complexité, et de la cohérence*, de notre appréhension de ce qui apparaît. La requête nietzschéenne : « prendre le corps pour fil conducteur », en est le prolongement. Le corps, qui est pensé par Nietzsche non plus au sein d'un dualisme comme substance matérielle, mais comme un *complexe* pulsionnel dont l'esprit n'est qu'un aspect, et qui est en ce sens à la source toujours multiple de toute valeur ou interprétation, est apte à guider

---

1. *PBM*, § 224 et 204.

2. Le « principe d'économie », entendu tantôt en un sens seulement logique, tantôt en un sens ontologique, traverse en effet toute l'histoire de la philosophie depuis Aristote (voir *Physique*, I, 4, et *Seconds Analytiques*, I, 25). Du fait du refus de toute idée d'une réalité en soi, c'est bien une économie *de la pensée* (non de la nature elle-même, comme ce peut être le cas pour Descartes ou Leibniz, par exemple) que requiert Nietzsche.

3. *PBM*, § 13.

4. *FP CIn I-II*, 23 [30].

5. *PETG*, § 19.

6. *PBM*, § 13.

la recherche parce qu'il substitue, à la recherche du simple (d'un principe, d'un fondement), une interrogation qui implique d'emblée une ouverture à la diversité et la variabilité des apparences, et des interprétations :

> Prendre le corps pour point de départ et en faire un fil conducteur, voilà l'essentiel. Le corps est un phénomène beaucoup plus riche et qui autorise des observations plus claires. [1]

La « clarté » n'est plus on le voit solidaire de la « simplicité » qui ne résulte jamais que de l'oubli de ce qui n'est pas elle; elle n'advient au contraire qu'à affronter d'abord ce qui est complexe et, paradoxalement, obscur : le « plus compliqué », écrit Nietzsche, « est fait pour inspirer davantage confiance que le simple (par exemple le plus spirituel) » [2]. Le corps n'est donc nullement un nouveau *principe* que se donnerait notre auteur – mais bien un « *fil conducteur* », c'est-à-dire ce qui du fait de sa complexité même fait s'évanouir tout fondement, et ouvre notre recherche tout en l'orientant du côté de la multiplicité des interprétations, des besoins, des pulsions, plutôt que du prétendu « esprit pur ». La radicalité et la rigueur du questionnement quant aux apparences nous retournent en définitive vers nous-mêmes, non en tant que « sujets pensants », mais en tant que corps interprétants : « prendre le corps pour point de départ » de la recherche, c'est interroger « [notre] propre complexité » [3], source de la complexité et de la variété des interprétations, et ainsi des apparences mêmes. Le corps est un « fil d'Ariane », non parce qu'il nous conduit assurément et droitement vers une vérité, mais à l'inverse et paradoxalement parce qu'il est lui-même un labyrinthe complexe, au sein duquel nul n'a eu jusqu'ici le courage de pénétrer.

Or c'est bien ce nouveau « fil conducteur » qui fait surgir d'abord l'interprétation nouvelle dont Nietzsche entend faire l'essai : c'est en effet à interroger les sources physiologiques de nos manières d'agir et de penser que Nietzsche peut commencer de former l'hypothèse selon laquelle celles-ci tendent à un

1. *FP XI,* 40 [15].
2. *FP X,* 27 [70].
3. *Ibid.*

« accroissement du sentiment de puissance »[1]. Ce qui cependant rend proprement légitime cette hypothèse, c'est la *méthode* entendue comme *économie de principe*s – c'est un travail méthodique qui s'effectue, en particulier dans le § 36 de *Par-delà Bien et Mal*, à partir du corps pensé comme ensemble de « désirs et de passions », et de l'interprétation causale à titre d'« Idéal » méthodique. Ce que Nietzsche met en effet en évidence, c'est que le degré de rigueur et de cohérence atteint par cette dernière doit encore être surpassé, puisqu'en elle demeurent une lacune et une incohérence. Une lacune, parce que le mécanisme ne parvient pas à rendre compte encore de toute la complexité des phénomènes – et particulièrement des phénomènes humains, ce pourquoi ceux-ci continuent le plus souvent d'être pensés de manière téléologique, en termes de volonté et de fins. D'une incohérence, puisque dans le même temps nous l'avons vu l'interprétation mécaniste provient d'abord de cette même croyance à la volonté. Prenant en compte la dualité et l'incohérence interprétatives précédentes, Nietzsche peut dès lors énoncer cette interrogation :

> N'est-il pas licite de faire la tentative et de poser la question suivante : est-ce que ce donné [*i.e.* notre « monde de désirs et de passions »] ne *suffit* pas à comprendre aussi, à partir de son semblable, le monde que l'on appelle mécanique (ou « matériel »)?[2]

En soulignant le terme « *suffire* », Nietzsche indique bien que c'est une exigence d'économie qui est ici en jeu ; il s'agit, comme il le précise plus loin, de

> Ne pas supposer plusieurs espèces de causalité tant que la tentative de *se contenter d'une seule* n'a pas été poussée jusqu'à son ultime limite [...][3]. [*Nous soulignons*]

L'exigence d'économie se voit dans le même temps appuyée par les résultats d'une enquête régressive et généalogique : si la croyance à la causalité efficiente a elle-même pour source la

---

1. *PBM*, § 19.
2. *Ibid.*, § 36.
3. *Ibid.*

croyance à la volonté, alors la question qui se pose « en fin de compte », eu égard à l'exigence de cohérence interprétative, est

> de savoir si nous reconnaissons réellement la volonté comme exerçant des effets, si nous croyons à la causalité de la volonté : si c'est le cas – et au fond notre croyance à ce point est précisément notre croyance à la causalité elle-même –, alors nous *devons nécessairement faire la tentative* de poser par hypothèse la causalité de la volonté comme étant *la seule*[1]. [*Nous soulignons*]

L'hypothèse de la volonté de puissance apparaît comme nécessaire, dans la mesure où elle répond à une *obligation méthodique*[2] : là où la double interprétation causale antérieure manifeste à la fois – particulièrement pour le mécanisme – un certain degré de rigueur, et néanmoins des insuffisances, l'exigence de cohérence et d'économie oblige à la formulation d'une hypothèse nouvelle qui surpasse les précédentes tout en en rendant également compte, ce en quoi elle manifeste sa puissance supérieure. En ce sens l'interprétation nouvelle qui est celle de Nietzsche n'est pas seulement *possible* ou *permise* :

> Il n'est en fin de compte pas seulement licite de faire cette hypothèse. Cela est ordonné par la conscience de la *méthode*[3].

Conclusion :

MÉTHODE ET PHILOLOGIE

La « volonté de puissance » n'est en rien, on le voit, une « conviction » arbitraire. Refusant au contraire avec force tout dogmatisme et toute absence de méthode, Nietzsche s'attache à penser à nouveaux frais les conditions de possibilité d'une interprétation authentiquement méthodique, se refusant dès lors à toute méthodologie qui prendrait le pas sur la précédente.

Ce refus est ce qui justifie, d'une part le caractère ponctuel, dispersé, parfois elliptique, du propos de Nietzsche sur la méthode :

1. *Ibid.*
2. *Cf.* P. Wotling, *Nietzsche et le problème de la civilisation, op. cit.*, p. 62.
3. *PBM*, § 36.

il *met en œuvre* une méthode effective, bien plus qu'il ne la décrit. Il est d'autre part ce qui rend nécessaire l'usage d'un mode particulier d'exposition quant à ses propres exigences méthodiques : Nietzsche se réfère régulièrement, on le sait, à la philologie[1], entendue comme « art de bien lire », c'est-à-dire comme *pratique* interprétative *effective*, qui se substitue aux vains exposés méthodologiques. On peut à bon droit parler plus précisément d'une *métaphore* philologique, puisqu'il s'agit alors d'interpréter avec prudence et rigueur, non seulement des textes au sens usuel du terme, mais aussi bien « de[s] destinées ou de[s] faits météorologiques – pour ne rien dire du "salut de l'âme"... »[2] : « l'art » du philologue est repensé par Nietzsche en un sens étendu, tout autre que celui, étroit et borné, qu'a encore la discipline philologique universitaire et érudite, qui n'a précisément pas le courage d'affronter le « texte de la nature »[3], ou des apparences, tout entier.

La conquête de « l'esprit scientifique », de l'esprit de méthode, suppose on l'a vu d'avoir pratiqué avec sérieux « au moins *une* science »[4]. Mais parmi les multiples sciences historiquement connues et dont on peut faire l'expérience, l'une cependant est la plus apte à indiquer les exigences méthodiques qui sont celles de Nietzsche : à la volonté de vérité, il faut en effet opposer la possibilité, voire la nécessité, d'une diversité d'interprétations, dont la rigueur et la valeur demeurent cependant variables. Le philologue que gouverne « l'*ephexis* dans l'interprétation »[5], est celui qui s'attache à envisager cette diversité, tout en évitant les interprétations fautives (celles qui tronquent le texte à interpréter, ou lui ajoutent des principes « superflus » et inventés), et en préférant toujours l'interprétation la plus économique et la plus puissante – celle qui rend compte, à l'aide d'un plus petit nombre d'hypothèses interprétatives, du texte *seul*, mais de *tout* le texte, y compris des détails ou nuances ignorés par d'autres lectures –

---

1. *Cf.* les études fondamentales d'E. Blondel, *Nietzsche, le corps et la culture*, rééd. Paris, L'Harmattan, 2006 ; et P. Wotling, *Nietzsche et le problème de la civilisation*, *op. cit.*, I, 1.

2. *AC*, § 52.

3. *HTH II*, « Le Voyageur et son Ombre », § 27.

4. *HTH I*, § 635.

5. *AC*, § 52.

et qui ne craint pas en ce sens d'abandonner une interprétation antérieure, y compris la sienne propre, si de nouveaux aspects du texte se font jour. La métaphore philologique s'oppose ainsi à la méthodologie rationaliste, en ce qu'elle est cette discipline qui exerce à l'appréhension de la diversité – de la diversité du texte même, de la diversité des points de vue susceptibles d'en rendre compte – et tout à la fois à l'exigence de cohérence et de hiérarchisation quant aux diverses interprétations possibles. La « philologie » est ce qui nous enseigne « les bonnes méthodes »[1] et nous conduit sur « le meilleur chemin »[2], dans la mesure même où, paradoxalement, elle ne détermine pas d'emblée un seul et unique abord du texte envisagé, un seul mode de parcours, une seule et « parfaite » méthode. À l'inverse de tout dogmatisme méthodique, elle nous indique que « les découvertes les plus précieuses » sont « *les méthodes* », et qu'un penseur authentiquement méthodique se devrait précisément de réfléchir, d'expérimenter, et d'évaluer cette diversité – comme s'essaye justement à le faire Nietzsche.

En retour le lecteur et interprète du texte de Nietzsche, comme celui-ci y insiste régulièrement, se doit lui aussi d'être un lecteur « philologue », c'est-à-dire un lecteur patient qui se soucie à la fois du caractère multiple, complexe, apparemment désordonné même, de ses textes, sans renoncer cependant à en rechercher une interprétation cohérente – gardant à l'esprit peut-être qu'« il est des entreprises pour lesquelles la véritable méthode doit consister en un désordre *calculé* »[3]. Une telle recherche suppose selon nous que l'on n'ignore plus que c'est le souci même de Nietzsche quant à la méthode qui le conduit nécessairement à penser et écrire suivant des modes qui diffèrent du traditionnel « ordre des raisons », mais qui n'en ont pas moins un ordre et une cohérence propres, afin d'apercevoir enfin que la « vigueur » de ses textes est, non pas inversement proportionnelle à, mais au contraire à l'exacte mesure de son exigence de « rigueur ».

Céline DENAT

---

1. *HTH I,* § 270.

2. *AC*, § 59.

3. H. Melville, *Moby Dick,* Paris, Gallimard, 1996, début du chapitre 82. Nous soulignons.

PRÉSENTATION DES AUTEURS

Céline DENAT est agrégée de philosophie et Maître de Conférences à l'Université de Reims. Elle est la coordinatrice internationale du Groupe International de Recherche sur Nietzsche (GIRN). Elle est notamment l'auteur d'une traduction nouvelle de *La Naissance de la tragédie* (GF, 2015), du *Dictionnaire Nietzsche* (Ellipses, 2013) en collaboration avec Patrick Wotling, et vient de publier *Nietzsche. Généalogie d'une pensée* (Belin, 2016).

Claire ETCHEGARAY est Maître de conférences en philosophie britannique classique et moderne à l'université Paris Ouest Nanterre La Défense. Ses travaux portent sur le naturalisme et le scepticisme dans la philosophie écossaise moderne. Elle est l'auteur d'une thèse intitulée *La croyance naturelle chez David Hume et Thomas Reid. Scepticisme et réalisme* (2009) ainsi que d'articles portant sur la philosophie de l'esprit chez Berkeley, chez Hume, chez Reid et chez Dugald Stewart, ainsi que sur la médecine et l'anthropologie dans les Lumières écossaises.

Marie-Hélène GAUTHIER, ancienne élève de l'École Normale Supérieure de Fontenay-aux-Roses, agrégée de philosophie, est Maître de Conférences Habilitée à Diriger des Recherches à l'Université de Picardie Jules Verne. Spécialiste de philosophie antique, elle est l'auteur de *L'âme dans la Métaphysique d'Aristote* (Kimé, 1996), *Aristote et la juste mesure* (P.U.F., 1998, repris dans *La philosophie d'Aristote*, P.U.F., 2003) et de *La poéthique : Paul Gadenne, Henri Thomas, Georges Perros* (Éditions du Sandre, 2010), ainsi que de *L'amitié chez Aristote : une mesure de l'affect* (Kimé, 2014).

Thierry GONTIER est Professeur de philosophie morale et politique à l'Université Jean Moulin-Lyon 3, directeur de l'Institut de recherche philosophique de Lyon (IRPhiL) et membre senior de l'Institut universitaire de France (IUF). Ses recherches portent principalement sur les origines de la philosophie moderne et ses interprétations à l'âge contemporain. Parmi ses travaux récents, il a publié *La Question de l'animal. Les origines du débat moderne* (Hermann, 2011), édité *Politique, religion et histoire chez Eric Voegelin* (Éditions du Cerf, 2011) et co-édité *Le Socratisme de Montaigne* (Classiques Garnier, 2010). Il a aussi édité, traduit, préfacé et annoté le *Traité de l'immortalité de l'âme* de Pietro Pomponazzi (Les Belles Lettres, 2012), ainsi que traduit, préfacé et annoté le *Platon et Aristote* d'Eric Voegelin, (Paris, Éditions du Cerf, 2015).

Yves-Jean HARDER est ancien élève de l'École Normale Supérieure et Maître de conférences à l'Université de Strasbourg. Spécialiste de la pensée allemande, il a notamment publié *Histoire et métaphysique* (Éditions de la transparence, 2006). Il est également l'auteur de nombreux articles sur la métaphysique et l'anthropologie chez Kant, sur l'idéalisme allemand, ainsi que sur la psychanalyse.

Denis KAMBOUCHNER, Professeur à l'Université Paris 1 Panthéon-Sorbonne, est spécialiste de Descartes, sur qui il a publié plusieurs ouvrages, notamment *L'Homme des passions*, (Albin Michel, 2 vol., 1995) ; *Descartes et la philosophie morale* (Hermann, 2008), *Descartes n'a pas dit*, (Les Belles-Lettres, 2015). Il co-dirige la nouvelle édition de ses *Œuvres Complètes* en cours de publication chez Gallimard. Il est également l'auteur de plusieurs essais sur les problèmes de la culture et de l'éducation.

Isabel WEISS, agrégée et docteur en philosophie, professeur en classes préparatoires, est l'auteur de plusieurs articles mettant en jeu le sens hégélien du spéculatif, parmi lesquels « L'arbitrage langagier de la rationalité » dans *Refaire l'Europe. Avec Jürgen Habermas* (P.U.F., 2012). Elle a collaboré à des ouvrages collectifs, notamment *La Justice* (Vrin, 2006), *Hegel. La Phénoménologie de l'esprit à plusieurs voix*, (Ellipses, 2008), *L'Interprétation* (Vrin, 2010), *Critique de la reconnaissance. Autour de l'œuvre de Axel Honneth* (Mimesis, 2015) et publié *L'Interprétation* (Ellipses, 2002), *Expression et spéculation dans l'idéalisme hégélien* (L'Harmattan, 2003) et *Gadamer. Une herméneutique philosophique* (Vrin, 2010).

TABLE DES MATIÈRES

Achevé d'imprimer le 29 août 2019
sur les presses de
La Manufacture - Imprimeur – 52200 Langres
Tél. : (33) 325 845 892

N° imprimeur : 190946 - Dépôt légal : septembre 2019
Imprimé en France